Klassiker der Sozialwissenschaften

Reihe herausgegeben von

Klaus Lichtblau, Jever, Deutschland

Stephan Moebius, Karl-Franzens-Universität Graz, Graz, Österreich

In den Sozialwissenschaften gibt es eine ganze Reihe von Texten, die innerhalb der Scientific Community seit vielen Jahren immer wieder gelesen und zitiert werden und die deshalb zu Recht den anerkannten Status des „Klassischen" für sich in Anspruch nehmen können. Solche fraglos gültigen Bezugstexte sind nicht das Privileg einer einzelnen theoretischen Strömung, sondern im Gegenteil: Man findet sie in allen Fraktionen und weltanschaulichen Lagern innerhalb der modernen Sozialwissenschaften, so dass intersubjektiv anerkannte Klassiker die Möglichkeit eines ökumenischen Dialogs zwischen den oftmals verfeindeten Schulen eröffnen. Man kann diese Schriftenreihe auch so verstehen, dass konfessionelle Zugehörigkeiten den Zugang zur eigentlichen „Sache" nicht verstellen dürfen, aufgrund der prinzipiellen Standortgebundenheit aller kultur- und sozialwissenschaftlichen Erkenntnis aber selbstverständlich als jeweils besondere „Perspektive" bei der Klärung der entsprechenden Sachverhalte eingebracht werden müssen. Die Schriftenreihe ist deshalb darum bemüht, die unterschiedlichsten, oft zu Unrecht vergessenen Klassiker der Sozialwissenschaften anhand von ausgewählten Texten wieder einer breiteren Öffentlichkeit zugänglich zu machen.

Herausgegeben von
Klaus Lichtblau, Jever, Deutschland
Stephan Moebius, Karl-Franzens-Universität Graz, Graz, Österreich

Max Scheler

Ethik und Kapitalismus – Zum Problem des kapitalistischen Geistes

Herausgegeben und eingeleitet von
Klaus Lichtblau

2., überarbeitete Auflage

 Springer VS

Autor
Max Scheler
Wiesbaden, Deutschland

Hrsg.
Klaus Lichtblau
Jever, Niedersachsen, Deutschland

ISSN 2626-2355   ISSN 2626-2363   (electronic)
Klassiker der Sozialwissenschaften
ISBN 978-3-658-40761-2   ISBN 978-3-658-40762-9   (eBook)
https://doi.org/10.1007/978-3-658-40762-9

Die Deutsche Nationalbibliothek verzeichnet diese Publikation in der Deutschen Nationalbibliografie; detaillierte bibliografische Daten sind im Internet über http://dnb.d-nb.de abrufbar.

Planung/Lektorat: Cori Antonia Mackrodt
Springer VS ist ein Imprint der eingetragenen Gesellschaft Springer Fachmedien Wiesbaden GmbH und ist ein Teil von Springer Nature.
Die Anschrift der Gesellschaft ist: Abraham-Lincoln-Str. 46, 65189 Wiesbaden, Germany

Einleitung: Max Schelers Beitrag zur Analyse des ‚kapitalistischen Geistes'

In einer Zeit, in der ein globaler Finanzkapitalismus inzwischen genauso fragwürdig geworden ist wie die bisherigen Erscheinungsformen des ‚realen Sozialismus' – einer Zeit, in der die sozialdemokratischen Parteien Europas immer noch kein überzeugendes Programm für die Zukunft gefunden haben –, lohnt es sich, wieder die Stimme eines Denkers in Erinnerung zu rufen, der bereits zu Beginn der Weimarer Republik den ehrgeizigen Versuch unternommen hat, die sozialen Gegensätze und Konflikte innerhalb der modernen Gesellschaft auf der Grundlage eines sozialethischen Programms zu überwinden, das noch in der Tradition der christlichen Arbeits- und Berufsethik steht. Zwar ist gerade die um 1900 geführte Debatte über den historischen Ursprung und die epochale Eigenart des modernen Kapitalismus sowie die durch ihn aufgeworfene ‚soziale Frage' aufgrund der kulturellen Hegemonie der Protestanten im wilhelminischen Kaiserreich mit wenigen noch zu erwähnenden Ausnahmen in konfessioneller Hinsicht ‚kulturprotestantisch' geprägt gewesen.[1] Umso überraschender war deshalb für viele Zeitgenossen der mutige Versuch des damals als freier Schriftsteller seinen Lebensunterhalt verdienenden Philosophen und Soziologen Max Scheler,

---

[1] Zur Bedeutung des Kulturprotestantismus im Deutschen Reich sowie zu der in diesem Zusammenhang öffentlich geführten Debatte über den modernen Kapitalismus und die damit verbundene soziale Frage siehe Friedrich Wilhelm Graf, „Kulturprotestantismus. Zur Begriffsgeschichte einer theologiepolitischen Chiffre", in: Archiv für Begriffsgeschichte 28 (1984), S. 214–268; ders., Artikel „Kulturprotestantismus", in: Theologische Realenzyklopädie, Band XX, Lieferung 1/2, Berlin/New York 1990, S. 230–243; Hans Martin Müller (Hrsg.), *Kulturprotestantismus. Beiträge zu einer Gestalt des modernen Christentums*, Gütersloh 1992; Gangolf Hübinger, *Kulturprotestantismus und Politik. Zum Verhältnis von Liberalismus und Protestantismus im wilhelminischen Deutschland*, Tübingen 1994; ferner Günter Brakelmann und Traugott Jähnichen (Hrsg.), *Die protestantischen Wurzeln der Sozialen Marktwirtschaft. Ein Quellenband*, Gütersloh 1994.

in der Auseinandersetzung mit den führenden Repräsentanten der bürgerlich-akademischen Kapitalismus-Diskussion und den verschiedenen Strömungen des modernen Sozialismus die Grundzüge eines genuin ‚christlichen Sozialismus' zu entwickeln und diesen neben der Systemalternative zwischen Kapitalismus und Staatssozialismus einer breiteren Öffentlichkeit als einen möglichen ‚dritten Weg' zu empfehlen.

Wieso gelang es jedoch diesem Publizisten jüdischer Abstammung, der im Alter von 25 Jahren zum Katholizismus konvertiert ist, ferner für seine zahlreichen erotischen Verstrickungen bekannt war, die immer wieder seine akademische Laufbahn behinderten, und dessen Arbeitsweise überdies in dem Ruf stand, nicht gerade ein Vorbild in Sachen wissenschaftlicher Seriosität zu sein, für einen begrenzten Zeitraum zum philosophischen Hoffnungsträger und weltanschaulichen Sprachrohr des deutschen Katholizismus zu werden?[2] Und wieso wurden insbesondere jenen Schriften von Max Scheler, die in seiner mittleren Schaffensperiode entstanden sind, von katholischer Seite nicht nur die Fähigkeit zugeschrieben, eine Versöhnung der ‚katholischen Bewegung' mit der modernen Kultur herzustellen, sondern mit ihnen zugleich die Hoffnung verbunden, dass die im wilhelminischen Zeitalter immer wieder behauptete ‚Inferiorität' der deutschen Katholiken gegenüber der protestantischen Bevölkerungsmehrheit und den in beruflicher Hinsicht ebenfalls sehr erfolgreichen Bürgern jüdischer Abstammung nun endgültig der Vergangenheit angehören würde?[3]

---

[2] Siehe hierzu insbesondere Heinrich Lutz, „Der Weg eines Einzelnen: Max Scheler (1914–1920)", in: ders., *Demokratie im Zwielicht. Der Weg der deutschen Katholiken aus dem Kaiserreich in die Republik 1914-1925*, München 1963, S. 22 ff.; Alois Baumgartner, „Max Scheler und der deutsche Sozialkatholizismus (1916–1921)", in: Jahrbuch für christliche Sozialwissenschaften 20 (1979), S. 39–57; ferner Heinrich M. Schmidinger, „Max Scheler (1874–1928) und sein Einfluß auf das katholische Denken", in: Emerich Coreth u. a. (Hrsg.), *Christliche Philosophie im katholischen Denken des 19. und 20. Jahrhunderts*, Band 3: *Moderne Strömungen im 20. Jahrhundert*, Graz 1989, S. 89–111.

[3] Zur Lage der deutschen Katholiken im Kaiserreich und zu der seit den 1880er Jahren insbesondere im katholischen Lager intensiv geführten ‚Inferioritätsdebatte' vgl. Anton Rauscher (Hrsg.), *Der soziale und politische Katholizismus. Entwicklungslinien in Deutschland 1803–1963*, 2 Bände, München/Wien 1981–1982; Wilfried Loth, *Katholizismus im Kaiserreich. Der politische Katholizismus in der Krise des wilhelminischen Deutschlands*, Düsseldorf 1984; ferner Martin Baumeister, *Parität und katholische Inferiorität. Untersuchungen zur Stellung des Katholizismus im Deutschen Kaiserreich*, Paderborn 1985. Zum Verhältnis maßgeblicher katholischer Kreise zur ökonomischen Situation der deutschen Juden im wilhelminischen Reich und in der Weimarer Republik siehe Olaf Blaschke, „Wider die ‚Herrschaft des modern-jüdischen Geistes'": Der Katholizismus zwischen traditionellem Antijudaismus und modernem Antisemitismus, in: Wilfried Loth (Hrsg.), *Deutscher Katholizismus im Umbruch zur Moderne*, Stuttgart/Berlin/Köln 1991, S. 236–265; ferner Olaf Blaschke,

Auch wenn sich Max Scheler trotz seines großen publizistischen Erfolges in den 1920er Jahren den vom katholischen Lager an ihn gerichteten politischen und weltanschaulichen Erwartungen erfolgreich zu entziehen vermochte, indem er schon bald nach seinem Amtsantritt als Professor für Philosophie und Soziologie an der neugegründeten Universität zu Köln dem politischen Katholizismus letztendlich eine Absage erteilte und sich nun entschieden für eine konfessionsübergreifende internationale Völkerverständigung eingesetzt hatte, sind es dennoch gerade die in seiner ‚katholischen Phase' entstandenen Schriften gewesen, die ursprünglich seinen Ruhm begründet haben und die bis heute einen eigenartigen Reiz auf uns auszuüben vermögen. Nicht zufällig hatte der damalige Kölner Oberbürgermeister Konrad Adenauer die zur Zeit des Ersten Weltkrieges erschienenen Schriften Max Schelers zum Anlass genommen, sich persönlich dafür einzusetzen, dass dieser aufgrund seiner unkonventionellen Lebensweise im akademischen Milieu der Vorkriegszeit noch verfemte Privatgelehrte gemeinsam mit Leopold von Wiese als Direktor der soziologischen Abteilung des neugegründeten Forschungsinstituts für Sozialwissenschaften in Köln gewonnen werden konnte.[4] Umso enttäuschter war man deshalb auf katholischer Seite darüber, dass sich Scheler schon bald nach seiner Kölner Berufung wieder von der katholischen Kirche zu distanzieren begann und nun verlautbaren ließ, dass er die ganze

---

„Antikapitalismus und Antisemitismus. Die Wirtschaftsmentalität der Katholiken im Wilhelminischen Deutschland", in: Johannes Heil und Bernd Wacker (Hrsg.), *Shylock? Zinsverbot und Geldverleih in jüdischer und christlicher Tradition*, München 1997, S. 113–146.

[4] Zu den Hintergründen der Berufung Max Schelers an die Kölner Universität sowie des neu eingerichteten sozialwissenschaftlichen Forschungsinstituts vgl. Heine von Alemann, „Leopold von Wiese und das Forschungsinstitut für Sozialwissenschaften in Köln 1919 bis 1934", in: Kölner Zeitschrift für Soziologie und Sozialpsychologie 28 (1976), S. 649–673; siehe diesbezüglich ferner Dirk Kaesler, „Die Gründung des Forschungsinstituts für Soziologie der Universität zu Köln und die zwanziger Jahre", in: ders., *Soziologie als Berufung. Bausteine einer selbstbewußten Soziologie*, Opladen 1997, S. 235–247. Scheler erwähnte in diesem Zusammenhang als eigentliches politisches Anliegen, dass man mit seiner Berufung nach Köln versucht hatte, das nach dem Ersten Weltkrieg wieder von Preußen abgetrennte und von Frankreich begehrte Rheinland in den neugeschaffenen Grenzen Deutschlands zu halten und dafür ein wirksames publizistisches Gegenmittel gegenüber der ‚französischen Propaganda' in der Hand zu haben. Vgl. Schelers Brief an Karl Muth vom 14. Januar 1919, in: Paul Good (Hrsg.), *Max Scheler im Gegenwartsdenken der Philosophie*, Bern/München 1975, S. 54. Zu Schelers diversen privaten Verstrickungen und deren negativen Einfluss auf seine akademische Karriere siehe auch die entsprechenden biographischen Ausführungen von John Raphael Staude, *Max Scheler 1874–1928. An Intellectual Portrait*, New York/London 1967; Wilhelm Mader, *Max Scheler in Selbstzeugnissen*, Reinbek bei Hamburg 1980; ferner Wolfhart Henckmann, *Max Scheler*, München 1998.

Aufregung über seine neuerliche ‚Konversion' gar nicht verstehe, da er ja schließlich nie ‚praktizierender Katholik' gewesen sei und insofern „nach den strengen Maßen der Theologie der römischen Kirche sich einen ‚gläubigen Katholiken' zu keiner Zeit seines Lebens und seiner Entwicklung nennen durfte"[5]. Allerdings hatte Scheler selbst jene hohen Erwartungen geweckt, denen er jetzt nachträglich eine auffallende öffentliche Absage erteilte. Insofern ist durchaus die Frage berechtigt, ob seine einstige Annäherung an den Katholizismus mehr war als nur ein romantisches Schwelgen in einer von vielen Möglichkeiten der historischen Rückbesinnung auf ältere kulturelle Traditionen, wie sie sich um 1900 im Zeichen eines grassierenden Historismus einer großen Beliebtheit im intellektuellen Milieu des Deutschen Reiches erfreute.

Wenn also Max Scheler eine Zeit lang vor, während und nach dem Ersten Weltkrieg „katholisierte, ohne im letzten Sinne katholisch zu sein"[6], so liegt der eigentliche Grund dafür wohl darin, dass seinen philosophischen und soziologischen Schriften seit der Abkehr von der neukantianischen Richtung der Geistesphilosophie seines Jenaer Doktor- und Habilitationsvaters Rudolf Eucken und seiner Zuwendung zu der von Edmund Husserl begründeten modernen Phänomenologie bereits Denkmotive zugrunde lagen, die ihn geradezu zum Wortführer eines *renouveau catholique* prädestiniert hatten. War Edmund Husserl der

---

[5] Max Scheler, *Schriften zur Soziologie und Weltanschauungslehre*, Band 3: *Christentum und Gesellschaft*, I. Halbband: *Konfessionen*, Leipzig 1924, S. VII. Allerdings wies Scheler auch nach dem förmlichen Bruch mit der katholischen Kirche ausdrücklich darauf hin, dass er unter allen Religionen nur noch dem römischen Katholizismus die Fähigkeit zuspreche, in praktisch-erzieherischer Weise auf die Gestaltung des modernen sozialen Lebens einen wirksamen Einfluss nehmen zu können. Zu Schelers Abkehr vom Katholizismus siehe auch die Lebenserinnerungen von Paul Honigsheim, „Max Weber in Heidelberg", in: René König und Johannes Winckelmann (Hrsg.), *Max Weber zum Gedächtnis. Materialien und Dokumente zur Bewertung von Werk und Persönlichkeit*, Köln/Opladen 1963, S. 180 ff.; ferner Gottfried Eisermann, „Das Lebenswerk von Paul Honigsheim (1885-1963)", in: Alphons Silbermann und Paul Röhrig (Hrsg.), *Kultur, Volksbildung und Gesellschaft. Paul Honigsheim zum Gedenken seines 100. Geburtstages*, Frankfurt am Main 1987, S. 24 ff. Wie tief die Enttäuschung über Schelers Rückzug von der katholischen Kirche bei jenen Anhängern und Freunden war, die unter seinem persönlichen Einfluss ebenfalls zum Katholizismus konvertiert sind, zeigt zum Beispiel der am 23. Mai 1929 in der „Kölnischen Volkszeitung" erschienene Nachruf auf Max Scheler von Peter Wust, wiederabgedruckt in: Walter Theodor Cleve (Hrsg.), *Wege einer Freundschaft. Briefwechsel Peter Wust – Marianne Weber 1927–1939*, Heidelberg 1951, S. 129 ff.

[6] Paul Honigsheim, „Max Scheler als Sozialphilosoph", in: Kölner Vierteljahreshefte für Soziologie 8 (1929–30), S. 107. Honigsheim war seit 1919 persönlicher Assistent von Max Scheler in der katholischen Sektion des Sozialwissenschaftlichen Forschungsinstitutes in Köln und wusste insofern, wovon er sprach.

unbestrittene wissenschafts- und erkenntnistheoretische Kopf der phänomenologischen Bewegung, die mit ihrem Ruf ‚Zurück zu den Sachen' eine deutliche
Wende innerhalb der Geschichte der neueren Philosophie beabsichtigt hatte, so
galt Scheler als ihr führender Kopf im Bereich der Psychologie und Ethik, der
Geschichts-, Kultur- und Religionsphilosophie sowie der philosophischen Anthropologie und der modernen Wissenssoziologie. Sein Versuch, den die Geschichte
der neueren Philosophie kennzeichnenden Primat von rein kognitiven Akten
zugunsten einer Aufwertung des emotionalen Seelenlebens des Menschen zu
überwinden, führte ihn schließlich zu einer phänomenologischen Betrachtung der
axiologischen Struktur aller menschlichen Weltauslegungen, die er im Rückgriff
auf die augustinische Tradition und die Pascal'sche Lehre von der *ordre du coeur*
beziehungsweise der *logique du coeur* ethisch, metaphysisch und geschichtsphilosophisch zu untermauern versucht hatte.[7] Was geschichtlich variiert, war Scheler
zufolge nicht die für alle Zeiten festgelegte ‚Rangordnung' zwischen den Werten,
sondern allein die ‚Vorzugsregeln', vermittels denen die Menschen diese Werte
zu ergreifen versuchen und zur Grundlage ihres Erlebens und Handelns machen.
Ein ‚Umsturz der Werte' ist Scheler zufolge deshalb immer dann gegeben, wenn
diese ‚natürliche' Ordnung der Werte aufgrund einer ‚emotionalen Vergiftung'
des seelischen Lebens der führenden gesellschaftlichen Gruppen und Eliten igno-
riert und zugunsten einer Auffassungsweise ersetzt wird, die sich primär an den
‚unteren' Wertsphären wie den Zweck- und Nützlichkeitswerten, aber nicht an
den Werten des ‚Guten' und des ‚Heiligen' orientiert. Nietzsches Verkündung
vom ‚Tod Gottes' ist für Scheler insofern nur der äußere Ausdruck für einen
grundlegenden ‚Werteumsturz', der sich innerhalb der europäischen Geschichte
der Neuzeit ereignet habe und der nun aufgrund des weltweiten Vordringens
des Nützlichkeits- und Zweckdenkens auch die übrigen Kulturkreise zu vergiften
drohe.[8]

---

[7] Zur Bedeutung von Augustin und Pascal im Denken Max Schelers siehe Josef Geyser,
*Augustin und die phänomenologische Religionsphilosophie der Gegenwart mit besonde-
rer Berücksichtigung Max Schelers*, Münster 1923; ferner Manfred S. Frings, „Der Ordo
Amoris bei Max Scheler. Seine Beziehungen zur materialen Wertethik und zum Ressenti-
mentbegriff", in: Zeitschrift für philosophische Forschung 20 (1966), S. 57–76.

[8] Vgl. Max Scheler, „Über Ressentiment und moralisches Werturteil. Ein Beitrag zur Patho-
logie der Kultur", in: Zeitschrift für Pathopsychologie 1 (1912), S. 268–368; ders., „Der
Formalismus in der Ethik und die materiale Wertethik. Mit besonderer Berücksichtigung der
Ethik I. Kants", in: Jahrbuch für Philosophie und phänomenologische Forschung 1 (1913),
S. 405–565 und 2 (1916), S. 21–478. Zur ausführlichen Diskussion von Schelers Theorem
eines die moderne europäische Geschichte prägenden ‚Umsturzes der Werte' siehe auch
Leopold von Wiese, „Ressentiment, Kapitalismus und Bourgeoisie. Bemerkungen zu Max
Schelers ‚Abhandlungen und Aufsätzen'", in: Jahrbuch für Gesetzgebung, Verwaltung und

Scheler versuchte also der in der Religions- und Kulturkritik Nietzsches aufgestellten Diagnose eines tiefgreifenden Verfalls der europäischen Kultur und der dadurch bewirkten Entstehung des abendländischen Nihilismus dadurch gerecht zu werden, dass er zum einen dessen Beschreibung eines welthistorisch bedeutsamen ‚Sklavenaufstandes in der Moral' zwar prinzipiell zustimmte, die Geschichte des Christentums, soweit sie mit dem römischen Katholizismus identisch ist, jedoch vehement von dieser Verfallsdiagnose freisprach. Dieser Werte- und Normenverfall war für Scheler vielmehr identisch mit einem Umsturz jener ‚natürlichen' Rangordnung zwischen den Werten, wie sie bis zum Zeitalter der Reformation die europäische Geschichte geprägt habe und die erst im Gefolge des Bündnisses der protestantischen Reformatoren mit dem aufkommenden Humanismus und der späteren Aufklärungsperiode insbesondere in Westeuropa und Nordamerika allmählich zugunsten der Vorherrschaft eines reinen Zweck- und Nützlichkeitsdenkens in den Hintergrund gedrängt worden sei. Als der „katholische" beziehungsweise „schwarze Nietzsche"[9] war Scheler insofern in hervorragender Weise dafür geeignet, in der um 1900 sowohl im kulturprotestantischen Milieu als auch im katholischen Lager geführten Debatte über die historische Entstehung und epochale Eigenart des modernen Kapitalismus öffentlich Stellung zu beziehen. Scheler beschränkte sich dabei aber nicht allein darauf, in dieser insbesondere mit den Namen von Werner Sombart, Max Weber, Ernst Troeltsch und Lujo Brentano verbundenen akademische Debatte über die Bedeutung der einzelnen Konfessionen für die Entstehung des kapitalistischen Wirtschaftssystems einzugreifen. Vielmehr vertrat er nach dem Ersten Weltkrieg für eine Zeit lang die engagierte Position eines ‚christlichen Sozialismus', die er gegenüber den Auswüchsen des angelsächsischen Kapitalismus sowie den politischen Zielvorstellungen der radikalen Strömungen innerhalb der europäischen Arbeiterbewegung seiner Epoche geltend zu machen versuchte.

Über diesen eigenwilligen Beitrag Max Schelers zur Kapitalismus- und Sozialismus-Diskussion zu Beginn des zwanzigsten Jahrhunderts geben eine

---

Volkswirtschaft im Deutschen Reich 41 (1917), S. 2145–2157; Heinrich Levy, „Max Scheler. Seine Lehre vom Ressentiment und seine Stellung zum Ideal der Humanität", in: Der Morgen 4 (1929), S. 602–610; Maurice Merleau-Ponty, „Christianisme et ressentiment", in: La Vie Intellectuelle 36 (1935), S. 278–306; Egon Haffner, *Der „Humanitarismus" und die Versuche seiner Überwindung bei Nietzsche, Scheler und Gehlen*, Würzburg 1988. Vgl. diesbezüglich ferner die einzelnen Beiträge in Gerhard Pfafferott (Hrsg.), *Vom Umsturz der Werte in der modernen Gesellschaft*, Bonn 1997.

[9] Vgl. Ernst Troeltsch, *Der Historismus und seine Probleme*, Tübingen 1922 (= Gesammelte Schriften, Band III), S. 609; Helmut Plessner, Artikel „Scheler, Max", in: Handwörterbuch der Sozialwissenschaften, Band 9, Stuttgart/Tübingen/Göttingen 1956, S. 115; ferner Heinrich Lutz, *Demokratie im Zwielicht*, a. a. O., S. 23.

Reihe von einschlägigen Aufsätzen Schelers Auskunft, die im Zeitraum zwischen 1899 und 1920 entstanden sind und die seinen Versuch einer selbständigen ethischen Auseinandersetzung mit der modernen Arbeits- und Berufswelt deutlich machen. Diese dokumentieren zum einen seine intellektuelle Entwicklung seit seiner ersten selbständig erschienenen Schrift, die noch durch den Einfluss seines Jenaer Lehrers Rudolf Eucken geprägt ist. Zum anderen wird in diesen Schriften sein eigenes intellektuelles Engagement in der von Werner Sombart, Max Weber und Ernst Troeltsch geführten Debatte über die Stellung der großen christlichen Konfessionen innerhalb des kapitalistischen ,Umsturzes der Werte' deutlich. Ferner lässt sich in ihnen Schelers Auseinandersetzung mit den sich unter dem Eindruck der Kriegsniederlage von 1918 verdichtenden Bestrebungen einer sozialistischen Umgestaltung der Produktions- und Eigentumsverhältnisse nachvollziehen, die er in der Agitation der Bolschewisten und Syndikalisten in Europa gegeben sah und denen er den in der katholischen Arbeits- und Berufsethik begründeten Gedanken eines ,christlichen Sozialismus' beziehungsweise ,Solidarismus' als mögliche Alternative gegenübergestellt hatte.[10]

Der moderne Kapitalismus als ,Umsturz der Werte'

Sein erster Beitrag zu dieser weltanschaulichen Debatte und im Übrigen auch seine erste selbständige wissenschaftliche Veröffentlichung stellt Schelers Aufsatz „Arbeit und Ethik" dar. Dieser Aufsatz ist nach der Fertigstellung seiner Jenaer Dissertation über die *Beiträge zur Feststellung der Beziehungen zwischen den logischen und ethischen Prinzipien* 1899 in der renommierten „Zeitschrift für Philosophie und philosophische Kritik" erschienen.[11] In diesem Aufsatz kommt noch der Einfluss seines philosophischen Lehrers Rudolf Eucken deutlich zum Ausdruck. Scheler bemühte sich in dieser frühen Schrift zum ersten Mal um eine

---

[10] Zu diesem von dem Jesuiten Heinrich Pesch um 1900 entwickelten Programm eines christlichen ,Solidarismus' als Grundlage einer tiefgreifenden Gesellschaftsreform, auf das sich Scheler dabei beziehen konnte, siehe Heinrich Pesch, *Liberalismus, Sozialismus und christliche Gesellschaftsordnung*, 2 Bände, Freiburg 1893-1896; ders., *Lehrbuch der Nationalökonomie*, 2 Bände, Freiburg 1905-1909; ders., „Kapitalismus", in: *Stimmen aus Maria-Laach* 86 (1914), S. 161–174, 273–286 und 412–420; ders., *Christlicher Solidarismus und soziales Arbeitssystem*, Berlin 1919. Zur Bedeutung der Schriften von Heinrich Pesch für den deutschen Sozialkatholizismus um 1900 vgl. Clemens Ruhnau, *Der Katholizismus in der sozialen Bewährung. Die Einheit theologischen und sozialethischen Denkens im Werk Heinrich Peschs*, München/Paderborn/Wien/Zürich 1980; ferner Anton Rauscher, „Solidarismus", in: ders. (Hrsg.), *Der soziale und politische Katholizismus*, a. a. O., Band 1, S. 340–368.

[11] Vgl. Kap. 1 „Arbeit und Ethik" der vorliegenden Aufsatzsammlung.

persönliche ethische Deutung der durch die moderne kapitalistische Produktionsweise aufgeworfenen Probleme. Hierbei sah er ähnlich wie Georg Simmel die Verkehrung von Mittel und Zweck als das eigentliche Kennzeichen der durch den Kapitalismus geprägten modernen Kultur an.[12]

Scheler erkannte dabei die neue Stellung, welche die moderne Nationalökonomie durch diese gesellschaftliche Aufwertung des Bereichs der materiellen Produktion im Laufe des 19. Jahrhunderts erfahren hatte, durchaus an. Er sah aber als Ergebnis dieser Entwicklung eine verhängnisvolle Trennung zwischen der Philosophie und der Nationalökonomie gegeben, unter der beide Disziplinen stark gelitten hätten und die eine Leerstelle hinterlassen habe, die bisher noch nicht mit neuem Inhalt gefüllt werden konnte, auch wenn Scheler bereits zu diesem frühen Zeitpunkt die Möglichkeit einer vermittelnden Rolle der modernen *Soziologie* grundsätzlich nicht ausschließen wollte. Seine unter dem Einfluss von Rudolf Euckens Programm einer philosophischen Begriffsgeschichte stehende Analyse des Arbeitsbegriffs und seine parallel damit erfolgende Auseinandersetzung mit der nationalökonomischen Werttheorie zielte aber noch nicht auf soziologische Überlegungen im engeren Sinne ab, sondern auf die Frage, welche „objektiven Zwecksysteme" überhaupt noch in der Lage seien, die durch einen ungehemmten ökonomischen Liberalismus bewirkte ‚Anarchie des Wirtschaftslebens' wieder in den Griff zu bekommen.[13] Auch die zeitgenössische Forderung nach politischer Gleichheit beinhaltete ihm zufolge die Aporie, dass

---

[12] Zu der für die moderne kapitalistische Produktionsweise eigentümlichen Verkehrung von Mittel und Zweck siehe auch Georg Simmel, *Philosophie des Geldes* [1900], in: ders., Gesamtausgabe, Band 6, Frankfurt am Main 1989, besonders S. 254 ff. Simmel hatte bereits vor dem Erscheinen seiner *Philosophie des Geldes* eine Reihe von Aufsätzen veröffentlicht, welche die durch die moderne Geldwirtschaft aufgeworfenen ethischen Probleme zum Gegenstand hatten und die Scheler deshalb nicht unbekannt gewesen sein dürften. Überdies hatte Scheler Mitte der 1890er Jahre zwei Semester an der Berliner Universität studiert und dabei auch eine Vorlesung Simmels über „Sozialpsychologie" besucht, in der Simmel solche sozialethischen Themen ausführlich behandelt hatte. Insofern ist auch Georg Simmel neben Rudolf Eucken und Wilhelm Dilthey, dessen Vorlesungen Scheler ebenfalls in Berlin gehört hatte, als philosophischer Lehrer des jungen Scheler zu betrachten. Siehe hierzu auch Staude, *Max Scheler 1874–1928*, a. a. O., S. 9; Mader, *Max Scheler in Selbstzeugnissen und Bilddokumenten*, a. a. O., S. 20; ferner Henckmann, *Max Scheler*, a. a. O., S. 17.

[13] Zu dem dieser Studie über „Arbeit und Ethik" zugrundeliegenden begriffsgeschichtlichen Anspruch siehe auch Rudolf Eucken, *Geschichte der philosophischen Terminologie im Umriß dargestellt*, Leipzig 1879. Das von Eucken formulierte Programm einer geschichtlichen Darstellung der philosophischen Grundbegriffe ist allerdings erst einhundert Jahre später mit dem Erscheinen der einzelnen Bände des von Joachim Ritter und Karlfried Gründer herausgegebenen *Historischen Wörterbuch der Philosophie* in breitem Umfang eingelöst worden.

durch eine parteimäßig betriebene Interessenpolitik kein Weg zu einer wirklich vernünftigen Allgemeinheit führe, umgekehrt aber auch das ‚sittlich Allgemeine' am Anspruch des Einzelnen, für sich selbst bereits ein selbständiges Ganzes darzustellen, seine strukturellen Grenzen finde. Da sich Scheler zufolge jedoch aus dem rein Individuellen und Besonderen kein „objektives Prinzip" ableiten lässt, bleibe eine mögliche ‚sittliche' Qualität der Berufsarbeit letzten Endes von der Existenz ‚objektiver Zwecksysteme' abhängig, zu denen er sowohl die bürokratische Organisation des Staates als auch das Rechtssystem zählte. Sein Verweis auf eine „transzendente Größe", welche „ein für alle Menschen gültiges Gesetz in sich trägt", macht deutlich, dass bereits der junge Scheler allein in der *Metaphysik* die Möglichkeit einer endgültigen Lösung der modernen sozialen Frage, insbesondere aber des Problems, unter welchen Voraussetzungen die gewerblich betriebene Arbeit überhaupt „sittlich gut sein kann", gegeben sah.

Drei weitere Aufsätze, die unmittelbar vor dem Ersten Weltkrieg in der von dem Elsässer Schriftsteller und Übersetzer René Schickele redigierten expressionistischen Zeitschrift *Die weißen Blätter* erschienen sind, stellen eine bemerkenswerte Weiterentwicklung von Schelers Stellungnahme zu zentralen sozialethischen Fragestellungen seiner Zeit dar. Sie stehen im engen sachlichen Zusammenhang mit der zwischen Werner Sombart, Max Weber, Ernst Troeltsch und Lujo Brentano geführten Debatte über die religiösen Hintergründe der Entstehung des modernen Kapitalismus. Ferner gibt es diesbezüglich einen Bezug zu der 1913-1916 im „Jahrbuch für Philosophie und phänomenologische Forschung" erschienenen ersten Fassung von Max Schelers philosophischem Hauptwerk *Der Formalismus in der Ethik und die materiale Wertethik.* In diesem versuchte er gegenüber der auf Immanuel Kant zurückgehenden Richtung der modernen Ethik eine sich auf ältere katholische Traditionen stützende philosophische Alternative zu entwickeln, die auch auf dem Gebiet der Ethik die bisherige kulturelle Vormachtstellung des Protestantismus infrage stelle.[14] Gerade diese konfessionskulturellen Auseinandersetzungen waren es aber, die auch im Zentrum der damaligen Diskussion über den Ursprung des modernen Kapitalismus standen und die insofern auch Schelers Aufmerksamkeit fanden, zumal dieser aufgrund verschiedener privater Verstrickungen in München und Jena 1912 nach Berlin

---

[14] Scheler stellt bezeichnenderweise die gesamte auf Immanuel Kant zurückgehende Entwicklung der modernen Ethik in die Tradition des asketischen Protestantismus, was ja nicht ganz falsch ist. Siehe hierzu auch die einschlägige Dissertation von Else Habering, *Die Askese in der Kantischen Philosophie. Eine historisch-philosophische Studie im Anschluß an die Arbeiten von Max Weber und Ernst Troeltsch*, Königsberg 1922. Die calvinistische Abstammung von Kants Großvater und Vater war vor dem Zweiten Weltkrieg übrigens noch im Kirchenbuch der reformierten Gemeinde in Memel vermerkt.

übergesiedelt war und sich nun darum bemüht hatte, einen engen Kontakt mit dem zu diesem Zeitpunkt bereits berühmten Nationalökonom und Kulturkritiker Werner Sombart herzustellen.[15]

Konkreter Anlass für Schelers Stellungnahme innerhalb dieser Kontroverse war das Erscheinen von Sombarts Buch *Der Bourgeois,* das Scheler rezensiert hatte und dessen Inhalt er zunächst rein immanent darstellte.[16] In einem Essay, den er ebenfalls diese Thematik gewidmet hat, ging er dabei auch ausführlich auf die zwischen Werner Sombart, Max Weber und Franz Keller geführte Kontroverse über die angebliche wirtschaftliche Rückständigkeit beziehungsweise Fortschrittsfeindlichkeit der thomistischen Sozialethik ein.[17] Scheler sah in diesem Zusammenhang eine zunehmende ‚Entfremdung' zahlreicher deutscher Intellektueller seiner Zeit angesichts des unübersehbaren Siegeszuges der modernen kapitalistischen Produktionsweise gegeben, den er mit einem „wahnbedingten Umsturz aller sinnvollen Ordnung der Werte" gleichsetzte. Diese Entfremdung sei aber nicht allein dem Weltschmerz sozial entwurzelter moderner Intellektueller geschuldet, sondern gegen den reinen und noch unverfälschten ‚Typus Mensch' gerichtet, der jetzt durch eine Art von kapitalistischem Homunkulus, den die Nationalökonomen ihren theoretischen Modellbildungen zugrunde legen würden, verdrängt zu werden drohe. Die eigentliche Bedeutung der Untersuchungen von Werner Sombart, Max Weber und Ernst Troeltsch über den historischen Ursprung der modernen kapitalistischen Produktionsweise bestand Scheler zufolge deshalb darin, dass diese sich im Unterschied zu den herkömmlichen Wirtschafts- und Sozialhistorikern nicht nur auf die Entstehung des kapitalistischen Wirtschafts*systems* im Sinne einer institutionellen Ordnungskonfiguration konzentriert hatten, sondern auch die historische Entstehung sowie die epochale Eigenart des kapitalistischen ‚Geistes' in Gestalt einer ethischen Maxime der praktischen

---

[15] Zu den Umständen von Schelers Umzug nach Berlin und seiner zeitweiligen Zusammenarbeit mit Werner Sombart siehe auch Friedrich Lenger, *Werner Sombart 1863–1941. Eine Biographie,* München 1994, S. 232 ff.; ferner Staude, *Max Scheler,* a. a. O., S. 57 ff. Dies hinderte Scheler allerdings nicht daran, in der Auseinandersetzung zwischen Werner Sombart und Max Weber aus noch zu erörternden Gründen die Position des letzteren zu ergreifen. Siehe hierzu auch Klaus Lichtblau, *Kulturkrise und Soziologie um 1900. Zur Genealogie der Kultursoziologie in Deutschland,* Wiesbaden 2022, Kap. 7.

[16] Vgl. Werner Sombart, *Der Bourgeois. Zur Geistesgeschichte des modernen Wirtschaftsmenschen,* München/Leipzig 1913. Siehe hierzu Kap. 2 „Der Bourgeois" der vorliegenden Aufsatzsammlung.

[17] Vgl. Kap. 3 „Der Bourgeois und die religiösen Mächte" der vorliegenden Aufsatzsammlung.

Lebensführung – also das, was Scheler im Anschluss an Nietzsche als *Ethos* einer sozialen Gruppe im Sinne der Vorherrschaft von bestimmten Wertpräferenzen beziehungsweise „Vorzugsregeln" bezeichnete, – gebührend berücksichtigt hatten.[18]

Scheler betonte in diesem Zusammenhang im Anschluss an Sombart und Nietzsche sowohl die „biologischen Grundlagen" als auch die „sittlich-religiösen Mächte", die den ‚kapitalistischen Geist' hervorgebracht hätten. Und er wurde auch in seinen späteren Arbeiten nicht müde, neben der konfessionellen Eigenart der bereits arrivierten beziehungsweise noch aufstrebenden sozialen Schichten auch die Bedeutung der „Blutsmischung" bei der Entstehung eines historisch neuen Menschentypus hervorzuheben, wie ihn seiner Meinung nach zum Beispiel der moderne kapitalistische Unternehmer darstellt. Hierbei handelt es sich um ein ‚Gesichtspunkt', der uns heute aus guten Gründen eher als befremdlich erscheint, von Autoren wie Sombart und Scheler allerdings noch ernsthaft zur Erklärung kultureller und sozialer Entwicklungsprozesse herangezogen worden ist.[19] Trotz dieser bedenklichen Annäherung an einen biologistischen und rassentheoretischen Sprachgebrauch war allerdings auch für Max Scheler nicht die

---

[18] Scheler bezog sich neben den einschlägigen Arbeiten von Werner Sombart, von denen die ganze Debatte ursprünglich ihren Ausgang nahm, insbesondere auf Max Webers berühmte Untersuchung über die ‚protestantische Ethik' und die durch sie ausgelöste Kontroverse, auf die Werner Sombart sowohl mit seinem Buch *Der Bourgeois* von 1913 als auch mit einem umfangreichen Buch über die Rolle der Juden bei der Entstehung des Kapitalismus reagiert hatte. Vgl. Max Weber, *Die protestantische Ethik und der „Geist" des Kapitalismus* [1904–05], herausgegeben und eingeleitet von Klaus Lichtblau und Johannes Weiß, Wiesbaden 2016; ders., „‚Kirchen' und ‚Sekten' in Nordamerika. Eine kirchen- und sozialpolitische Skizze", in: Die christliche Welt, Jahrgang 20 (1906), Spalte 558–562 und 577–583; ferner *Die protestantische Ethik II: Kritiken und Antikritiken*, hrsg. von Johannes Winckelmann, 2. Auflage Hamburg 1972. Siehe diesbezüglich auch Werner Sombart, *Die Juden und das Wirtschaftsleben*, Leipzig 1911.

[19] Im Unterschied zu Sombart und Scheler war Max Weber in dieser Hinsicht allerdings sehr viel vorsichtiger und zurückhaltender. Zwar gestand auch er die Möglichkeit ein, dass Rassenunterschiede unter Umständen einen Einfluss auf soziale Entwicklungen zu nehmen vermögen. Er hielt es allerdings bis zum Ende seines Lebens aufgrund des damaligen Entwicklungsstandes der Vererbungslehre und der anthropologischen Forschung für völlig ausgeschlossen, auf diesem Gebiet bereits seriöse wissenschaftliche Aussagen machen zu können, weshalb er es vorzog, bei der historischen Erklärung der auffallenden Unterschiede zwischen den ‚Nationalcharakteren' der europäischen Völker auf entsprechende religiöse und kulturelle Traditionen zurückzugreifen. Vgl. Max Weber, *Die protestantische Ethik und der „Geist" des Kapitalismus*, a. a. O., S. 17 ff., 49 ff. und 122 ff.; ders., *Gesammelte Aufsätze zur Religionssoziologie*, Band 1, Tübingen 1920, „Vorbemerkung", S. 15 f. Siehe hierzu auch

Unterscheidung von *bios* und *logos*, sondern die zwischen der *Form* und dem *Geist* für ein tieferes Verständnis der mit der modernen kapitalistischen Produktionsweise aufgeworfenen sozialen und kulturellen Probleme von besonderer Bedeutung. Denn dies weist darauf hin, dass es in dieser Kontroverse weniger um die Entstehung oder gar die mögliche ‚revolutionäre' Aufhebung der kapitalistischen Organisation der Produktion und Distribution ging, sondern um die soziale und kulturelle Vorherrschaft eines bestimmten Typus Mensch und der ihn kennzeichnenden ethischen Prinzipien und moralischen Empfindungsweisen. Für deren historisches Verständnis war aber nach Überzeugung aller an dieser Debatte Beteiligten ein Rückgriff auf jene religiösen Traditionen unerlässlich, welche die Entstehung und die Entwicklung des modernen Kapitalismus bis hin zu seiner weltweiten wirtschaftlichen Vormachtstellung gefördert oder aber gehemmt haben. Es fragt sich nur: Um welche religiöse Traditionen handelt es sich hierbei? Und welche historische Rolle haben sie innerhalb der „Genesis des kapitalistischen Geistes" konkret gespielt?[20]

Scheler sah in dieser Frage einen „zwiefachen Widerspruch" zwischen den entsprechenden Ansichten von Werner Sombart und Max Weber gegeben, und zwar insofern als bei Weber die sittlich-religiösen Mächte die unabhängige, bei Sombart dagegen die abhängige Variable bildeten und Weber überdies den Ursprung des ‚kapitalistischen Geistes' in der calvinistischen Prädestinationslehre gegeben sah, Sombart dagegen bereits in den sozialethischen Prinzipien des thomistischen Lehrsystems. Letzterer bezog sich bei seinem Versuch einer Wiederlegung der ‚Weber-These' über die protestantischen Wurzeln der modernen Marktwirtschaft dabei auf eine Untersuchung von Franz Keller, die 1912 in einer Schriftenreihe der Görres-Gesellschaft erschienen ist und der Max Weber in einer Erwiderung

---

Hans-Walter Schmuhl, „Max Weber und das Rassenproblem", in: *Was ist Gesellschaftsgeschichte? Positionen, Themen, Analysen. Festschrift für Hans-Ulrich Wehler*, München 1991; ferner Karl-Ludwig Ay, „Max Weber und der Begriff der Rasse", in: Aschkenas. Zeitschrift für Geschichte und Kultur der Juden 1 (1993), S. 189–218. Zu Webers Diskussionsbeitrag anlässlich des Vortrages „Die Begriffe Rasse und Gesellschaft" von Alfred Ploetz während des Ersten Deutschen Soziologentages 1910 in Frankfurt am Main vgl. Max Weber, *Gesammelte Aufsätze zur Soziologie und Sozialpolitik*, Tübingen 1924, S. 456 ff.

[20] Die Frage nach der ‚Genesis des kapitalistischen Geistes' lag bereits Sombarts monumentalem Werk über den modernen Kapitalismus von 1902 als Leitmotiv zugrunde und bildete dort Gegenstand eines umfangreichen Abschnittes, in dem er ausführlich die verschiedenen ‚Mächte' behandelt hatte, die für diese ‚Gesinnungsrevolution' verantwortlich gewesen seien. Vgl. Werner Sombart, *Der moderne Kapitalismus*, Leipzig 1902, Band 1, S. 378 ff. Auf diese bis heute höchst umstrittene Frage hatte dann Max Weber in seinen Protestantismus-Studien eine völlig andere Antwort gegeben, die als die ‚Weber-These' in die Wissenschaftsgeschichte eingegangen ist.

auf diese Attacke durch seinen Fachkollegen und persönlichen Freund Sombart eindeutige apologetische Absichten vorwarf.[21] Worum ging es eigentlich bei diesem Streit? Keller hatte in seiner Apologie des Kapitalismus und des unternehmerischen Profits die sittliche Unbedenklichkeit der modernen Geschäftsmoral zu begründen versucht, um den innerhalb der deutschen Unternehmerschaft um 1900 stark unterrepräsentierten Katholiken die aktive Beteiligung an der industriellen Verwertung beziehungsweise ‚Ausbeutung' der menschlichen Arbeitskraft als selbstverständlich nahezulegen, um so deren soziale Stellung innerhalb der wilhelminischen Gesellschaft zu verbessern. Er ging in diesem Zusammenhang ausführlich auf das kanonische Zinsverbot ein, das der scholastischen Wirtschaftsethik zugrunde liegt, um diese vor dem Vorwurf der wirtschaftlichen ‚Rückständigkeit' und des ökonomischen ‚Traditionalismus' in Schutz zu nehmen. Seiner Ansicht nach bezog sich das Darlehensverbot der katholischen Kirche nämlich nur auf den ‚Notkredit', das heißt auf die Gewährung einer finanziellen Unterstützung in Gestalt der unentgeltlichen Nachbarschaftshilfe, nicht aber auf den Unternehmensgewinn als solchen. Dieser war ihm zufolge vielmehr als Lohn für die *industria* beziehungsweise persönlichen wirtschaftlichen Anstrengungen des Unternehmers geradezu sittlich geboten, da schließlich auch dieser einen berechtigten Anspruch auf die Früchte seiner Arbeit habe. Die intensive ethische Beschäftigung mit wirtschaftlichen Fragen sei insofern kein Privileg des Calvinismus und Puritanismus, sondern bereits für die mittelalterliche Kirche selbstverständlich gewesen. Im Unterschied zu Weber und Troeltsch sah Keller die ethisch-religiöse Reglementierung des Alltags- und Berufslebens in der Scholastik sogar in einem noch viel stärkeren Maße gegeben als im Zeitalter der Reformation und des ihr sich anschließenden Zeitalters der ‚Konfessionalisierung', das eher zu einer Abschwächung der rigiden kanonischen Vorschriften und der Laienreligiosität geführt habe.[22] Allerdings wies auch Keller darauf hin, dass bei den scholastischen Denkern der unternehmerische Gewinn nur dann ethisch gerechtfertigt gewesen sei, wenn er als ‚Lohn' für die unternehmerische Leistung betrachtet, aber nicht zum „Hauptbeweggrund" und „letzten und höchsten Zweck des Unternehmers" gemacht wurde. Eine solche Umkehrung der durch

---

[21] Vgl. Franz Keller, *Unternehmung und Mehrwert. Eine sozial-ethische Studie zur Geschäftsmoral*, Köln 1912; Werner Sombart, *Der Bourgeois*, a. a. O., S. 303 ff.; siehe diesbezüglich ferner Max Weber, *Die protestantische Ethik und der „Geist" des Kapitalismus*, a. a. O., S. 168 ff. Scheler sprach in diesem Zusammenhang von einem „gewissen soi disant ‚fortschrittlichen' Zentrumskatholizismus" und wies in dieser Angelegenheit damit implizit auf seinen Schulterschluss mit Max Weber hin. Vgl. diesbezüglich Kap. 3 „Der Bourgeois und die religiösen Mächte" der vorliegenden Aufsatzsammlung.

[22] Keller, *Unternehmung und Mehrwert*, a. a. O., S. 24 ff. und 62 ff.

die göttliche Schöpfung vorgegebenen ‚Rangordnung der Werte' hatte nämlich in ihren Augen geradezu den Charakter einer ‚Todsünde'. Deshalb hielt Keller im Anschluss an die von dem einflussreichen Kölner Jesuiten Heinrich Pesch aufgestellten wirtschaftsethischen Prinzipien die Verkehrung des Erwerbs- und Gewinnstrebens zu einem Selbstzweck mit christlichen Grundsätzen schlechthin für unvereinbar, weil im letzteren Falle der Mensch „völlig der toten Materie sich preisgäbe in sinnlosester Weise" und seine *Knechtung unter den toten Sachzweck* eine „Sklaverei der schlimmsten Art" sei.[23]

Scheler nahm in diesem spannungsreichen Verhältnis zwischen Keller und Sombart einerseits sowie Weber und Troeltsch andererseits eine völlig eigenständige Position ein. Im Unterschied zu Keller und Sombart betonte er ähnlich wie Max Weber und Ernst Troeltsch vor allem die *Hemmungen,* welche die scholastische Wirtschaftsethik gegenüber einer ungezügelten Entfaltung der kapitalistischen Produktionsweise beinhaltet hätte. Denn innerhalb der thomistischen Tradition des religiösen Denkens stehe nicht der Gelderwerb, sondern die *Kontemplation* im Zentrum. Die von dem Aquinaten verfolgte ‚Rationalisierung des Lebens' bezog sich insofern auch nicht auf das vordergründige Motiv einer besseren Erfüllung der Berufspflicht zum Zweck der Gewinnmaximierung, sondern auf eine „Harmonie der Seele und ihre Kräfte". Demgegenüber habe hinter der reformatorischen Bewegung der „neue weltliche *Arbeitstrieb* des jungen Bürgertums" gestanden, weshalb Scheler dem Protestantismus ein eigenständiges, genuin religiöses Erleben abspricht. Die insbesondere von den calvinistischen Denominationen in den Mittelpunkt gestellte Lehre von der ‚Gnadenwahl' sei nämlich gar kein Produkt der Reformation, sondern sei schon von dem ‚Kirchenvater' Augustinus vertreten worden. Der Protestantismus habe vielmehr nur bereits bestehende religiöse Traditionen umgedeutet und diese dabei den Erfordernissen der ‚weltlichen' Berufsarbeit angepasst. Wie Keller betonte insofern auch Scheler die Abschwächung der ‚Kirchenzucht' innerhalb der protestantischen Länder, weshalb sich bei ihnen die angeblich angestrebte ‚Rationalisierung' letztendlich auf eine *Technisierung* im Dienst der Erfüllung von rein weltlichen Zwecksetzungen reduziere. Der entscheidende Unterschied zur mittelalterlichen Kirche bestehe vielmehr darin − und in diesem Punkt wiederspricht Scheler unverhüllt den Auffassungen von Max Weber und Ernst Troeltsch −, dass der

---

[23] Ebd., S. 82. Keller bezog sich bei dieser eindeutigen sozialethischen Stellungnahme auf die entsprechenden Ausführungen von Heinrich Pesch in dessen weit verbreiteten und mehrfach neu aufgelegten *Lehrbuch der Nationalökonomie,* a. a. O., Band 2, S. 727 f.

Protestantismus prinzipiell auf „jede Art von sittlich-religiöser Leitung des Wirtschaftslebens" verzichte und somit einer in universalhistorischer Hinsicht völlig neuen „religiösen Entwertung der Welt" Vorschub geleistet habe.[24]

Der ‚kapitalistische Geist' ist Scheler zufolge deshalb mit einer „prinzipiellen Emanzipation" des Wirtschaftslebens von allen Formen einer religiösen Bevormundung identisch und habe so schließlich im Bündnis mit den „vereinigten Mächten des europäischen Individualismus" seinen weltweiten Siegeszug antreten können.[25] Demgegenüber stelle das von den scholastischen Denkern vertretene kanonische Zinsverbot noch den Anspruch einer *spirituellen Autorität* dar, dem Wirtschaftsleben ethisch-religiöse Gesetze und Maximen vorzuschreiben. Gegen diesen Anspruch habe das aufstrebende Bürgertum im Bündnis mit den Reformatoren aufgrund eines tiefen ‚Ressentiments' gegenüber dem katholischen Ideal der Heiligkeit rebelliert und insbesondere in den angelsächsischen Ländern einem „äußeren Technizismus der Produktion" Vorschub geleistet, der zu einer rastlosen, weil prinzipiell nie abschließbaren Berufsarbeit geführt habe, die Scheler als eine „narkotisierende Hinwegsetzung" über die brutalen Konsequenzen der calvinistischen Lehre von der ‚Gnadenwahl' verstanden hat. Insofern bilde auch nicht

---

[24] Vgl. Kap. 3 „Der Bourgeois und die religiösen Mächte" der vorliegenden Aufsatzsammlung. Max Weber sprach in diesem Zusammenhang von einer *Entzauberung der Welt*, hatte diese im Unterschied zu Scheler allerdings ursprünglich auf ein Zurückdrängen von rein magischen Mitteln der Heilssuche im Gefolge des weltweiten Siegeszuges von strikt ethischen Erlösungsreligionen, das heißt auf genuin religiöse Motive zurückzuführen versucht. Später ‚glaubte' er allerdings daran, dass auch die in Europa entstandene ‚neuzeitliche' Form der Wissenschaft an diesem Prozess beteiligt gewesen sein könnte. Zur ausführlichen Diskussion des von Weber geprägten Begriffs der „Entzauberung der Welt" und der mit diesem Begriff verbundenen theoretischen und historischen Implikationen siehe auch Friedrich Tenbruck, *Das Werk Max Webers*, Tübingen 1999, S. 63 ff.; Hans Joas, *Die Macht des Heiligen. Eine Alternative zur Geschichte von der Entzauberung*, Berlin 2017; ferner Thomas Schwinn, „,Die Macht des Heiligen' als eine Alternative zur Entzauberung? Zu Hans Joas' Religionstheorie", in: Berliner Journal für Soziologie 29 (2019), S. 127–149.

[25] Scheler spielt in diesem Fall auf das historische Zusammenwirken von Reformation, Renaissance und Humanismus an, das ergänzt durch den späteren Einfluss der europäischen Aufklärung auch im Mittelpunkt des Denkens von Ernst Troeltsch stand. Vgl. Troeltsch, „Die Bedeutung des Protestantismus für die Entstehung der modernen Welt", in: Historische Zeitschrift 97 (1906), S. 1–66; ders., „Das stoisch-christliche Naturrecht und das moderne profane Naturrecht", in: Verhandlungen des Ersten Deutschen Soziologentages vom 19.–22. Oktober 1910 in Frankfurt a. M., Tübingen 1911, S. 166–215; siehe ferner ders., *Die Soziallehren der christlichen Kirchen und Gruppen*, Tübingen 1912 (=Gesammelte Schriften, Band 1). Scheler wies in diesem Zusammenhang wiederholt auf diese Parallele zu Troeltsch hin, betonte aber zugleich, dass er bei der Niederschrift seiner Aufsätze über den ‚Bourgeois' Troeltschs *Soziallehren* zu diesem Zeitpunkt noch nicht ausgewertet habe (vgl. Kap. 3 „Der Bourgeois und die religiösen Mächte" der vorliegenden Aufsatzsammlung).

eine spirituelle Erweckung, sondern eine *religiöse Verzweiflung* den eigentlichen Ursprung dieses ausschließlich nach außen gerichteten endlosen Tatendrangs.[26]

Scheler sah deshalb im modernen Kapitalismus in erster Linie kein *ökonomisches System*, sondern ein durch die Vorherrschaft eines ganz bestimmten „biopsychischen Typus Mensch" und dessen Ethos geprägtes *Lebens- und Kultursystem*, welches das moderne Zeitalter kennzeichne und dem sich insofern auch die moderne Arbeiterklasse nicht ohne Weiteres entziehen könne. Die von ihm bereits vor dem Ausbruch des Ersten Weltkrieges gestellte Frage nach der *Zukunft des Kapitalismus* zielte denn auch weniger auf eine äußere Reform oder gar Revolution der bestehenden Produktions- und Eigentumsverhältnisse ab als vielmehr auf eine gesinnungsmäßige Umgestaltung jenes Menschentypus, der dieses System überhaupt erst möglich gemacht und künstlich am Leben gehalten habe.[27] Neben der demographischen Entwicklung, von der sich Scheler eine Veränderung des quantitativen Verhältnisses zwischen den einzelnen Konfessionen zugunsten der Katholiken und somit gewissermaßen ein ,natürliches' Absterben des kapitalistischen Menschen erhofft hatte, das er in der fortgeschrittenen Assimilation der deutschen Juden bereits exemplarisch vorgegeben sah, setzte er seine ganze Hoffnung auf die Entstehung eines ,neuen Menschen'. Diesen sah er dabei sowohl innerhalb der deutschen Jugendbewegung als auch in bestimmten ,Gemeinschaftsbildungen' im Bereich der Wissenschaft und Kunst wie zum Beispiel im Kreis um Stefan George oder in den von Osteuropa ausgehenden ethisch-religiösen Versuchen zur Überwindung der westlichen ,Dekadenz' als gegeben an.

Das Programm eines ,christlichen Sozialismus'

Unter dem Eindruck der bolschewistischen Machtergreifung in Russland und der deutschen Novemberrevolution von 1918 wurde Scheler eine kurze Zeit lang zum Sprachrohr eines *christlichen Sozialismus* beziehungsweise ,Solidarismus', der die Möglichkeit eines ,dritten Weges' gegenüber dem sich bereits abzeichnenden neuen globalen Schisma als gegeben sah und der insbesondere dem Papsttum

---

[26] Dies stimmt mit dem Urteil des katholischen Religionssoziologen Werner Stark überein, dass der Calvinismus und der Puritanismus Ausdruck einer *depressiven* Weltanschauung seien. Vgl. Werner Stark, „Die kalvinistische Ethik und der Geist der Kunst", in: Justin Stagl (Hrsg.), *Aspekte der Kultursoziologie. Aufsätze zur Soziologie, Philosophie, Anthropologie und Geschichte der Kultur*, Berlin 1982, S. 87–96.

[27] Vgl. Kap. 4 „Die Zukunft des Kapitalismus" der vorliegenden Aufsatzsammlung.

sowie den mit ihm verbündeten deutschen Katholiken eine entsprechende welthistorische Mission zusprach, die in diesem Lager auf offene Ohren stieß. Scheler bezog sich in seinem Aufsatz „Prophetischer oder marxistischer Sozialismus?", dem ein Vortrag vor Münsteraner Studenten zugrunde liegt und den er erstmals 1919 in der von Heinrich Muth herausgegeben katholischen Kulturzeitschrift „Hochland" veröffentlicht hatte, dabei auf das Programm eines christlichen Sozialismus beziehungsweise ‚Solidarismus‘, wie es von dem Kölner Theologen und Nationalökonom Heinrich Pesch in seinen sozialethischen und nationalökonomischen Schriften bereits ansatzweise entwickelt worden war und dem Scheler nun eine überraschende, an die unterschiedlichen politischen Strömungen innerhalb der Weimarer Republik gerichtete Wendung gab.[28] Anlass zu diesem Vortrag war eine Einladung, die Scheler von dem Münsteraner Ordinarius für Wirtschaftliche Staatswissenschaften Johann Plenge erhalten hatte, der selbst als Theoretiker eines ‚dritten Weges‘ zwischen Kapitalismus und Sozialismus in Gestalt eines „organisatorischen Sozialismus" bekannt geworden ist und dessen Kriegsschrift über den „Geist von 1789 und 1914" Scheler bereits während des Ersten Weltkrieges wohlwollend besprochen hatte.[29] In dieser Stellungnahme betonte Scheler,

---

[28] Vgl. Kap. 5 „Prophetischer oder marxistischer Sozialismus?" der vorliegenden Aufsatzsammlung. Unmittelbarer Anlass von Schelers Stellungnahme zur Sozialisierungsdebatte war dabei die Veröffentlichung von Peschs programmatischem Aufsatz „Nicht kommunistischer, sondern christlicher Sozialismus", der 1918 als Flugschrift der Deutschen Zentrumspartei erschienen ist. Scheler hatte in seiner ‚katholischen Phase‘ übrigens eng mit Karl Muth zusammengearbeitet und mehrere Aufsätze in dieser einflussreichen katholischen Kulturzeitschrift veröffentlicht. Siehe hierzu auch die zwischen 1915 und 1921 geschriebenen Briefe von Max Scheler an Muth in: Paul Good (Hrsg.), *Max Scheler im Gegenwartsgeschehen der Philosophie*, a. a. O., S. 45–56. Zur Bedeutung von Karl Muth, der als literarischer Wortführer der katholischen Bewegung in dieser von ihm herausgegebenen Zeitschrift selbst Aufsätze zur Kapitalismusproblematik veröffentlicht hatte, sowie der Rolle der Zeitschrift „Hochland" im wilhelminischen und Weimarer Kulturkampf siehe auch Clemens Bauer, „Carl Muths und des Hochland Weg aus dem Kaiserreich in die Weimarer Republik", in: Hochland 59 (1966–67), S. 234–247; vgl. diesbezüglich ferner Richard van Dülmen, „Katholischer Konservativismus oder die ‚soziologische‘ Neuorientierung. Das ‚Hochland‘ in der Weimarer Zeit", in: Zeitschrift für bayerische Landesgeschichte 36 (1973), S. 254–301.

[29] Dieser von Scheler erstmals 1919 veröffentlichte Aufsatz war Teil des Manuskriptes, das seinem Münsteraner Doppelvortrag zugrunde lag. Der umfangreichere Teil seines Vortragsmanuskriptes, das die Grundlage des von ihm noch geplanten, dann aber doch nicht mehr ausgearbeiteten Buches *Wesen und Werdensgesetze des Kapitalismus. Ein Weg zum christlichen Sozialismus* bilden sollte, ist erst 1982 unter dem Titel „Christlicher Sozialismus als Antikapitalismus" als Zusatz zum vierten Band der *Gesammelten Werke* Schelers erschienen. Zum Verhältnis dieser beiden Teile von Schelers Münsteraner Vortragsmanuskriptes zueinander vgl. Sigrid von Moisy, „Zwei wiederentdeckte Manuskripte Max Schelers im Nachlaß Karl Muths", in: Zeitschrift für philosophische Forschung 33 (1979), S. 621–626. Zu den

dass es „eines inneren Umsturzes des sittlichen Bewußtseins bedürfe, um das
Solidaritätsprinzip wieder zu einer leitenden Kraft zu machen", da Reste von
diesem gegenwärtig nur noch in der katholischen Kirche anzutreffen seien.[30] Darüber hinaus gebe es auch eine erfreuliche Wiedergeburt dieses Geistes in einigen
Arbeiterverbänden, Gewerkschaften und Berufsvereinen, an die das Programm
eines genuin ‚christlichen Sozialismus' anschließen würde. Denn nur so könne
der verderbliche Einfluss der bolschewistischen Agitation auf die europäische
Arbeiterbewegung Einhalt geboten und die Gefahr eines revolutionären Umsturzes verringert werden, was Scheler unter dem Eindruck der Kriegsniederlage und
der Novemberrevolution von 1918 als die vordringlichste Aufgabe seiner sozialethischen Bemühungen und der diesbezüglichen öffentlichen Stellungnahmen
angesehen hatte.

Seine in diesem Zusammenhang stehende intensive Auseinandersetzung mit
der marxistischen Geschichtsphilosophie sowie der ihr zugrundeliegenden ökonomischen Wertlehre verfolgte dabei die Absicht, den Universalitätsanspruch
des Marxismus innerhalb der Arbeiterbewegung dieser Zeit zu bekämpfen und
als eine zwar bedeutsame, aber dennoch partikulare Erscheinungsform innerhalb
von fünf prinzipiell verschiedenen Arten des modernen Sozialismus – nämlich
dem *utopischen,* dem *wissenschaftlichen,* dem *romantischen,* dem *praktisch-
reformatorischen* sowie dem *prophetischen* beziehungsweise *christlichen* Sozialismus – zu relativieren. Sein Plädoyer für einen christlichen Sozialismus, dessen
Möglichkeit von der katholischen Kirche immer wieder bestritten worden ist und
dort nicht zuletzt aufgrund der in dieser Angelegenheit eindeutigen päpstlichen
Stellungnahmen Anlass zu heftigen Auseinandersetzungen gab[31], war für ihn

---

zeitgeschichtlichen Umständen von Schelers Münsteraner Vortrag und seinem Verhältnis zu
dem von Johann Plenge entwickelten Programm eines „organisatorischen Sozialismus" siehe
auch Johann Plenge, *Christentum und Sozialismus (Über einen Vortrag von Max Scheler),*
Münster 1919; ferner Bernhard Schäfers (Hrsg.), „Christentum und Sozialismus. Ein Briefwechsel zwischen Max Scheler und Johann Plenge", in: Soziale Welt 17 (1966), S. 66–78.
Zu Plenges Lebenswerk vgl. ferner Bernhard Schäfers (Hrsg.), *Soziologie und Sozialismus.
Organisation und Propaganda. Abhandlungen zum Lebenswerk von Johann Plenge*, Stuttgart
1967.

[30] Max Scheler, „1789 und 1914". in: Archiv für Sozialwissenschaft und Sozialpolitik 42
(1916–17), S. 596; siehe diesbezüglich ferner Ernst Troeltsch, „Plenges Ideen von 1914",
in: Annalen für soziale Politik und Gesetzgebung 5 (1917), S. 308–343.

[31] Vgl. hierzu die entsprechenden Ausführungen von Gottfried Traub, *Materialien zum Verständnis und zur Kritik des katholischen Sozialismus*, München 1902; Anton Rauscher,
„Sozialismus", in: ders. (Hrsg.), *Der soziale und politische Katholizismus,* a. a. O., Band 1,
S. 294–339; Josef Mooser, „‚Christlicher Beruf' und ‚bürgerliche Gesellschaft'. Zur Auseinandersetzung über Berufsethik und wirtschaftliche ‚Inferiorität' im Katholizismus um 1900,

weniger eine Herzensangelegenheit als vielmehr eine aus der Not geborene und insofern rein pragmatische Entscheidung in einem politisch-weltanschaulichen Grundlagenkonflikt, der seit dem Ausbruch der russischen Oktoberrevolution von 1917 und dem Sieg der Westmächte im Ersten Weltkrieg globale Ausmaße anzunehmen begann. Scheler stand nämlich einem „widerchristlichen Zwangskommunismus" ebenso ablehnend gegenüber wie einem übersteigerten Individualismus westlicher Prägung, da ersterer den Respekt vor der Würde des einzelnen Menschen vermissen lasse, letzterer dagegen das Gebot der ‚Selbstheiligung' offensichtlich höher veranschlage als das der christlichen Nächstenliebe und insofern ebenfalls als eine durch den Protestantismus genährte Verirrung des menschlichen Geistes abzulehnen sei. Wenn Scheler also für eine kurze Zeit lang Partei für einen ‚christlichen Sozialismus' ergriffen hat und für diesen innerhalb einer breiteren Öffentlichkeit um Unterstützung warb, so ausschließlich deshalb, um in dieser Hinsicht noch Schlimmeres zu verhüten. Denn seiner Meinung nach war in der Zwischenzeit das Pendel ohnehin bereits zu stark in die Richtung eines hemmungslosen Liberalismus und Subjektivismus ausgeschlagen gewesen, die er mit für den Ausbruch des Ersten Weltkrieges mitverantwortlich machte und denen er im Rahmen seiner soziologischen Neuorientierung den aus der klassischen christlichen Korporationslehre stammenden Gedanken einer „wechselseitigen realen Solidarität aller für alle" als Gegengift gegen das Gift des Individualismus gegenübergestellt hatte.[32]

---

in: Wilfried Loth (Hrsg.), *Deutscher Katholizismus im Umbruch zur Moderne,* a. a. O., S. 124–142; Wilfried Loth, „Soziale Bewegungen im Katholizismus des Kaiserreichs", in: Geschichte und Gesellschaft 17 (1991), S. 279–310; ferner Albrecht Langner, *Katholische und evangelische Sozialethik im 19. und 20. Jahrhundert. Beiträge zu ideengeschichtlichen Entwicklungen im Spannungsfeld von Konfession, Politik und Ökumene,* Paderborn 1998.

[32] Vgl. Kap. 5 „Prophetischer oder marxistischer Sozialismus?" der vorliegenden Aufsatzsammlung. Scheler hatte bereits während des Ersten Weltkrieges nach seiner anfänglichen Begeisterung, sich aber schon bald wieder abkühlenden Parteinahme für die ‚Ideen von 1914' den deutschen Katholiken eine „soziologische Neuorientierung" für die Zeit nach dem Krieg empfohlen. Vgl. Max Scheler, „Soziologische Neuorientierung und die Aufgabe der deutschen Katholiken nach dem Krieg", in: Hochland 13 (1915–16), Band 1, S. 385–406, 682–700 und Band 2, S. 188–204 und 257–294; siehe diesbezüglich ferner Richard van Dülmen, „Katholischer Konservativismus oder die ‚soziologische' Neuorientierung", a. a. O., S. 262 ff. Schelers Bevorzugung des Ausdrucks „christlicher Sozialismus" gegenüber dem von Heinrich Pesch geprägten Begriff „Solidarismus" verdankt sich offensichtlich dem Umstand, dass er Pesch den Anspruch streitig machte, in dieser Hinsicht bereits ein fertiges ‚System' vorgelegt zu haben, das Scheler nun mit dem von ihm in Aussicht gestellten Buch *Wesen und Werdensgesetz des Kapitalismus. Ein Weg zum christlichen Sozialismus* selbst auszuarbeiten beabsichtigte und das aufgrund seiner späteren Distanzierung vom Römischen Katholizismus allerdings nicht mehr zustande gekommen ist.

Dieses eigentliche Motiv von Schelers Parteinahme für einen ‚christlichen
Sozialismus' wird auch in seinem Aufsatz „Arbeit und Weltanschauung" deutlich, der ursprünglich unter dem Titel „Wert und Würde der christlichen Arbeit"
im *Jahrbuch des Verbandes der Vereine katholischer Akademiker* erschienen ist und
der erst in der zweiten Fassung von 1924 den von Scheler aufgrund seines inzwischen erfolgten Austrittes aus der katholischen Kirche gewählten endgültigen
Titel erhielt. Diese den Bogen zu seinem frühen Aufsatz über „Arbeit und Ethik"
aus dem Jahr 1899 sowie seinen beiden Aufsätzen über den „Bourgeois" span-
nende Abhandlung war dabei gegen die von Weber und Troeltsch verherrlichte
protestantische Deutung der Berufsarbeit gerichtet, deren „maßlose Arbeitsüberschätzung" Scheler bereits bei Philosophen wie Kant und Fichte gegeben sah,
die im Anschluss an Calvin die ruhelose Tätigkeit als Selbstzweck geheiligt
und somit selbst zum ‚Gott' erhoben hätten. Zwar ging auch Scheler in dieser Abhandlung von der Frage aus, wie die breiteren Volksschichten angesichts
der die öffentliche Arbeitsmoral zu untergraben drohenden Kriegsniederlage und
dem politischen Bankrott der Hohenzollern überhaupt wieder für eine vorbildliche
Erfüllung der mit dem notwendigen Wiederaufbau der deutschen Wirtschaft verbundenen ‚Berufspflichten' zu gewinnen seien. Gleichwohl versuchte Scheler der
modernen Arbeits- und Berufsethik nun eine neue, jetzt auf genuin katholische
Traditionen zurückgreifende Ausrichtung zu geben, welche die Fehler der bisherigen Arbeitswut und „Arbeitsüberhastung" der Deutschen zu vermeiden versuchte,
wie sie noch für die Vorkriegszeit charakteristisch gewesen sei. Denn die zum
ersten Mal von Luther vorgenommene und für den gesamten Protestantismus
charakteristische Verkehrung der Berufsarbeit zu einem „aktiven Gottesdienst"
habe den modernen Menschen zunehmend einer kontemplativen Form der Frömmigkeit entfremdet und dabei geradezu ‚hyperaktiv' in Richtung auf eine von
jeder religiösen Sinndeutung befreiten irdischen Arbeit gemacht. Gerade in Zeiten des politischen Zusammenbruchs und der wirtschaftlichen Krise zeige sich
aber der bleibende Wert einer ‚absoluten', das heißt ethisch-religiös sanktionierten
Arbeits- und Berufspflicht. Scheler stellte deshalb dem „neudeutschen preußischen Arbeitsgeist", den er für die wirtschaftliche Überarbeitung des deutschen
Volkes in der Vorkriegszeit mitverantwortlich machte, eine aus dem Geist des
„augustinischen Wertstufen- und Berufsideals" geborene Einstellung zur Arbeit
gegenüber, die deren religiöse Bedeutung in erster Linie daran bemesse, welchen
Beitrag sie im Konzert der verschiedenen, untereinander hierarchisch geordneten
Wege der religiösen Heilsfindung zu leisten vermag.[33]

---

[33] Vgl. Kap. 6 „Arbeit und Weltanschauung" der vorliegenden Aufsatzsammlung.

Schelers ausführliche Darstellung der traditionellen christlichen Auffassung der Arbeit verfolgte also sowohl ethisch-psychologische als auch genuin religiöse Motive, die gegen den Versuch einer ‚Selbstheiligung' des Gläubigen durch rastlose Berufsarbeit gerichtet waren. Seine Erinnerung daran, dass innerhalb der biblischen Überlieferung der Zwang zur aufopferungsvollen Arbeit noch als göttliche Strafe für den einstigen ‚Sündenfall' des Menschen gedacht war und sich somit für das wahre Christentum eine „Religion der Arbeit" grundsätzlich verbiete, wie sie für die puritanische Welt, aber auch für den modernen Sozialismus kennzeichnend sei, stellt allerdings nicht den insbesondere in verschiedenen Richtungen der protestantischen Frömmigkeit so hoch geschätzten ‚asketischen' Charakter der Berufsarbeit in Frage. Denn schließlich hätten die Christen immer schon den Wert der Arbeit als Heils- und Läuterungsmittel geschätzt und das durch sie vollzogene ‚Opfer' in die Tradition der *Imitatio Christi* gestellt. Der tiefere Sinn der benediktinischen Formel *ora et labora* habe allerdings nicht darin bestanden, aus dem Arbeiten ein ‚Gebet' zu machen, sondern im Rahmen einer „Schule der Demut" den Menschen für den eigentlichen Weg zu seinem Seelenheil vorzubereiten. Und nur zu diesem Zweck sei schließlich die Arbeit da, nicht aber „der Mensch für die Arbeit"[34].

Scheler hatte in demselben Teilband seiner dreibändigen *Schriften zur Soziologie und Weltanschauungslehre*, in dem die überarbeitete Fassung seines Aufsatzes "Wert und Würde der christlichen Arbeit" veröffentlicht worden ist, noch einen ergänzenden Aufsatz zu dieser Thematik unter dem Titel „Arbeit und Erkenntnis" angekündigt, der für einen weiteren Band dieser Schriftenreihe vorgesehen war. Denn dieser Aufsatz war ihm unter den Händen zu einem dermaßen umfangreichen Manuskript angewachsen, dass sich von der Verlagsseite eine solche technische Lösung angeboten hatte, die allerdings aus verschiedenen Gründen nicht mehr realisiert werden konnte. Statt dessen erschien dann diese bereits die wissenssoziologische Phase Schelers ankündigende Abhandlung in seinem Buch *Die Wissensformen und die Gesellschaft*, mit dem sich Max Scheler neben Karl Mannheim in der Weimarer Republik als führender deutschsprachiger Soziologe etablieren konnte und das ihm bis heute den Rang eines Klassikers dieses Faches gesichert hat.[35] Sein verschlungener Bildungsweg hatte ihn nun selbst zu einer rein weltlichen Deutung der Berufsarbeit geführt, deren Beitrag für den

---

[34] Ebd.

[35] Vgl. Max Scheler (Hrsg.), *Versuche zu einer Soziologie des Wissens*, München 1924; ders., *Die Formen des Wissens und die Bildung*, Bonn 1925; ders., *Die Wissensformen und die Gesellschaft*, Leipzig 1926. Zur Bedeutung der von Scheler begründeten Richtung der modernen Wissenssoziologie siehe auch Otto Hintze, „Max Schelers Ansichten über Geist und Gesellschaft", in: Zeitschrift für die gesamte Staatswissenschaft 81 (1926), S. 40–79;

Aufbau der menschlichen Erkenntnis er im Rahmen einer intensiven Auseinandersetzung mit dem amerikanischen Pragmatismus und verschiedenen Strömungen
des europäischen Positivismus sowie der modernen Lebensphilosophie jetzt als
„Herrschaftswissen" zu bezeichnen pflegte. Dessen Universalitätsanspruch hatte
er aber auch in dieser Phase seines Denkens noch durch einen energischen
Verweis auf die kulturelle Gleichrangigkeit und wertmäßige Überlegenheit des
„Bildungs"- und des „Heilswissens" im Rahmen einer an Max Weber erinnern-
den universalgeschichtlichen Betrachtungsweise relativiert. Nur im gemeinsamen
Zusammenwirken aller großen Kulturkreise dieser Welt sah er innerhalb des von
ihm nun verkündeten ökumenischen *Zeitalters des Ausgleichs* noch die Möglichkeit gegeben, den „Typus Mensch" jenseits seiner kapitalistischen Entartung
und sozialistischen Aufhebung zu einem neuen Höhenflug im Sinne der Entstehung eines wirklichen „Allmenschen" zu beflügeln.[36] Dieser Kosmopolitismus
des späten Scheler sollte allerdings nicht vergessen machen, dass wir in ihm
heute nicht nur einen großen Philosophen und Soziologen wiederzuentdecken
haben, sondern auch einen ‚katholisierenden' Denker, der schon einmal in einer
Aufsehen erregenden Art und Weise den letztendlich gescheiterten Versuch eines
dritten, auf eine ‚neue Mitte' zielenden Weges jenseits des Kapitalismus und
Sozialismus verkündet hatte. Allerdings waren seine eigenen sozialethischen und

---

Howard Becker und Helmut Otto Dahlke, „Max Scheler's Sociology of Knowledge", in: Phi-
losophy and Phenomenological Research 2 (1941–42), S. 310–322; William Leiss, „Max
Scheler's Concept of *Herrschaftswissen'*, in: Philosophical Forum 2 (1971), S. 316–331;
Wolfhart Henckmann, „Die Begründung der Wissenssoziologie bei Max Scheler", in: Phi-
losophisches Jahrbuch 85 (1978), S. 274–300; Kurt H. Wolff, „Gedanken zu Max Schelers
‚Erkenntnis und Arbeit'", in: Nico Stehr und Volker Meja (Hrsg.), *Wissenssoziologie* (=Son-
derheft 22 der Kölner Zeitschrift für Soziologie), Opladen 1981, S. 335–342; ferner Klaus
Lichtblau, *Kulturkrise und Soziologie um 1900*, a. a. O., Kap. 20.
[36] Siehe hierzu insbesondere den Vortrag „Der Mensch im Zeitalter des Ausgleichs", den
Scheler am 5. November 1927 bei der Jahresfeier der Deutschen Hochschule für Politik in
Berlin gehalten hat und der in dem Sammelband *Ausgleich als Schicksal und Aufgabe*, Ber-
lin 1929, S. 31–63 posthum erschienen ist. Zur Diskussion von Schelers philosophischem
Spätwerk vgl. ferner Karl Löwith, „Max Scheler und das Problem einer philosophischen
Anthropologie", in: Theologische Studien, Neue Folge 7 (1935), S. 349–372; James Collins,
„Scheler's Transition from Catholicism to Pantheism", in: John K. Ryan (Hrsg.), *Philoso-
phical Studies in Honor of the Very Reverend Ignatius Smith*, Maryland 1952, S. 179–207;
Kurt Lenk, *Von der Ohnmacht des Geistes. Kritische Darstellung der Spätphilosophie Max
Schelers*, Tübingen 1959; ferner Michael Gabel, „Ausgleich und Verzicht. Schelers ‚später'
Gedanke des Ausgleichs im Licht seines phänomenologischen Ansatzes, in: Ernst Wolfgang
Orth und Gerhard Pfafferott (Hrsg.), *Studien zur Philosophie von Max Scheler*, a. a. O.,
S. 204–239.

kulturpolitischen Bemühungen noch realistisch genug, um nicht nur den im deutschen Bürgertum zu erwartenden Widerstand gegenüber einer solchen Botschaft zu berücksichtigen, sondern auch den im Gefolge des Ersten Weltkrieges und seines Ausganges sich bereits abzeichnenden neuen geopolitischen Gegebenheiten Rechnung zu tragen. Denn Scheler sah im Unterschied zu manch anderen seiner Zeitgenossen, die damals noch an die Existenz von ‚gesellschaftlichen Bewegungsgesetzen' geglaubt und deshalb nicht zuletzt aufgrund dieses säkularen Glaubens in politischer Hinsicht einen gründlichen Schiffbruch erlitten hatten, das Schicksal des modernen Kapitalismus eng mit der politisch-militärischen Hegemonie der angelsächsischen Welt verbunden. Jene epochale Auseinandersetzung zwischen den beiden großen weltanschaulichen Lagern und imperialen Kontrahenten des 20. Jahrhunderts, deren Ausbrechen er nach dem verlorenen Krieg auf deutschem Boden so sehr gefürchtet hatte und die er mit dem Programm eines ‚christlichen Sozialismus' noch abzuwenden versucht hat, ist mit einer zeitlichen Verzögerung von dreißig Jahren nach dem erneuten politisch-militärischen Zusammenbruch der ‚Mittelmächte' dennoch für einige Jahrzehnte zur grausamen Wirklichkeit geworden, die allerdings zumindest bis heute der Vergangenheit angehört: nämlich die Befürchtung, „daß Deutschland die Bühne und das Schlachtfeld werde für einen Zusammenprall der Ententeheere und der Bolschewisten und der Bürgerkrieg des deutschen Volkes, das sich dann entweder auf die bolschewistische oder die Ententeseite zu schlagen hätte. Das hieße unsre ganze Kultur aufs Spiel setzen und doch nicht zu erreichen, was man erreichen will."[37]

Klaus Lichtblau

---

[37] Max Scheler, „Christlicher Sozialismus als Antikapitalismus", in: Gesammelte Werke, Band 4: *Politisch-pädagogische Schriften*, Bern 1982, S. 658.

Inhaltsverzeichnis

Arbeit und Ethik

1

Seit die Philosophie aufgehört hatte, in stolzen Gedankenflügen das Höchste und Letzte erfassen zu wollen, hat sich auch die Ethik bemüßigt gefunden, ihren Blick von den letzten Zielen menschlichen Daseins abzuwenden auf die sittliche Wertschätzung gewisser Tätigkeiten, welche nicht sowohl einen plötzlichen Aufschwung in ein höheres und edleres Leben, als vielmehr eine langsame und mühevolle Anbahnung sittlich wünschenswerter Zustände bedeuten.[1] Vom Helden, der in einer *Tat* Kultur und Menschheit weiter führt, ist der Blick auf die Vielen gefallen, die ihre Lebenszwecke nicht frei schöpferisch gestalten können, sondern sie durch die festen Ordnungen und Bedürfnisse des jeweiligen Kulturstandes gesetzt vorfinden. In diesen Ordnungen schienen die Ziele und Zwecke für die einzelnen objektiv geworden, gegeben und als Zwecke unveränderlich, daher unbestimmbar, nur erkennbar. Sie selbst gestalten zu wollen, erschien als ein unmögliches Beginnen, und so wurden die Funktionen zur Erreichung von andersher gegebenen Zwecke das Material sittlicher Schätzung. Das „Was" verschwand gänzlich unter das „Wie", und, ein wenig karikierend, könnte man sagen: je mehr wir lernten, *wie* man etwas machen müsse, wenn man etwas machen wolle, desto mehr verlernten wir, uns selbst klar und deutlich Rede zu stellen auf die Frage, was wir machen wollen. Die weltverändernde Macht der materiellen Technik mit ihrer Umwälzung der Art und Weise vorzüglich der wirtschaftlichen Tätigkeit jener Vielen brachte die zwecksetzende Kraft des *Mittels* zu ungeahnter Erscheinung und drängte die mittelwählende Kraft des *Zweckes* aus der geistigen Sehweite des Zeitalters. Die Welt des Telos erschien so gleichsam auf den Kopf gestellt. Mit der eigentümlichen Kraft jedes ergreifenden Erlebnisses von Individuen und Völkern, den historischen Blick auf verwandte Erscheinungen

---

[1] Die Anregung zu folgendem Aufsatz erhielt der Verfasser durch das Werk Rudolf Euckens „Der Kampf um einen geistigen Lebensinhalt", Leipzig 1896.

© Der/die Autor(en), exklusiv lizenziert an Springer Fachmedien Wiesbaden GmbH, ein Teil von Springer Nature 2023
M. Scheler, *Ethik und Kapitalismus – Zum Problem des kapitalistischen Geistes*, Klassiker der Sozialwissenschaften, https://doi.org/10.1007/978-3-658-40762-9_1

zu lenken und solche, wenn nicht aus der Geschichte heraus, so in sie hinein
zu sehen, trieb es uns die junge Wirtschaftsgeschichte vor die Augen, wie eine
zunächst nur technische Zerlegung des Arbeitsprozesses innerhalb eines einheitlichen sozialen und rechtlichen Ganzen (zum Beispiel der frühmittelalterlichen
Grundherrschaften) zur Ausbildung von bestimmten, sozial und rechtlich selbständigen Erwerbs- und Berufsgruppen mit relativ selbständigen Lebenszwecken
und eigenartigen Sitten führt. Überall sahen wir die *Sprengung großer Zwecksysteme* durch die in ihnen selbst angehäuften *Mittel,* und, wie wir früher das
historische Auge auf dem Schauspiel der Bändigung gegebener Mittel durch die
Zwecke ruhen ließen, so legten wir nunmehr den Akzent auf die sozialen Explo-
sionen, auf das Einhergehen des Mittels gleichsam „auf eigner Spur", zu einer
„freien Tochter der Natur" geworden. Die Entwicklung der Technik, der „Mittel",
wurde in dem reinsten philosophischen Ausdruck dieser Kulturverwicklung als
die Macht sittlicher Zwecksetzung anerkannt; und mit der schlimmeren Neigung
des gegenwärtigen Gedankens (schlimmer als die oben gekennzeichnete Neigung,
verwandte Phänomene aufzusuchen), das Vergangene in logische Dienste zu ziehen, um sich selbst als Schlußsatz realer und tief in der Geschichte eingerammter
Prämissen vorzukommen, erschienen auch die ethischen Vorstellungen der Vergangenheit nur als begriffliche Bilder der technischen Entwicklung, die, in das
Reich religiöser, politischer Gefühle und Leidenschaften gezerrt, nun wunder wie
wichtig und tragisch aussahen. Wer solchen Anschauungen ein *relatives* Recht
aberkennen wollte, würde die Schwere und Bedeutung unserer Erfahrungen seit
der Mitte des Jahrhunderts sehr verkennen. Sie liegen zunächst freilich nur auf
wirtschaftlichem Gebiet; sie haben aber durch ihre unvergleichliche Schwere auf
diesem Gebiet alle anderen Gebiete in ihren Bereich gezogen, den Blick der Forscher auf die wirtschaftlichen Seiten und Beziehungen aller Vorgänge (und solche
haben in der Tat alle Vorgänge) gebannt, und alle anderen Fragen, die sich der
Mensch in der Vergangenheit, ohne in ähnlichen wirtschaftlichen Verwicklungen
zu stehen, im Bewußtsein ihrer Gewichtigkeit für sein Leben stellte, zu relativer
Bedeutungslosigkeit herabgedrückt. Das Wichtigste sind ja auch hier nicht Urteile
und Gedanken, sondern allgemeine *Lebensstimmungen.* Wie der Aufklärung Religion und Tradition zu schlau erfundenem Betrug einzelner wurde, deswegen, weil
sie sich vor ihrem, eben der Aufklärung, Verstand als falsch herausstellten und
es für sie eo ipso gewiß war, daß der Verstand, und eben dieser bestimmte Verstand, wie er damals als das geistige Organ gefaßt war, der Werkmeister aller

Kultur sei.[2] So erschienen nunmehr alle geistigen Größen als hochklingende Namen, unter denen die vergangenen Geschlechter, durch eine Art unbewußten Sichselbstbelügens, selbst felsenfest von ihrer Wichtigkeit überzeugt, doch nur für das kämpften und litten, wofür wir Heutigen kämpfen und leiden, für die nüchterne Frage nach der rechten *Gestaltung des wirtschaftlichen Daseins.* Die Geschichte bekam den Charakter einer Tragikomödie, in der die Akteure mit großartigen Posen und schwülstigen Gebärden sagen, was wir heute doch so viel einfacher und schlichter sagen können: Gebt uns Brot zu essen, ein Haus, um drin zu wohnen, Kleider, um uns zu kleiden. Abgesehen von dem reinen Gedankeninhalt bildete diese Auffassung eine Art von schwermütiger und keineswegs reizloser Poesie in sich aus. Es hatte etwas Heroisches, diese Enttäuschung zu ertragen und Verzicht zu leisten auf frühere Ansprüche auf den menschlichen Adel eines in geistigen Kämpfen stehenden Wesens; und die Vergangenheit, welche ihre Probleme zu einer Wichtigkeit hinaufphantasierte, die sie doch nicht besaßen, erschien wie eine rührende Völkerkindheit, die halb Neid, halb Mitleid erregte. All dies zusammengenommen, in tausend Aufsätzen, Romanen und Liedern geprägt, gab diesen Gedanken jenes wichtige Imponderabile einer affektiven Tönung, welches schon Spinoza als die Bedingung bezeichnet hat, unter der Gedanken als streitbare Faktoren in das Leben der Affekte Eingang finden. Diese Bewegung fand in der sogenannten materialistischen Geschichtsauffassung von Marx, im „Kommunistischen Manifest" und im „Kapital", ihren treffendsten Ausdruck. Hauptsächlich das letzte Werk suchte der *Nationalökonomie* eine ganz neue Stellung innerhalb der Wissenschaft zu geben. Denn war ihr Gegenstand nicht ein Ausschnitt aus der Fülle des Wirklichen, sondern die Substanz, der Kern alles wirklichen Geschehens, so mußte sie selbst ein unverbrüchliches Vorrecht vor allen anderen Wissenschaften haben; sie mußte die Grundlage sein für alles andere Denken und Forschen, mußte zeigen können, an welchen Punkten die verschiedenen wissenschaftlichen Überzeugungen, ihre religiösen, politischen und künstlerischen Glaubensartikel zusammenstimmten, und sie mußte den Grund hierfür, das Prinzip zur Erklärung aller dem Wirtschaftlichen auch noch so fern stehende Phänomene liefern, sie mußte recht eigentlich ἡ πρώτη φιλοσοφία, das heißt Metaphysik sein. Es soll hier nicht unsere Aufgabe sein, diese Lehre einer Kritik zu unterwerfen. Wir werden diese Aufgabe an anderer Stelle in eingehender Weise durchzuführen suchen, da wir uns nicht die Überzeugung zu bilden vermögen, daß über die Lehre von den vielen und teilweise gewiß bedeutenden

[2] Vgl. hierzu auch den Aufsatz „Zur Idee des Menschen", in: Max Scheler, Vom Umsturz der Werte. Der Abhandlungen und Aufsätze zweite durchgesehene Auflage, 3. Aufl. Leipzig 1923, Bd. 1, S. 269–308.

Kritikern[3] alles Nennenswerte gesagt sei. An dieser Stelle hat nur dies für uns
Interesse, daß diese Lehre, wenn auch in ihrem Inhalt der deutschen idealisti-
schen Philosophie heterogen, formal dennoch durchaus ihren Charakter an sich
trägt. Hier wie dort wird ein an sich richtiger Gedanke verabsolutiert, und flugs
erscheint die Freude und die Not der Zeit als die Freude und Not der Welt. Diese
schöne und gefährliche Hybris des im Blickfeld der Seele treibenden Gedankens,
sich über alle Schranken hinwegzusetzen und sich zu einer Form auszuweiten,
in der diese ganze große Welt Platz finden soll, wird jeder, der „Das Kapital"
aufmerksam liest, Seite für Seite ebenso wiederfinden, wie in Hegels „Logik".
Bei *einer* geistigen Erscheinung hatte die materialistische Geschichtsauffassung ja
ohne Zweifel recht, nämlich bei sich selbst. Sie ist in der Tat ein geistiges Abbild
wirtschaftlicher Not und *mußte* in Menschen Boden fassen, deren Blick diese Not
auf die wirtschaftlichen Seiten des Lebens mit Macht gelenkt hatte. Wer möchte
dem Hungrigen verdenken, daß er schwer zu glauben vermag, es gebe auch echte,
tiefe *geistige* Schmerzen und Nöte? Wer möchte behaupten, er habe das seelen-
beherrschende Gesetz der Relativität, wenn er es theoretisch auch noch so gut
kennt, auch auf seine eigenen Vorstellungen immer angewandt? Freilich bleibt es
deswegen nicht minder gewiß, daß die bestimmte Not eines bestimmten Standes
an einem bestimmten Punkt der Geschichte in bestimmten Ländern nicht Anlaß
geben darf zu einer grundsätzlich neuen Auffassung des Weltgeschehens. Daß es
dennoch geschah, war für die nachfolgende Entwicklung der deutschen Nationalökonomie und der deutschen Philosophie gleich folgenschwer. Denn auf diese
Weise waren zwei geschlossene Welten, zwischen denen es keine Brücke gab und
auch keine Entwicklung, nebeneinandergestellt. Ein Anschluß der Nationalökonomie an die Philosophie war unmöglich geworden. Auch ein Adam Müller und ein
Joseph Görres waren, soweit man ihnen Einfluß auf die Entwicklung zugesteht,
doch viel zu tief in die religiöse Romantik der Zeit verstrickt, als daß sie tragbare
philosophische Fundamente für die ökonomische Arbeit hätten liefern können. So
mußte ein *Bruch zwischen beiden Wissenschaften* erfolgen, der bis auf die heu-
tige Zeit nicht geschlossen ist, wenn auch in den letzten Jahren manche Versuche
zu einer Wiederanknüpfung erfolgt sind. Die Nationalökonomie suchte sich im
richtigen Gefühl ihrer Unselbständigkeit eine andere Basis und fand sie teilweise
in der Religion und Theologie (Wilhelm Roscher), teilweise in der Geschichte
(die ältere und jüngere historische Schule), soweit sie nicht freihändlerisch an die

---

[3] Siehe vor allem Rudolf Stammler, Wirtschaft und Recht nach der materialistischen
Geschichtsauffassung. Eine sozialphilosophische Untersuchung, Leipzig 1896; ferner Paul
Barth, Die Philosophie der Geschichte als Soziologie, Leipzig 1897.

englischen Denker Adam Smith und David Ricardo und damit auch an deren philosophischen Voraussetzungen anknüpfte. Die Philosophie hat andererseits ihren
Zusammenhang mit der Nationalökonomie völlig verloren. Soweit die Philosophen nicht solche waren, „denen die Geschichte der Philosophie ihre Philosophie
ist", um ein Wort Kants zu gebrauchen, ergingen sie sich in logischer und
erkenntnistheoretischer Präzisionsarbeit und überließen das gemeine und popu-
läre Geschäft, auf die Zeitanschauung einzuwirken, dem Materialismus. Auch die
mit Friedrich Albert Langes „Geschichte des Materialismus" und Kuno Fischers
„Kant" anhebende Epoche des sogenannten „Neukantianismus" konnte trotz Langes „Arbeiterfrage" eine prinzipielle Änderung nicht herbeiführen.[4] Auch Rudolf
Stammlers bereits genanntes Werk hat bei aller Anerkennung des in ihm aufge-
botenen Scharfsinns eine nennenswerte Wirkung bisher nicht erzielt. So wäre die
letzte Hoffnung auf Vermittlung auf die freilich noch recht wenig geklärte und
noch völlig in den Banden des undeutschen Positivismus liegende *Soziologie* zu
setzen. Ob und wie der Soziologie ihr Werk gelingen möge, – wir fühlen keine
Veranlassung, uns über diese Frage zu äußern.

Auf alle Fälle halten wir zum Zwecke einer Anbahnung eines Zusam-
menschlusses von Nationalökonomie und Philosophie die Methode für geboten,
daß zunächst die philosophische Untersuchung sich auf die wichtigsten ökonomischen Kategorien richtet, um ihren logischen Gehalt herauszusetzen und zugleich
die ihnen zugehörigen Stellungen in den verschiedenen historisch vorhandenen
Weltanschauungen aufzuzeigen. Dieser Weg wurde, wenigstens in erstgenannter
Hinsicht, von Alexius Meinong und Christian von Ehrenfels in einer derartigen
Bearbeitung des Wertbegriffes bereits beschritten, so daß unser nachfolgender
Versuch, den *Begriff der Arbeit einer solchen Untersuchung zu unterwerfen,* weder
den Reiz noch die Gefahr der Neuheit haben dürfte.[5]

Charakteristisch für das Hauptwort „Arbeit" erscheint es, daß es in dreifach
verschiedenem Sinne gebraucht wird. Es bezeichnet erstens eine menschliche,
zuweilen auch tierische, oder mechanische Tätigkeit („diese Maschine arbeitet
gut"); zweitens das dingliche Produkt einer Tätigkeit („dieses Medaillon ist eine
schöne Arbeit", „diese Schrift ist eine durchdachte Arbeit"; auch der physika-
lische Begriff der „Arbeit" als Maß der Energie gehört hierher); drittens eine

---

[4] Friedrich Albert Lange, Geschichte des Materialismus und Kritik seiner Bedeutung in der
Gegenwart, Iserlohn 1866; 2. verb. u. verm. Aufl. Iserlohn 1873–1875; ders.; Die Arbeiterfrage. Ihre Bedeutung für Gegenwart und Zukunft, 2. umgearb. u. verm. Aufl. Winterthur
1870; Kuno Fischer, Kant's Leben und die Grundlagen seiner Lehre, Mannheim 1860.

[5] Vgl. Alexius Meinong, Psychologisch-ethische Untersuchungen zur Werttheorie, Graz
1894; Christian von Ehrenfels, System der Werttheorie, Bd. 1: Allgemeine Werttheorie.
Psychologie des Begehrens; Bd. 2: Grundzüge einer Ethik, Leipzig 1898.

Aufgabe, einen bloß vorgestellten Zweck („ich habe da eine nette Arbeit", „der Lehrer gibt dem Schüler eine Arbeit", „er hat eine geistausfüllende Arbeit", „haben Sie Arbeit für mich?""). Es ist diese dreifache Anwendung des Begriffes – als ein Beispiel einer zweifachen Anwendung eines Wortes auf die Inhalte der zwei verschiedenen Kategorien von „Ding" und „Tätigkeit" steht das Wort meines Wissens allein – kein launischer Zufall der Sprache! Dieser dreifach bestimmte Sprachgebrauch zeigt vielmehr deutlich an, daß an der Stelle des Vorstellungsverlaufes, wo das Wort gebraucht wird, an eine besonders *innige Verbindung von Zweck, Tätigkeit und Sache* gedacht wird, an eine Verbindung, die so unlöslich scheint, daß für jeden ihrer durch andere Begriffe unterscheidbaren Teile oder Phasen ein und derselbe Begriff gesetzt werden kann. Zweck, Tätigkeit und Produkt fließen für den Begriff kontinuierlich ineinander über. Sie werden als ein *Ganzes* gedacht. Der Zweck scheint nicht über der Tätigkeit stehend und diese lenkend, die Tätigkeit nicht über der Sache als sie gestaltend; die zeitliche und die logische Rangordnung dieser Bestimmungen ist im Begriff der Arbeit völlig verwischt. Die Sache bestimmt in gleichem Maße die Tätigkeit und auch die Tätigkeit den Zweck, ebenso wie dieser Prozeß gegenseitiger Bestimmung auch in umgekehrter Weise verläuft. Marxens Bestimmung der Güter als „geronnene Arbeit", „Arbeitsgallerte" entspricht genau der „psychologischen Atmosphäre" des Begriffes, um ein Wort von Theodor Lipps zu gebrauchen. Wir denken in der Tat in dem Produkt gleich die Tätigkeit mit, wie in der Tätigkeit das Produkt. Den Dingen recht nahekommen, sie kräftig anpacken, aber auch kräftig durch sie angepackt werden, im Streben sie unseren Zielideen angleichen, zugleich in sie eingeschmolzen und ihnen selbst ähnlich werden: dies heißt „arbeiten".[6]

Noch deutlicher werden diese psychologischen Merkmale des Begriffes, wenn wir an andere Begriffe denken, welche gleichfalls eine produktive Tätigkeit an einem Gegenstand bedeuten, wie zum Beispiel an den Begriff „Schaffen". Hier fehlt diese enge Verbindung zwischen Tätigkeit und Sache; in diesem Wort ist die volle *Souveränität* der Tätigkeit über den Gegenstand ausgedrückt. Das eine Tätigkeit bezeichnende Wort kann nicht zugleich, zum Substantiv umgebildet, in seiner aktiven Form für das Produkt gebraucht werden. Erst wenn wir die passive Form wählen, also von einem „Geschaffenen" bzw. einem „Geschöpf" reden, ist dies möglich. Das Material erscheint bei „Schaffen" gleichsam weicher, nachgiebiger, die Tätigkeit freier, größer, kräftiger. Nicht eine Wechselwirkung von Tätigkeit und Sache, Veränderung der Sache durch die Tätigkeit und Veränderung, teilweise Hinderung der Tätigkeit durch die Eigenart der Sache, wie sie

---

[6] Vgl. den Satz von Francis Bacon: „Natura non nisi parendo vincitur."

im „arbeiten" liegt, sondern eine Wirkung mit einheitlicher Richtung vom Tätigen zur Sache ist hier gemeint. Das reinste Schaffen ist das „Erschaffen" – die
Vorsilbe „er" bedeutet wie auch in den Worten „ersehen", „erspringen", „erkennen" die restlose Erreichung des Zieles –, wo das Material gleichsam zu null
geworden ist. Der Künstler schafft, Gott hat die Welt erschaffen aus Nichts. Im
ersten Falle tritt das Material bereits stark in den Hintergrund, im zweiten Falle
hat es sich ganz verflüchtigt und alles ist in die Tätigkeit und ihre Wucht verlegt. Der Gegensatz des Begriffes „Arbeit" zum Begriff des „Schaffens" leitet
uns aber auch auf ein anderes seiner Merkmale über, das, zunächst freilich bloß
sprachlich, sich dennoch tief in die Sache hinein fortsetzt. Schaffen ist ein tran-
sitives Verbum. Dagegen ist „arbeiten" ein intransitives Verbum; man sagt nicht,
oder nur sprachlich inkorrekt, X arbeitet dies oder jenes. Der Akkusativ drückte
zwar früher den Gegenstand aus: „So arbeite ihm nun seinen Acker" (Luther);
später (aber nur selten und nur in der passiven Form) auch das Produkt: „der
Boden ist gut gearbeitet" (Goethe)[7]. In der gebräuchlichen Frage: „Was arbeitest
Du hier?" ist dasjenige, wonach gefragt wird, weder Gegenstand noch Zweck,
sondern Motiv des Arbeitens. Transitiv gebraucht wird erst das abgeleitete „bear-
beiten"; dagegen verbinden wir den Gegenstand mit „an" und „in", wobei wir mit
dem „in" stets ein System von Zwecken meinen, das für den Arbeitenden objektiv ist und welchem sich die „arbeiten" genannte einzelne Tätigkeit eingliedert;
zum Beispiel „in einer Branche arbeiten", „in einer Fabrik arbeiten" (auch hier
ist „in" nicht direkt räumlich gebraucht), „im auswärtigen Amt arbeiten" usw.
Mit „an" wird hiergegen der jeweilige Einzelzweck im Ganzen des Systems verbunden, dem die jeweilige „arbeiten" genannte Tätigkeit dient, zum Beispiel „an
der Berechnung des Kontos arbeiten", „an der Aufstellung einer Statistik arbeiten" usw. Dieser Gebrauch von Präpositionen, welche räumliche Verhältnisse der
objektiv gegebenen Außendinge bezeichnen, ist für den psychologischen Gehalt
unseres Wortes insofern von Interesse, als damit das Verhältnis von „arbeiten"
und dessen Gegenstand und Zweck eine besondere Charakteristik erfährt. Zweck
und Gegenstand werden wie ein objektives Naturding an die Tätigkeit gleichsam
von außen herangebracht. Die Verbindung des Gegenstandes mit dem Tätigsein
ist als eben so locker charakterisiert, wie das variable räumliche Verhältnis eines
Dinges zu einem anderen Ding. Diese sprachlichen Tatsachen erstrecken sich,
wie gesagt, weit hinein in die Theorien.

In besonders interessanter Weise wirken diese sprachlichen Motive in der
sozialistischen Werttheorie durcheinander. Einerseits drückt sich dieses lose Verhältnis des Tätigseins und des Gegenstandes in der Bezeichnung der Arbeitskraft

---

[7] Siehe Hermann Paul, Deutsches Wörterbuch, Halle 1896, S. 29 ff.

als einer „Ware" aus. Eine „Ware" wandert hin, wo man ihrer bedarf, einmal
in dieses Zwecksystem, einmal in jenes, wobei ja auch der menschliche Körper
in ökonomischer Hinsicht als ein Zwecksystem betrachtet werden kann; sie hat
zu dem jeweiligen Zweck, dem sie dient, ein *äußerliches* und *variables* Verhältnis. Andererseits aber ist jene Theorie nur so lange geneigt, solch despektierliche
Worte auf das „Arbeiten" anzuwenden, als es sich um die Kritik des Bestehenden handelt. Sowie es sich um die Festsetzung dessen handelt, was sein sollte,
erhebt sich dieser eben noch geschändete Begriff zu tragischer Größe. Und nun
tritt auch eine Neigung auf, das Wort aufs innigste mit Gegenstand und Zweck
zu verbinden, es womöglich transitiv zu fassen, das heißt so, als ob in ihm selbst
schon eine Hindeutung auf ein Ziel, ein Objekt, einen Zweck, kurz auf etwas Ver-
nünftiges läge. „Die Arbeit ist die Schöpferin alles Reichtums und aller Kultur"
heißt es in dem Gothaer Programm der sozialdemokratischen Partei. Die Arbeit
erscheint jetzt als eine *„Schöpferin"*, „arbeiten" als ein „schaffen" in dem vorher
von uns gekennzeichneten Sinne. Das Gleiche ergibt sich auch aus der bekannten
Werttheorie von Marx, wonach der Wert eines Gutes durch das Maß der zu seiner
Herstellung durchschnittlich notwendigen gesellschaftlichen Arbeitszeit bestimmt
ist. Wer arbeitet, scheint hiernach auch schon etwas für die Gesellschaft Nützliches zu vollbringen, auch schon einen *vernünftigen Zweck* zu haben. So wird
Vernunft, Zweckmäßigkeit in den Begriff des Arbeitens aufgenommen, um dann
wieder daraus abgeleitet zu werden. Die Gegner dieser Theorie haben – ohne uns
in sonstigem mit den subjektivistischen Werttheoretikern als solchen identifizieren
zu wollen – jedenfalls darin recht, daß sie das Wort „arbeiten" in seinem wahren,
intransitiven Sinne nehmend, der keinerlei Hindeutung auf Ziel, Zweck, Objekt
einschließt, sagen: Nicht „arbeiten" schlechthin schaffe Werte, sondern nur jenes
bestimmte „arbeiten", das wirkliche Bedürfnisse befriedigt; das Wertmaß eines
wirtschaftlichen Gutes sei also nicht die in ihm enthaltene Arbeit, sondern seine
Brauchbarkeit, welche der an sich arationalen Tätigkeit, welche man „arbeiten"
nennt, ihre Ziele und Objekte setzt. Eine etwaige Definition des Arbeitens als
einer „zweckvollen Tätigkeit" wäre also falsch. Das „Vollführen einer Aufgabe" ist zum Beispiel eine zweckvolle Tätigkeit; wir können darum den in diesen
Worten enthaltenen Gedanken auch nicht durch das Wort „arbeiten" ausdrücken.
Gewiß reden wir, wo es sich um die Durchführung einer auch nur einmaligen
Aufgabe handelt, unter Umständen von „arbeiten", wenn wir zum Beispiel von
jemand, der eine Reise macht, um eine Person zu einer einzelnen Handlung zu
bestimmen, sagen: er „arbeite" daran usw. Aber wir meinen hiermit keineswegs
das Durchführen der Aufgabe als solches, sondern stets das hierzu nötige, relativ
selbständige *Mittelsuchen* und -finden.

Charakteristisch für den Gebrauch des Begriffes bleibt also auch hier, daß wir dabei von den eigentlichen Zwecken der Tätigkeit wie von etwas Selbstverständlichem, eben einmal Gegebenem abstrahieren, geradeso wie wir bei der Sprechweise, es „arbeite" jemand in diesem oder jenem, das Zwecksystem als ein Objektives an die Tätigkeit herangebracht denken. Sagt uns ein Beamter, er habe heute so und so lange „gearbeitet", so wissen wir, wenn wir sein Amt kennen, auch sofort, *was* er gearbeitet hat, wenn auch nicht im einzelnen. Diese Voraussetzung eines gegebenen Zwecksystems, das der Begriff „arbeiten" mit sich führt, bringt weiter mit sich, daß „arbeiten" nie eine einmalige, zweckvolle Handlung, sondern stets eine durch ihre Stellung im Ganzen des gegebenen Systems und dessen Art näher charakterisierte, ungeschlossene Reihe von Handlungen bedeutet. Alles „Schaffen" ist ein Fertigmachen, alles „Arbeiten" als solches ist es nicht. Der Bauarbeiter ist mit seinem „Arbeiten" nicht fertig, wenn der bestimmte Bau fertig ist, bei dem er eben gearbeitet hat; er geht weiter und gliedert seine Tätigkeit dem Zwecksystem eines neuen Baues ein. Das Bild eines Künstlers ist „fertig"; das System eines Philosophen oder auch eine erdachte neue Untersuchungsmethode eines Forschers ist „fertig", wenn sie auch der Verbesserung als bloßer Modifikationen wohl zugänglich sein mögen. So liegt im „arbeiten" auch ein Immerwiederansetzen der Tätigkeit, die ihrer Natur nach ungeschlossen, ja *unschließbar* erscheint. Eben weil in dem Begriff und seinem Gebrauch von allem Ziel, Ende, Objekt der Tätigkeit abgesehen wird, eröffnet sich in ihm eine *Unbegrenztheit* der Tätigkeit. Nimmt man dieses Merkmal mit dem zuvor aufgefundenen des Arationalen zusammen, so ergibt sich die diesem Begriff eigentümliche Tendenz, zur Bezeichnung einer fortlaufenden und endlosen Herstellung von Produkten anzuwachsen, gleichgültig wie, wo und wem sie nützen oder wen sie besser machen sollen. Es ist bezeichnend genug, daß die Arbeitswerttheorie zuerst[8] von John Locke und später von David Ricardo aufgestellt wurde, also von liberalen Theoretikern, denen das Produktionsproblem durchaus das Hauptproblem war und für die das Verteilungsproblem im Hintergrund der Betrachtung stand. Und es ist vielleicht die beste Gewähr für die viel aufgestellte und vielbestrittene Behauptung, daß die marxistische Lehre ein Kind, wenn auch ein ungeratenes, des Liberalismus ist, daß Marx gerade diese Theorie von dem Ökonomen der „Tauschwerte" übernommen hat. Denn eben in der Unterschätzung jener objektiven Zwecksysteme, wie zum Beispiel „Staat" und „Organisation" sie darstellen, welche dem an sich blinden „Arbeiten" erst

---

[8] Abgesehen von ihrer Vorgeschichte in der patristischen und scholastischen Philosophie.

seine Ziele geben, das heißt im Mangel an Staatssinn und Mangel an Wertschätzung aller leitend-organisatorischen Funktionen des Unternehmens, treffen sich die sonst konträr erscheinenden Lehren.

Doch verfolgen wir den Begriff des Arbeitens bezüglich dieser eben gekennzeichneten Eigenschaften nun auf einem anderen, recht heterogenen Gebiete, auf dem Gebiet der *Wissenschaftslehre*. Da zeigt uns dieser mannigfaltige Komplex von vielfach verwirrten Gedankentendenzen, welche wir mit dem Ausdruck „moderne Weltanschauung" zu bezeichnen pflegen, eine merkwürdige Konsequenz. Das Ideal der *posivistischen* Logik könnte man mit einigem Recht als eine reine „*Arbeitswissenschaft*" bezeichnen. Denn auch hier fehlt die Schätzung objektiver Zwecksysteme, das heißt hier der Methoden und letzten Grundprinzipien der Wissenschaft, und auch hier herrscht die Meinung, daß Methoden und Grundprinzipien ein bloßer Nebenerfolg der wissenschaftlichen Arbeit sei, nicht aber deren Voraussetzung, unter der allein eine gedeihliche Arbeit ermöglicht wird. So sagt Comte: „La methode n'est pas susceptible d'être etudié séparément des recherches où elle est employée, où, du moins, ce n'est là qu'une etude morte, incapable de feconder l'esprit qui s'y livre. Tout ce qu'on en peut dire de réel, quand l'envisage abstraitement, se reduit des généralités tellement vagues, qu'elles ne sauraient avoir aucune influence sur le régime intellectuel."[9] Auf denselben Gedanken kommt Theodor Lipps in der Einleitung zu seinem Buch „Grundtatsachen des Seelenlebens" bei Gelegenheit einer zu gebenden Definition der Philosophie hinaus, wenn er sagt, jede Einzelwissenschaft werde und solle die letzten logisch berechtigten Verallgemeinerungen ihrer Forschung selbst ziehen, ähnlich wie die Seiten und Kanten einer Pyramide selbst in einer Spitze zusammenlaufen, ohne daß ein künstlicher Aufsatz nötig wäre.[10] Beide Auffassungen teilen miteinander die logisch-optimistische Auffassung der wissenschaftlichen Einzelarbeit, als läge in dieser schon die natürliche Tendenz, zu einem System heran- und zusammenzuwachsen, genau so wie die Sozialisten in den Begriff der wirtschaftlichen Arbeit bereits eine vernünftige Zielstrebigkeit, ein Vermögen, Organisationen zu schaffen, aufnehmen. Die Methode bzw. die letzten Prinzipien, nach denen unser Verstand die Tatsachen der Sinne verarbeitet, sind nicht mehr leitende Potenzen der Arbeit, sondern nur *Abstraktionen* aus tatsächlich gegangenen Wegen, welche zu erwerben mit Recht als ein müßiges Unternehmen erscheinen darf, da diese Abstraktionen auf den Fortgang der Forschung weder Einfluß haben dürften noch brauchten, wenn sie nicht ohne alle Gründe

---

[9] Auguste Comte, Cours de philosophie positiviste, Bd. 1, Paris 1884, S. 39.
[10] Theodor Lipps, Grundthatsachen des Seelenlebens, Bonn 1883.

gewaltsam in alten Bahnen gehalten werden sollte. Eine Vereinigung der verschiedenen tatsächlich in den Wissenschaften in Gebrauch stehenden Methoden
in *ein* Bewußtsein und eine Neuentwickelung derselben (unter Modifikationen
der einzelnen Methoden) aus *einer* Wurzel heraus erscheint hier ebensowenig
notwendig als eine organisatorische Leitung der wirtschaftlichen Arbeit. „Staat"
und „Methode" werden zu wirkungslosen und über der tatsächlichen Entwicklung
mitschwebenden Abstraktionen, zu schmarotzerhaften Eunuchen der „Arbeit".
Wie der „wirtschaftlich produktive Faktor Staat" (Adolf Wagner) als solcher
verkannt wird, so der wissenschaftlich produktive Faktor „Methode" als solcher. In Wirklichkeit sind alle diese Ableitungen und Behauptungen nur möglich,
weil hier in dem Begriff des bloßen Arbeitens die Größen „Vernunft" „Güte",
„Wert", „Einheitsstreben" usw. bereits aufgenommen sind, dem bloßen Trieb
bereits das Sittliche, der bloßen Wahrnehmung bereits ein logischer Faktor immanent erscheint.[11] Wie uns aber Schmollers historische Arbeiten die Abhängigkeit
der Wirtschaftsvorgänge von objektiven Zwecksystemen wie Staat und Gemeinde
gezeigt haben, so lehrt auch ein Blick auf die Geschichte der Wissenschaften, wie
der Gang der einzelnen Disziplinen von großen Voraussetzungen und Postulaten
über das Wirkliche geleitet und nur innerhalb dieser und unter Annahme ihrer
Berechtigung erfolgen konnte, und daß dies auch in Zukunft geschehen muß,
wenn die Disziplinen nicht nach unendlich vielen Richtungen hin auseinander-
stäuben und sich ins Blinde verlieren wollen. Der „Verstand" als ein System
zwecktätiger geistiger Strebungen zur Erkenntnis und sein jeweilig bestimmte-
rer Anschluß an die größten unterscheidbaren Tatsachengebiete nach apriorisch
einsichtigen Prinzipien sind im Gebiet der Wissenschaft eben diese objektiven
Zwecksysteme, welche erst ein ersprießliches „Arbeiten" ermöglichen. Und die
allgemeinen Prinzipien sind so wenig vage und so weit entfernt, keinen Einfluß
auf die Leitung des Verstandes[12] ausüben zu können, daß schon der erbitterte
Kampf, welchen der *Positivismus* gegen sie geführt hat, erweist, daß er darin sehr
charakteristische Behauptungen sieht, welche dem Leben der Wissenschaft ein
bestimmtes Gepräge geben, das von dem Gepräge einer „Arbeitswissenschaft"

---

[11] Am deutlichsten und interessantesten ist dieser Gedanke durch *Benno Erdmann* im ersten Band seiner *„Logik"* (Halle 1892) vertreten worden. Das Urteil stellt nach Erdmann
nur einen „Verlauf von Wortvorstellungen dar, dem kein Bedeutungsverlauf entspricht". Die
sonst erst dem Urteil zugeschriebene Leistung, aus dem „ungeschiedenen Ganzen" der Wahrnehmung (Christoph Sigwart) ein „anschaulich geordnetes Ding mit Eigenschaften" (Erdmann) zu machen, leistet für Erdmann bereits die apperzeptive Wahrnehmung. Die Wahrnehmung wird selbst logisiert; siehe hierzu den hierfür charakteristischen Begriff der „logischen
Immanenz" des Merkmals im Gegenstand.
[12] Siehe die oben zitierten Werke Comtes.

genau unterschieden ist. Hier erweist sich der praktische Idealismus eng zusam-
mengehörig zu dem theoretischen, während in unserem Zeitalter dem ersteren
viele sein Recht geben, ohne sich doch entschließen zu können, hieraus die Konsequenzen für die Theorie zu ziehen. Der Ruf nach einer „freien Arbeit" ist hier
und dort gleichbedeutend mit dem Ruf nach einer „blinden Arbeit". Denn es gibt
etwas, wovon „arbeiten" nicht „frei" sein kann, wenn es nicht eine end- und ziel-
lose Anhäufung von Produkten bzw. Tatsachen werden will: eben jene objektiven
Ideen und Zwecksysteme, in denen es erfolgt. So sehen wir bei dem modernen
Begriff der Arbeit durchaus die Neigung, sich den Voraussetzungen gegebener
Zwecksysteme zu entziehen; und auf allen Gebieten will es den Anschein gewinnen, als seien diese Zwecksysteme ein Produkt, ein Nebenerfolg der Arbeit selbst,
die Prinzipien und Methoden der Wissenschaft ein Nebenerfolg der Einzelunter-
suchungen, Staat und Recht ein formaler Effekt aller einzelnen wirtschaftlichen
Handlungen; es ergebe sich die Organisation einer Fabrik, die allererst die Tätig-
keit der Arbeiter *regelt,* aus diesem Arbeiten gleichsam von selbst. Aus letzterer
irrtümlichen Meinung ergibt sich dann die gleichfalls verkehrte Behauptung, der
Gewinn des Unternehmers als des geistigen Herrn dieser Organisation sei gleich
Kapitalgewinn, also Gewinn einer an sich toten Macht, während er in Wirk-
lichkeit aus dem lebendiggemachten, organisierten Kapital hervorgeht, welches
Organisieren und Lebendigmachen eben Unternehmertätigkeit ist. In all diese
Irrtümer verwickelt uns die Überschwenglichkeit der in unserer Zeit mit jenem
Worte verbundenen Wertgefühle, unter welchen Vernunft und Zweck in die als
„arbeiten" bezeichnete Tätigkeit hineingedacht wird.

Mit dem zuletzt bezeichneten Merkmal des „nicht Fertigmachens" des „Un-
geschlossenen" verbindet sich in unserem Begriff ein weiteres eng damit
zusammenhängendes Merkmal. Arbeiten bezeichnet nicht nur ein immer wieder
ansetzendes, sondern auch ein *zeitlich gemäß der Sache geregeltes* Tätigsein. Es ist
nicht ein Tätigsein je nach unserer Stimmung oder individueller Neigung, sondern
es ist nach Maß und Art von jenen objektiven Zwecksystemen (hier abgesehen
von persönlichen Anordnungen der jeweiligen Leiter) mitbestimmt, „in" denen
wir arbeiten. Wenn einer nach seiner Neigung einen Beruf ergreift, selbst wenn
einer innerhalb dieses Berufes nach Neigung eine Aufgabe übernimmt, ja sogar
wenn ein Industriearbeiter „nach Neigung" in diese und nicht in jene Fabrik
geht, so ist dies kein Einwand dagegen. Denn dieses Ergreifen, Übernehmen und
in die Fabrik gehen ist ein dem „arbeiten" vorangehender Entschluß. Erst nach
ihm beginnt das „arbeiten", und nun verlangt Sache und Organisation eine ganz
bestimmte Regelung des Tätigseins, unabhängig von allen unseren Neigungen und
Stimmungen, die wir während des Arbeitens haben mögen. Da wir eine Art „prä-
stabilierter Harmonie" zwischen den Erfordernissen der Sache und der objektiven

Zwecksysteme und unseren Neigungen nicht annehmen dürfen, so wäre „arbeiten" im Verhältnis zu Lust und Unlust zunächst als indifferent zu bestimmen,
indem es gleich zufällig ist, ob das jeweils Notwendige mit einer Neigung oder
mit einer Abneigung zusammentrifft. Aber auch wenn wir die möglichen Fälle, in
denen die Erfordernisse der Sache jeweilig mit Neigung oder Abneigung zusam-
menträfen, gleich setzten, so fiele für das *Unlustmoment* doch noch der Umstand
in die Waagschale, daß im Gefühl des Freiseins an sich ein Lustgefühl gegeben ist
und daß sich die Lust, die mit einer selbsterwählten Tätigkeit verknüpft ist, min-
dert, wenn wir diese Tätigkeit ausführen *müssen,* auch wenn sie genau dieselbe
und an derselben raumzeitlichen Stelle erfolgt, wie die etwa frei gewählte. Auf
die Staatsverfassung diesen Gedanken anwendend, sagt einmal Theodor Mommsen: „Nach dem gleichen Naturgesetz, weshalb der geringste Organismus mehr
ist, als die kunstvollste Maschine, so ist auch jede noch so mangelhafte Verfas-
sung, die der freien Selbstbestimmung einer Mehrzahl von Bürgern Spielraum
läßt, unendlich mehr als der genialste und humanste Absolutismus."[13] Die freie
Selbstbestimmung ist eben ganz abgesehen von ihrem Erfolg für das sich bestimmende Subjekt, der auch durch Zwang erreicht werden könnte, ein Gut an sich.
Und so bleibt die Waagschale für das „Arbeiten" stets auf dem Unlustmoment
stehen, und es rechtfertigt sich gleichermaßen der Sprachgebrauch, der „arbeiten" vielfach gleich „leiden", „sich abmühen" setzt,[14] als der alte in dem Buch
der Menschheit ausgedrückte Völkergedanke, daß die „Arbeit" eine Folge des
Fluches sei, der aus dem Sündenfall hervorgegangen ist. Auch die *antike Wertung der Arbeit,* wie wir sie bei Plato, Xenophon, Aristoteles, Plutarch vorfinden,
birgt in sich – wenn sie auch gewiß für unsere Kultur in dieser Schärfe unmöglich ist und nur für Völker, deren Wirtschaft auf eine Klasse von Sklaven basiert
war, möglich war – doch ein unsterbliches Moment, das wir uns durch die schö-
nen, aber flachen Wünsche einiger der Neuzeit angehörigen Denker nicht rauben
lassen dürfen.

Die Lehre, daß „arbeiten" eine Lust sein könne und solle, findet sich in
verschiedenen Graden in fast allen *sozialistischen* Gedankenkreisen. Als eine
Art axiomatischer Basis für sein System hat sie bekanntlich Charles Fourier
erwählt. In neuester Zeit hat Adolf Wagner in seiner Analyse der Motive
des wirtschaftlichen Handelns des Menschen die Arbeitsfreude als das vierte
der fünf „Leitmotive" angeführt.[15] Und zwar werden die Freude an dem im

---

[13] Theodor Mommsen, Römische Geschichte, 8. Aufl. Berlin 1888–1889, Bd. 3, S. 477.
[14] Nach Hermann Paul, Deutsches Wörterbuch, a.a.O., S. 29.
[15] Adolf Wagner, Grundlegung der politischen Ökonomie, 3. Aufl. Leipzig 1892–1894, Bd.
1, S. 86–121.

„Arbeiten" enthaltenen „Tätigsein", an der „Arbeit als solcher" und an den „Arbeitsergebnissen", als die lusterzeugenden Elemente aufgeführt. Gegenüber der manchesterlichen Einseitigkeit, nur das wirtschaftliche Motiv für die Arbeit heranzuziehen, dürfte wie die Einteilung der Motive überhaupt auch die Anführung dieses Motives gewiß am Platze sein. Aber auch Wagner bemerkt, daß sich „der Sozialismus auch hier hyperideologisch über die naturgemäße, oft in den einzelnen technischen Momenten, aber nicht im ganzen technischen Wesen sich verändernde Art der Arbeit, zumal der Handarbeit in der materiellen Produktion hinwegsetze"; und des weiteren, daß man bei der Bestimmung des „Lust-" und „Lastmomentes" der Arbeit über den „naturgemäßen, wenn auch fließenden Unterschied der liberalen, der mehr oder weniger geistigen, dann der leitenden Arbeiten einerseits und der gewöhnlichen, materiellen, der im Arbeitsteilungssystem ausgeübten Handarbeiten andererseits nicht hinauskomme". Sehen wir in diesen Sätzen auch gewichtige Zugeständnisse, so erscheint es uns doch wünschenswert, daß eine *prinzipielle* Entscheidung getroffen werde, ob man „arbeiten" im wesentlichen als eine lustvolle oder als eine unlustvolle Tätigkeit aufzufassen habe. Unsere Auffassung und Bestimmung des Arbeitsbegriffes erleichtert uns dies. Denn je mehr eine Tätigkeit „geistig" und „leitend" ist, je mehr also auch nach Wagner gegenüber der weniger „geistigen" und „leitenden" das Lustmoment in den Vordergrund, das Lastmoment in den Hintergrund tritt, desto mehr verliert sie eben auch den Charakter des „Arbeitens". Je mehr der Gesamtkomplex der Bedingungen, welche ein zu erzielendes Produkt voraussetzt, in *objektive* Mächte fällt, wie bei der Industrie in Maschine und Organisation, bei der Wissenschaft in Instrumente und Methoden, bei der Rechtsprechung in das positive, objektive Recht, bei der Kunst in die technischen Hilfsmittel und den Stil, desto mehr gewinnt die Teilbedingung des subjektiven Tätigseins Arbeitscharakter, und auch desto mehr Unlustcharakter. Ein Tätigsein ist also – ceteris paribus – genau in demselben Maße unlustvoll, als es „arbeiten" ist, so daß man sehr wohl „Unlust" als ein notwendiges Merkmal des Arbeitens betrachten kann, ohne diejenigen Phänomene, die einem tendenziösen Sprachgebrauch das Gegenteil zu erweisen scheinen, zu leugnen.

Es wurde den sozialistischen Theoretikern, vorzüglich Marx, oft der Vorwurf gemacht, sie identifizierten bei ihren Deduktionen „Arbeit" mit „Körperarbeit" und vergäßen die „geistige Arbeit". Der Vorwurf erscheint uns um so verkehrter, als er vielfach mit der Bekämpfung des Satzes, daß allein die Arbeit Werte schaffe, auftritt. Denn wird in den Begriff der Arbeit die geistige Produktion und die leitende Tätigkeit eingeschlossen, so dürfte es schwierig sein, gegen diesen Satz zu polemisieren. Das Bezeichnende für die sozialistischen Theoretiker ist eben nicht, daß sie die geistige Produktion endgültig aus ihrem Arbeitsbegriff ausschließen, sondern daß sie dieselbe bald einschließen, bald ausschließen, je nachdem es das eine Mal gilt, die dem „arbeiten" immanente Vernunft und Zweckmäßigkeit, ihren vermeintlichen wertschöpferischen Charakter, zu rechtfertigen, oder je nachdem sie an die durch diese Theorien vertretene wirkliche Menschenklasse, eben die Klasse der körperlich Arbeitenden, denken. So zeigt der sozialistische Arbeitsbegriff stets ein Janusgesicht. In diesem Gedanken jedoch, daß eigentliches „Arbeiten" körperliches Arbeiten sei, hätten diese Theoretiker und die durch sie ausgedrückte Massenstimmung nach unserer Ansicht völlig recht, wenn sie nur bei dieser Begriffsbestimmung blieben, wobei es ihnen dann freilich schwer möglich würde, aus diesem Arbeitsbegriff „Wert" und „Kultur" zu extrahieren. Das Wort „Arbeiter" ist doch nicht bloß durch eine blinde Laune des *Sprachgebrauches* (oder gar durch die Arglist einiger Theoretiker) zur sehr bestimmten Bezeichnung der mit elementaren Hantierungen in Industrie und Landwirtschaft beschäftigten Menschenklasse geworden. Schon den „Handwerker" unterscheiden wir genau vom „Arbeiter". Es wirkt in diesem Sprachgebrauch vielmehr die völlig richtige Erkenntnis, daß dies diejenige Klasse von Menschen ist, die am meisten „arbeitet", das heißt, deren Tätigkeit weit mehr als die Tätigkeit einer anderen Klasse ein Einordnen in vorgegebene Zwecksysteme ist, und es deswegen tunlich ist, für sie a potiori das Wort „Arbeiter" als spezifische Bezeichnung anzuwenden.

Wir pflegen Verba, welche menschliche Tätigkeiten bezeichnen, in zwei Fällen, sie verdinglichend, zur Bezeichnung der tätigen menschlichen Subjekte anzuwenden: erstens, wenn die betreffende Tätigkeit über Wert und Unwert des gesamten Lebens zu entscheiden scheint, so bei „Mörder", „Retter", „Erlöser", wenn also die einzelne Handlung uns wichtig genug erscheint, um den ganzen Menschen eben als den Täter dieser Tat zu bezeichnen; und zweitens, wenn uns die Substanz in der fortlaufenden, mit dem Verbum bezeichneten Tätigkeit aufzugehen scheint, so bei Spieler, Trinker, Läufer usw. So wenig wie einer, der so und so oft täglich trinkt, ein Trinker, oder einer, der läuft, ein Läufer ist, so wenig ist auch einer, der arbeitet, ein „Arbeiter". Erst wenn die Tendenz vorliegt, daß ein Mensch im „arbeiten", das heißt im tätigen, regelmäßigen Einordnen ihm von anderwärtsher gegebener Zwecksysteme aufgeht, nennen wir ihn einen „Arbeiter". Der Gelehrte, Künstler, Industrielle, Kaufmann, Handwerker „arbeitet" gewiß auch; aber selbständige vernünftige Zwecksetzung läßt das spezifische „arbeiten" bei diesen Berufen mehr zurücktreten. So erweist sich der

Sprachgebrauch auch von diesem Gesichtspunkt aus als vernünftig.[16] Im übrigen dürfte es sich empfehlen, anstatt des Begriffspaares „körperliche" und „geistige" Arbeit das Begriffspaar *„qualifizierte"* und *„nichtqualifizierte"* Arbeit in die Wissenschaft einzuführen, soweit dieses noch nicht geschehen ist. Zwar haben beide Begriffspaare das Bedenkliche an sich, Gegensätze zu fingieren, wo kaum merkbare Übergänge sind; aber auch in dieser Hinsicht hat das zweite Paar dies voraus, daß sich seine Glieder komparieren lassen, man also wohl von einer qualifizierteren Arbeit, von Qualifikationsgraden, nicht aber von einer „körperlicheren" oder „geistigeren" Arbeit, oder von „Körperlichkeitsgraden" der Arbeit reden kann. Abgesehen hiervon, decken sich die beiden Begriffspaare auch sonst nicht. Denn wenn sie auch insofern zusammenfallen, als diejenigen Eigenschaften eines Menschen, welche ihn zu einer Arbeit mit höherem Qualifikationsgrad befähigen, meist geistiger Art sein werden, (da der Geist überhaupt ein viel stärkeres principium individuationis ist als der Körper), so ist doch dies keineswegs notwendig. Auch ein Flößer oder ein Steinträger ist ein qualifizierter Arbeiter gegenüber einem Industriearbeiter, da er körperliche Eigenschaften haben muß, welche nicht menschliche Durchschnittseigenschaften sind. So führt überhaupt das Begriffspaar „qualifizierte" und „weniger oder mehr qualifizierte" Arbeit keinen *Wertgegensatz* ein, während ein solcher mit dem anderen Begriffspaar „geistige und körperliche" Arbeit verknüpft ist. Daß aber ein solcher Wertgegensatz in rein volkswirtschaftlichen Zusammenhängen vermieden werde, erscheint deswegen als nützlich, weil bei Nichtbeachtung des Unterschiedes dieser beiden Gegensätze es leicht den Anschein gewinnt, daß ein Mensch, welcher eine höhere Anzahl solcher Eigenschaften in sich vereinigt, welche zur Leistung der einmal vorhandenen Aufgaben (welche stets historisch durch die Eigenart der Kulturlage und auch räumlich durch die Besonderheit des Landes begrenzt sind) nötig sind, auch der geistig Höherstehende sei. So gerät man leicht in das Fahrwasser der darwinistischen Ethik, welche den an eben vorhandene Aufgaben am besten mit seinen Eigenschaften „Angepaßten" auch als den geistig und sittlich Besseren ansieht.

Weitere Merkmale des Begriffes „arbeiten" ergeben sich durch eine Untersuchung seiner Stellung zur Erkenntnis des *Wofür* der Tätigkeit. Dieses „Wofür" zerlegt sich wieder in die Frage nach der Stellung des einzelnen Arbeitsproduktes in dem Ganzen des fertigen Gegenstandes, dessen Teil es sein soll, und in

---

[16] Hierbei soll keineswegs die Voraussetzung gemacht sein, daß der Sprachgebrauch stets ein logisches Produkt sei. Nur dies darf uns, – dies aber auch rechtmäßig –, als eine wohlbegründete Methode gelten, ihn so lange, als es zwanglos möglich ist, aus logischen Motiven zu erklären, so daß also auf alle Fälle ceteris paribus die Beweislast demjenigen obliegt, der ihn aus alogischen Motiven erklären will.

die Frage nach den Menschen bzw. ihren spezifischen Eigenschaften und Bedürfnissen, für die gearbeitet wird. Bezüglich der ersteren Frage liegt in dem Begriff
des Arbeitens kein besonderer Hinweis. Ob dieses Ganze in seinem besonderen normierten Verhältnis zu dem Teil bekannt, das heißt für den Arbeitenden
subjektiv bekannt geworden ist oder nicht, darüber kann dieser Begriff nichts
entscheiden. Ob ein Arbeiter in einer Maschinenfabrik weiß, welchen mechanischen Zweck die von ihm verfertigte Schraube im Ganzen der Maschine erfüllen
soll oder ob er es nicht weiß, in beiden Fällen „arbeitet er an der Schraube" so,
wie dies von ihm gefordert ist. Ja, selbst wenn er es weiß, so darf dies Wissen
keinerlei Einfluß auf seine Tätigkeit üben. Denn wenn alle einzelnen Arbeiter
ihren besonderen Überlegungen bei der Bearbeitung ihres jeweiligen Gegenstandes Folge gäben, so würde freilich in den fertigen Teilen mehr intellektuelle Kraft
aufgespeichert sein, als wenn dies nicht der Fall ist, aber es wäre doch kaum
anzunehmen, daß die Teile in diesem Falle zueinander passen würden! Ein noch
so schlechter Arbeits*plan* mit detaillierten Aufstellungen der Teilarbeiten würde
sich auf den letzten Zweck hin angesehen immer noch besser erweisen, als die
willkürliche Zwecksetzung von seiten der einzelnen Arbeiter mit noch so viel
individuellem Nachdenken. Viele technisch noch so gut durchgebildete Arbeiter
würden die schlechteste Organisation mit wenigen ungebildeten Arbeitern nicht
ersetzen. Das Wort Schillers.

„Das ist's ja, was den Menschen zieret.
Und dazu ward ihm der Verstand,
Daß er im innern Herzen spüret,
Was er erschafft mit seiner Hand"

hat eben auch seine fragwürdige Kehrseite. Es kommt dann eben soweit, daß das
liebe Herz bzw. der individuelle Verstand die Arbeit *leitet* und so leitet, daß der
Teil nicht mehr ins Ganze paßt, in das er sich nach seiner Bestimmung doch einfügen soll. Ein bekanntes militärisches Scherzwort des Vorgesetzten zu dem „Ich
habe gedacht, ... „des Untergebenen sagt: „Ochsen denken, Menschen wissen",
und man muß sagen, daß dieses drastische Soldatenwort für das eigentliche „arbeiten" mehr Wahrheit enthält als die obige poetische Stelle! Man wird also wohl
sagen dürfen, daß die Kenntnis des sachlichen „Wofür" den rechten Arbeitscharakter der Tätigkeit eher gefährdet als fördert. Auf alle Fälle ist ein Spekulieren
auf den eigentlichen Endzweck der Teilarbeit, soweit dies auf das Arbeiten selbst

einen Eindruck gewinnt, schädlich. Das *System* der die Einzelaufgaben bestimmenden Arbeitsordnung hat eben ganz abgesehen von der Summe der Werte seiner einzelnen Bestimmungen einen Eigenwert.[17]

Wenn es als erwiesen betrachtet werden kann, daß ein Wissen des sachlichen „Wofür" nicht nur unnötig, sondern – entsprechend dem psychologischen Grundsatz, daß ein Wissen, das in der Tätigkeit des betreffenden Subjektes keinen Ausdruck gewinnen soll, sich dennoch einen solchen zu verschaffen tendiert – sogar schädlich ist, so könnte eingewandt werden, daß dieser Erweis nur gültig ist für solche Produktion, welche *arbeitsteilig* erfolgt. Denn wo immer ein Produkt von einem einzigen hergestellt werde, da müsse auch die Erkenntnis des Zusammenhangs aller seiner Teile vorhanden sein. Dieser letzte Satz ist natürlich völlig richtig. Aber er ist prinzipiell kein Einwand gegen unsere Thesis. Er ist es deswegen nicht, weil jegliches „arbeiten" eine sogenannte *Arbeitsteilung* bereits voraussetzt. Dieser Satz mag paradox erscheinen; aber dasjenige, was ihn paradox erscheinen läßt, ist nur ein Trug, den die Sprache hervorbringt, die den Anschein erweckt, es gehe die Arbeit einer Arbeitsteilung auch sachlich vorher, während in Wirklichkeit nur das *Wort* „Arbeitsteilung" von dem *Wort* „Arbeit" abgeleitet ist.

Wir hatten gesehen, daß das Wort Arbeit in dreifachem Sinne gebraucht wird als Tätigkeit, Produkt und Aufgabe. In dem Wort „Arbeitsteilung" ist es nicht im ersten Sinne gebraucht; denn eine Tätigkeit als solche kann nicht geteilt werden; auch nicht im zweiten Sinne, denn das Produkt, das es ja herzustellen galt, soll nicht geteilt werden. Bleibt also nur der dritte Sinn; und in diesem ist es allerdings im Wort „Arbeitsteilung" verwendet: es bezeichnet die Teilung einer *Aufgabe* in einzelne Aufgaben. Nun ist aber die einfachste Teilung einer Aufgabe, welche noch im Einzelwesen verlaufen kann, diejenige zwischen Zweck und Mittel. Diese genügt jedoch noch keineswegs, um von einem „Arbeiten" zu reden. Erst wenn das Mittelsuchen und -finden eine *objektive Regelung* erfährt,

---

[17] Ich kann mich nicht entschlagen, hier beizufügen, daß dieser Gedankengang für alle Arten von Satzungen, auch für die des Rechtes, seine Gültigkeit hat. Es ist eine falsche und verderbliche Lehre, wenngleich sie seit Ihring im Schwunge ist, daß der *Zweck* der Schöpfer des Rechtes sei. Das Recht ist eine alle Zwecke mitbestimmende Kraft, also auch jene Zwecke mitbestimmend, für welche es vorgeblich nur als *Mittel* sein soll. Wäre es anders, so müßte jedem Staatsbürger gestattet sein, den Zweck des Rechtes direkt zu verfolgen, und das Mittel Recht zu verwerfen, wenn er es für ein schlechtes Mittel hält. Nur von Wesen, die unter keinerlei menschliche Rechtsbestimmung fallen, könnte gesagt werden, sie könnten ein zweckmäßiges Recht geben. Wesen, deren Handlungen unter das System der Rechtssatzungen fallen, sind in allen ihren Zwecken bereits durch dieses System bestimmt, also auch in solchen Zwecken, welche eine Angliederung neuer Gesetze an das geltende System verfolgen.

wodurch die Mittel zu relativ selbständigen Zwecken werden, wenn also die Teilung der Aufgabe schon weiter gediehen ist, reden wir auch bei der Tätigkeit eines einzelnen von einem „arbeiten", (ohne daß bereits die Teilaufgaben an mehrere Personen verteilt wären). Auch für diesen elementarsten Fall eines Arbeitens gilt bereits unsere Thesis. Denn wenn auch dieser einzelne wissen muß, wie seine verschiedenen Einzeltätigkeiten sich zuletzt auf den einheitlichen Zweck beziehen müssen, so darf er doch nicht während des „Arbeitens" selbst diesen letztbeabsichtigten Zustand im Geiste haben, sondern nur den nächstbeabsichtigten, wenn er nicht jeden Schritt vor dem vorhergehenden machen will. So ist, wenn auch der Zweck als Ganzes seinem Bewußtsein überhaupt noch als ein Wissen angehört, dieses Wissen doch während des Arbeitens nicht vorhanden. Dem „arbeiten" als solchem ist also auch hier, wenn auch dasselbe Subjekt, das „arbeitet", den Zweck bestimmte und demgemäß kennt, der Zweck ein *Objektives,* das vorausgesetzt ist bei allem „arbeiten" und das auf dieses gleichsam von außen her als eine bestimmende Kraft einwirkt. Der Zweck hat, wenn er gleichwohl an sich der Prüfung und inneren Diskussion zu jedem Zeitpunkt (also auch während des Arbeitens) unterliegen kann, für dieses „Arbeiten" dennoch eine Art axiomatischen Charakters; diese Teilung der Aufgabe in einen, sagen wir einmal, praktisch axiomatischen Zweck und ein ihm gemäß geregeltes, fortlaufendes Mittelsuchen ist also auch im elementarsten Falle vorhanden.

Spätere theologische und philosophische Reflexion hat mit Recht den Arbeitscharakter, den das Erschaffen der Welt durch Gott durch eine Teilung dieser Aufgabe in sechs Tagen gewinnt, als eine mit der Majestät Gottes und der Einheit der Welt nicht zusammenstimmende Lehre zurückgewiesen und das Erschaffen in die Form eines einheitlichen, augenblicklichen Willensaktes verlegt. Tritt nun aber im weiteren Verlauf der Aufgabenteilung der einheitliche Zweck aus dem Bewußtsein der einzelnen Tätigkeiten völlig heraus, so wird das Tätigsein natürlich noch in ganz anderem Sinne zu einem „arbeiten": der Zweck, der vorher nur für Teile des seelischen Vorlautes objektiv war, aber diesem doch immer noch angehörte, wird nun für das *ganze* Subjekt objektiv. Der immer loser werdende Zusammenhang wird zuletzt völlig zerrissen; zunächst freilich nur in der Weise, daß die für die Arbeitenden objektiven Zwecke doch auch noch subjektive Zwecke sind, subjektiv für den Leiter des Ganzen. Die Anzahl von Zwecken, die zum Beispiel für wenige Feudalherren subjektiv, für die große Anzahl Abhängiger objektiv sind, wandern im Laufe des Entwicklungsvorgangs auch aus diesen Subjekten schließlich in ein einziges Subjekt hinein, in den absoluten Monarchen, dessen natürliche Ohnmacht zur Bändigung so vieler Mittel durch die Harmonielehre des Deismus, bzw. seine Konsequenzen für die Staatslehre, gestützt wird. Damit ist freilich der objektive Zweck, der früher an die einzelnen herantrat, als solcher geleugnet, und die Folge ist, daß der objektive Zweck in die Triebstruktur der einzelnen Subjekte selbst hineinverlegt wird. Das ist die Weltanschauung des *Liberalismus,* die Betrachtung des Wirtschaftslebens als einen natürlichvernünftigen Mechanismus: Wer rein für sich „arbeitet", „schafft" damit schon, ohne noch ein Weiteres zu tun, an einem „bestmöglichsten" Zustand der menschlichen Gesellschaft. Ein objektiver Zweck wirkt bereits in seinem scheinbar nur subjektiven Mittelsuchen. Damit ist der erste Zustand, in welchem Zweck und Mittel in den *einzelnen* Subjekten sind, wieder erreicht, aber im Gegensatz hierzu nicht so, daß der Zweck als ein an das „arbeiten" im Subjekt selbst herantretender dieses regelt, sondern er ist in das „arbeiten" schon als eine geheimnisvoll kooperative Macht hineingedeutet. Erst die Erkenntnis und die Erfahrung, daß aus einer solchen Anschauung und Praxis eine *Anarchie* des Wirtschaftslebens folgt, zeigt, daß dieser objektive Zweck in dem subjektiven Mittelsuchen aller einzelnen tatsächlich nicht vorhanden, daß er eine ungeheure Mystifikation gewesen ist. So entwickelt sich aufs neue die Forderung nach einer „planvollen" Gestaltung des Wirtschaftslebens, d. h. eben nach objektiven Zwecksystemen, welche das „Arbeiten" regeln.

Wer aber soll diesen objektiven Plan nunmehr setzen? Einzelne Herrenmenschen wie zur Zeit des Feudalismus? Dem widerspricht die gesamte Entwicklung des neueren Geisteslebens, wie auch die Entwicklung des modernen Staates. Ein einziger, etwa ein absoluter Monarch, bedurfte schon bei der noch wenig entwickelten Wirtschaft des 18. Jahrhunderts der Unterstützung durch einen allgemeinen Glauben an die schon ohne sein Eingreifen vorhandene natürliche Güte der aus allen Banden entlassenen wirtschaftlichen Strebungen. In einem noch entwickelteren Wirtschaftsleben, dessen Subjekte diesen Glauben nicht mehr haben, da ihn die Erfahrung widerlegt hat, vermag ein einzelner erst recht nichts. So sollen die objektiven Zwecke jetzt in allen einzelnen sein, da sie in einigen oder in einem nicht sein können; und sie sollen zugleich nicht in allen einzelnen Subjekten sein, da sie eben doch *objektive* Zwecke für diese einzelnen sein sollen. In dieser *Antinomie* steckt der auf seinen formalsten Ausdruck gebrachte philosophische Gehalt der *sozialen Frage.* Ihre Auflösung kann nur auf eine Weise erfolgen, nämlich, daß in den Subjekten selbst ein Objektives auftritt und wirkt, nur eben nicht in dem Sinne, in dem es sich der Liberalismus dachte, daß nämlich in dem bloßen „arbeiten" selbst dieses objektive Zweckstreben im Geheimen mitgegeben sei, – sondern so, daß es diesem, sich streng von ihm abscheidend, gegenübertritt. Es ist also ähnlich wie in dem elementarsten Fall der im Subjekt verbleibenden Arbeitsteilung, aber doch wieder in anderer Weise; insofern nämlich in anderer Weise, als durch die im Subjekt auftretenden objektiven Zwecke nicht das Arbeiten nur dieses Subjekts selbst geregelt wird, sondern das

„Arbeiten" aller. Neben das „Arbeiten" tritt also als ein Neues eine *Pflicht* zu energischem Mitschaffen an der rationellen Vervollkommnung des gegebenen Staates, der als das Medium erscheint, durch welches die von allen Bürgern als objektiv gültig für alle Bürger erkannten Zwecke auf alle Bürger in der Form eines systematischen Ganzen zurückwirken. Verfassungsmäßig ermöglicht ist zum Beispiel dieses Postulat im Deutschen Reich durch ein allgemeines Wahlrecht,[18] Verwirklicht kann es nur werden durch Volkserziehung und Volksbildung. Doch es ist hier nicht unsere Aufgabe, auf diese Frage näher einzugehen und über das „Wie" dieser Volkserziehung zu reden. Nur soviel ist gewiß: Diese Erziehung muß ihr Schwergewicht in der praktischen Philosophie im weitesten Sinne, in den sittlich-rechtlich-politischen, nicht also in den naturwissenschaftlich-technischen Disziplinen, haben. Wir erinnern hierbei an das, was oben über das technische Wissen des Arbeiters gesagt worden ist.

Wie stellt sich nun obige Entwicklung zur oft berührten sozialistischen Theorie? Dieser ist offenbar der Vorwurf zu machen, daß sie die gekennzeichnete Antinomie, anstatt sie in ihrer vollen Schärfe anzuerkennen, mühselig zu verdecken sucht. Sie hat sich das *Schwergewicht der Frage,* mit der jede Kritik unserer Gesellschaftsordnung beginnen sollte, niemals klar gemacht. Diese Frage heißt: Wie ist ein politisch und rechtlich die objektiven Zwecke mitgestaltender Mann als ein „Arbeiter" möglich? Oder die bereits gegebenen Gedanken in die Frage kurz mithereingenommen: Wie ist es möglich, daß ein Mann, der seine Tätigkeit widerspruchslos und ohne Wissen des sachlichen „Wofür" gegebenen Zwecksystemen, die ohne irgendwelchen innigeren Zusammenhang mit seinen Neigungen an ihn herantreten, an bestimmter zugewiesener Stelle einzufügen hat und der die Tendenz hat, in diesem stets wiederholten Einfügen aufzugehen, zugleich ein solcher Mann sei, der die höchsten politischen und rechtlichen *Ziele* mitbestimmen kann? Dadurch daß die sozialistische Theorie schon in den Begriff des Arbeitens selbst Vernunft und Zweck aufnahm, die Arbeit nach ihr an sich werterzeugend, organisationshervorbringend und in letzter Instanz sogar rechtsgestaltend erschien, der „Überbau" von Politik und Recht so sich gleichsam von selbst durch die reine ökonomische Tätigkeit gezwungen fortwälzte, dadurch war auch die politische Tätigkeit und die gesetzgeberische Funktion des Arbeiters selbst zu einem nebensächlichen Ausdruck seiner Arbeit heruntergedrückt. Der wuchtige Ernst staatsbürgerlicher Pflichten kam hier zu keiner Bedeutung. Darin

---

[18] Ohne auf die uns in diesem Zusammenhang fernliegende Frage einzugehen, ob ein gleiches Wahlrecht vernünftig oder unvernünftig ist, ist doch zu bemerken, daß aus den gegebenen Prämissen die Notwendigkeit eines gleichen oder gar eines geheimen Wahlrechts *nicht* folgt.

war und blieb man liberal, daß man einen selbständigen, kräftigen Staat verabscheute, wenn man auch all das wünschte, was nur ein solcher Staat zu leisten fähig ist. Freilich gerieten hierdurch Tat und Theorie in die grausamsten Widersprüche. Denn gemäß dieser Theorie hätte die verfassungsmäßige Stellung der Arbeiter im Staat ja selbst ganz belanglos erscheinen müssen, und im Vertrauen auf die der bloßen „Arbeit" immanente Kraft der Rechtsbildung hätte, streng logisch weitergedacht, eine Wegnahme des allgemeinen Wahlrechts der deutschen Arbeiterpartei als etwas sehr Gleichgültiges erscheinen müssen. Daß dies nicht der Fall war noch sein wird, ist gewiß ebenso vernünftig als es ein Zugeständnis ist, daß die Rechtsstellung einer Person wie einer Partei etwas ist, was nicht sozusagen analytisch in ihrer ökonomischen Stellung und Lage mit inbegriffen ist, sondern *synthetisch* als etwas sehr Wichtiges und hiervon völlig Unabhängiges hinzukommt Damit eben hebt sich das Dogma von der zweckgestaltenden Kraft der Arbeit selber auf, daß zur Arbeit stets noch eine *politische* Gleichheit bezüglich der Beeinflussung der Gesetzgebung hinzu verlangt wird.

Sehen wir nun, wie es sich mit dem „Wofür" im zweiten angegebenen Sinne verhält, d. h. also ob und wieweit der moderne Begriff der „Arbeit" und des „Arbeitens" einen Hinweis auf die Menschen, bzw. ihre Bedürfnisse enthält, für die gearbeitet wird. Wir unterscheiden zunächst scharf zwischen dem wirklichen *Schicksal* eines Gutes und der *Absicht,* welche derjenige hat, der es produziert hat. Je mehr die Möglichkeit verschwindet, dieses Schicksal zu erkennen, desto mehr auch die Möglichkeit, die letzte Stelle, an der das Produkt seinen Zweck durch Befriedigung realer Bedürfnisse erfüllt, in die Absicht aufzunehmen. Am einfachsten liegt die Sache noch bei der Arbeit auf Bestellung und solcher, die Bedürfnissen dient, aus denen heraus das Schicksal des Produktes von vornherein schon bestimmt werden kann. In letzterem Falle hat es die Ethik leicht; sie bezeichnet ein Arbeiten, das unsittlichen Bedürfnissen dient, einfach als „schlecht." Wer obszöne Bilder verfertigt oder verhandelt, gewerbsmäßige Kuppelei betreibt, sich mit Auskundschaften von Familiengeheimnissen im Privatinteresse abgibt usw., dessen „Arbeiten" ist unsittlich. Aber freilich sind diese Fälle, wo schon aus der Eigenart des Produktes oder der Zwecke auf den sittlichen Charakter der Arbeit geschlossen werden kann, sehr selten. Denn die sittlichen Qualitäten der Menschen beruhen viel weniger auf dem Mangel oder dem Besitzen unsittlicher Bedürfnisse schlechthin, als auf den Maßen und den Verhältnissen der Bedürfnisse untereinander; weshalb es auch wohl zu verstehen, wenn auch nicht völlig zu rechtfertigen ist, daß bedeutende Ethiker (vor allem Herbart, auch Kant im großen und ganzen) das Gute in einem rechten *Verhältnis* der Triebe untereinander gesehen haben. Ebenso selten sind im industriellen System die Arbeiten auf Bestellung; aber selbst diese können für die sittliche Schätzung des

„Wofür" nicht in Betracht kommen, wenn nicht die Personen, welche bestellen, dem Arbeitenden bekannt sind und weiterhin die Verwendung des Gutes, das sie kaufen, angegeben wird, d. h. in Fällen, welche die wirtschaftliche und sonstige Entwicklung (vorzüglich die des Verkehres) zu ganz vereinzelten gemacht hat. In allen anderen Fällen der Bestellung und in der ungeheuren Anzahl der Fälle, wo das Arbeitsprodukt noch durch andere arbeitende Hände geht, wie in jenen, wo für den freien Marktverkehr produziert wird, ist es ganz ausgeschlossen, daß der Arbeitende einen auch nur einigermaßen klaren Begriff von den Personen, ihren sittlichen Charakteren und der Gliederung ihrer Bedürfnisse bekommt, denen sein Arbeitsprodukt zum Gebrauch oder Verbrauch dient. Er mag sich die billige, konventionelle Vorstellung machen, daß er für das dunkle Etwas, das man „Gesellschaft" nennt, oder für das noch dunklere Etwas, das man „Menschheit" nennt, arbeitet; aber er wird, wenn er frei von dem mystischen Pathos, das der Zeitgeist mit diesen Namen verbindet, nachdenkt, sich gestehen müssen, daß diese Größen seinem Verstand mindestens ebenso transzendent sind wie die mythologischen Vorstellungen der alten Germanen! Daß freilich diese dunklen Vorstellungen zum Objekt der sittlichen Rechtfertigung des Arbeitenden vor sich selbst bezüglich seines Arbeitens wurden, dies läßt sich andererseits wohl begreifen; für irgend etwas, so schien es, mußte er doch arbeiten. Die Vorstellung, daß er sein mit Mühe, zuweilen wohl sogar mit Liebe hergestelltes Produkt dem blinden Schicksal eines nur durch Angebot und Nachfrage mechanisch geregelten Marktverkehrs überließe, daß er seiner arbeitenden Hände und zuweilen wohl auch Seele Kind hinausstoße in eine ganz dunkle und unsichtbare Welt, in der es Mittel zum Bösesten und zum Besten werden könnte, eben diese Vorstellung war für den Arbeitenden unerträglich. Die gefühlsmäßige Reaktion auf eine solche Lage war, daß ihm diese dunkle Welt dieses nur geahnte, immer nur in einem minimalen Fragment und auch hier nur äußerlich sichtbare Gewirr von kaufenden und verkaufenden, genießenden und dahinlebenden Menschen zu einem Götzen wurde, dessen jeweilig sichtbarer Teil ihm zwar gering dünkte, dessen unsichtbarer geheimnisvoller Teil jedoch würdig und erhaben genug schien, für ihn zu leben und zu arbeiten. Eine Frage nach der *sittlichen* Qualität der *„Gesellschaft"* selber hatte ihren Sinn nun ebenso verloren, wie für die mittelalterlichen Scotisten die Frage nach der sittlichen Qualität Gottes oder für Thomas Hobbes die Frage nach den sittlichen Qualitäten des absoluten Monarchen. Die „Gesellschaft" war selbst Gott und absoluter Monarch, summum bonum, das absolute Prinzip des Sittlichen, an dem der sittliche Wert des einzelnen erst gemessen wurde. Erst in bezug auf sie bekam jeder einzelne sein sittliches Licht und seinen sittlichen Schatten. Sie war die Sonne der sittlichen Welt, kein Wort, sondern eine leibhaftige Realität, ein höchstes Wesen (grand Être).

Kurz, es wurde das äußerst fragwürdige und dunkle Prinzip angenommen, daß das Sittliche nur in der *Verbindung* der Menschen liege, nicht in diesen selbst, daß sich die Gesellschaft grundsätzlich von allen einzelnen unterscheide. Die einfache Folge dieses Satzes war, daß dann auch alle einzelnen sittlich schlecht sein könnten, ohne daß hierdurch die Gesellschaft den Charakter eines summum bonum verlöre. Nach dieser Auffassung schwebt die Gesellschaft immer in den reinen Höhen des Guten, mag es mit den einzelnen (deren zusammenfassender Begriff sie ist) stehen, wie es will. Betrachtet man diesen Gedanken für sich, ohne an seine Entstehung zu denken, so ist er freilich nur eine ungeheuerliche Absurdität, ein Begriffsrealismus, der sich auf dem Hintergrund der vorzüglich naturwissenschaftlichen Bildung seiner Vertreter und deren nominalistischen Tendenzen nur um so komischer ausnimmt. Betrachtet man ihn dagegen auf die bereits angedeuteten Motive seiner Entstehung hin, so erscheint er zum mindesten begreiflich. In ihm rechtfertigt sich jener moderne Arbeiter, der nicht weiß, wofür er arbeitet, aber doch auch für das Gute arbeiten möchte. Mit diesen Begriffen „für die Gesellschaft", „für die Menschheit" verbunden, bekam der Begriff des Arbeitens noch einen Beigeschmack von *immanenter* Vernunft und Güte. Aber auch in diesem Punkt ist dieses Mitdenken von Vernunft und Güte als unrechtmäßig zu bezeichnen. Sogar Max Stirner, was er auch sonst in Leben und Denken verfehlt haben mag, hätte vor diesem Irrtum behüten können; denn er hatte das hochanzuschlagende Verdienst, Ludwig Feuerbachs Begriff „Mensch" und „Menschheit", diesen mit bunten und tönernen Phrasen aufgezäumten Götzen, zu zersetzen und einmal wieder die klare Wahrheit zu lehren, daß die sogenannte „Menschheit" aus Hinz, Kunz und Peter besteht! Arbeiten für die Gesellschaft ist nur dann ein gutes Arbeiten, wenn zuvor festgestellt ist, daß diese Gesellschaft aus guten Menschen besteht. Dieser Satz bleibt richtig, wie immer sich auch die Verhältnisse komplizieren mögen, wie schwierig es technisch auch immer sei, dies festzustellen. Und ebenso ist ein „nützliches Glied der Gesellschaft" ein Vermehrer des Bösen, wenn diese Gesellschaft, deren Glied er ist, aus bösen Menschen besteht. „Gesellschaft" und „Menschheit" sind wie jeder einzelne nicht *Prinzip,* sondern Material, *Objekt* sittlicher Schätzung.

Aus den gegebenen Sätzen folgt: Da in dem bloßen „Arbeiten" und desgleichen im Abgeben der Arbeitsprodukte keine Gewähr dafür liegt, daß die Arbeitsprodukte sittlichen oder wenigstens keinen unsittlichen Zwecken dienen, ist es Pflicht jedes Arbeitenden, danach zu sehen und mit seinen Kräften dafür einzutreten, daß das Produkt an seiner letzten Stelle sittlichen Zwecken diene. Wenn uns nun jemand antwortete, daß diese Aufgabe unmöglich direkt zu erfüllen sei, so wäre dies zu selbstverständlich, als daß man einen solchen Einwand eine Antwort zu würdigen hätte. Aber es wäre nicht im mindesten ein Einwand gegen den Satz selbst. Denn auf welchen technischen Umwegen und bis zu welchem Grad auch immer die einfachen sittlichen Postulate zu erfüllen sein mögen, so bleiben sie selbst doch von felsenharter Gewißheit und lassen sich als Postulate nichts abhandeln. Daß die Arbeitsprodukte sittlichen Zwecken dienen, kann von dem Arbeitenden selbst bezüglich seines eigenen Produktes nicht bestimmt werden; aber dies ist auch nicht dadurch garantiert daß diese Produkte gesellschaftliche Bedürfnisse schlechthin befriedigen. Jedoch in seiner Eigenschaft als Staatsbürger kann jeder Arbeiter durch die aus dieser Eigenschaft fließende Funktion, die Gesetzgebung zu beeinflussen, sorgen, daß dies geschehe, so zum Beispiel bei Gelegenheit einer Schulgesetzgebung, einer Steuer- oder Zollgesetzgebung oder einer Gesetzgebung bezüglich des Zivil- oder Strafrechts durch Wahl eines bestimmten Abgeordneten, von dem er glaubt, er werde für seine Überzeugung in dieser Sache eintreten und dies Ziel zu erreichen suchen. Wie groß auch die Reihe der Instanzen sein möge, durch die hindurch er jenem sittlichen Postulat diene, und wie weit der Erfolg auch gegenüber diesem letzten Ziel zurückbleibe, so bleibt es doch ein letzter *Leitsatz* für jeden Arbeitenden, daß es wünschenswert sei, daß sein Produkt in die Hände guter Menschen gelange, bzw. daß diejenigen Menschen, in deren Hände es tatsächlich gelangt, gut werden. Und nur wenn er, was an ihm ist, sich solches zum Ziel setzt und nach seinem besten Wissen demgemäß handelt, ist sein „arbeiten" ein sittlich gerechtfertigtes Tun, wogegen es dies keineswegs ist, wenn er sich mit der dunklen Redewendung zufrieden gibt, er arbeite zur Befriedigung „menschlicher" oder „gesellschaftlicher Bedürfnisse". Denn in dem Wort „gesellschaftliche Bedürfnisse" sind auch die Bedürfnisse zu der ganzen Summe sittlich negativer Handlungen mit inbegriffen, welche gemäß der Moralstatistik in der Gesellschaft einer gegebenen Zeit vorzukommen pflegen, da eben die Menschen zu allem, was sie tun, irgendein „Bedürfnis" haben, da sie es sonst nicht getan hätten. Auch die vielfach übliche Ausdrucksweise, arbeiten sei sittlich, wenn es „wahren" Bedürfnissen diene, kann hier nicht genügen. Denn jedes Bedürfnis, das eine Tatsache menschlichen Bewußtseins ist, ist, wenn diese Tatsache, sei es von diesem Bewußtsein selbst oder aber von einem anderen, als solches erkannt wird, auch ein „wahres" Bedürfnis. Nur wo der dem sogenannten „ontologischen Beweis" zugrunde liegende, aber mit diesem leider keineswegs zu Grabe gestiegene metaphysische Gedanke, es gäbe *Grade* der Realität und damit auch der Wahrheit, noch Wirksamkeit auf den Gedankengang übt, ist diese verfehlte Rede von den „wahren" Bedürfnissen möglich.

Nach dem bisher Gegebenen wird wenigstens dies klar sein, daß der Imperativ „Du sollst arbeiten" schlechthin ohne nähere bedingende Angaben kein sittliches Gesetz sein kann. Wie alles mittelbare Tun – und wir sahen, daß „arbeiten" durch und durch ein mittelbares Tun ist – ist die sittliche Qualität der Arbeit abhängig von Zwecken, und zwar von den Zwecksystemen der Organisation und des Rechtes. Erst wenn diese festgestellt und gewürdigt sind, kann über die sittliche Qualität des Arbeitens selbst füglich geredet werden, genau ebenso, wie über den Wert eines wissenschaftlichen Experimentierens erst geredet werden kann, wenn eine Methode hierbei leitet. Nur wenn eine Fabrikorganisation beispielsweise bezüglich Arbeitsart, Arbeitsmaß, -zeit, -ort und -lohn so geordnet ist, daß sie sittlichen Grundsätzen, die höchsten Prinzipien gemäß sind, entspricht, ist auch das „arbeiten" innerhalb derselben sittlich gut. Es ist *objektiv* auf alle Falle böse, wenn dies nicht der Fall ist. Es ist auch *subjektiv* böse, wenn die Arbeitenden von dem unsittlichen Charakter der Organisation überzeugt sind; und es ist sittliche Pflicht jedes einzelnen, unter solchen Umständen die Arbeit niederzulegen. Diese sittliche Pflicht ist an sich ganz und gar unabhängig von dem mit der Pflicht der Niederlegung etwa zufällig verknüpften *wirtschaftlichen Interesse* der Arbeiter. Der Arbeiter kann durch Fehlen anderer Arbeitsgelegenheit, oder durch Mangel an Mitteln, mit seiner Familie an einen anderen Ort, wo solche vorhanden, überzusiedeln, durch das Bewußtsein seiner Ohnmacht, mit passivem Widerstand die Organisation zu ändern, wirtschaftlich motiviert sein, auch in der sittlichen Grundsätzen nicht entsprechenden Fabrikorganisation weiterzuarbeiten, wie solches ja in der Tat öfter vorkommt. Dieser wirtschaftlichen Motivation in diesem Falle nachzugeben ist unsittlich, wie es auch subjektiv unsittlich ist, die Arbeit aus wirtschaftlichen Motiven niederzulegen, selbst wenn die Organisation sittlichen Grundsätzen nicht entspricht. Dagegen kann es wohl als wünschenswert erscheinen, daß bei unsittlicher Organisation die einzelnen die Erfüllung ihrer Pflichten sich dadurch erleichtern, daß sie in vereinigtem Entschluß, die Arbeit niederzulegen, also im bewußten *Streik* dem Herrn dieser Organisation mit der Forderung, sie sittlichen Prinzipien gemäß zu ändern, entgegentreten. Solches Zusammentun der Arbeiter, wie es innerhalb der „organisierten Arbeit" in den Gewerkschaften und Vereinen geschieht, darf somit nicht als eine „wirtschaftliche Kampforganisation" angesehen werden, vielmehr als ein Mittel, die Erfüllung der Pflicht, welche jeder einzelne schon vor dem Eintritt in eine derartige Organisation aufgrund des objektiven Sittengesetzes besitzt, sich dadurch zu erleichtern, daß er auf diese Weise seine Pflichterfüllung soviel als möglich mit seinen wirtschaftlichen Interessen harmonisiert und im übrigen auch hierdurch eine stärkere Macht zur Durchsetzung dieser sittlichen Forderungen erzeugt. Diese Sätze sind so wenig unpraktische „Ideologien", daß sie vielmehr *dem praktischen Idealismus*, wie er sich innerhalb größerer Streikbewegungen der letzten Jahrzehnte betätigt hat, recht eigentlich entsprechen. Es handelt sich hier nur darum, den praktisch lebendigen, theoretisch leider latenten, auch in rein sozialistischen Streiks zutage getretenen Idealismus auch theoretisch seiner Latenz zu entreißen und *lebendig* zu machen.

Die Richtigkeit dieses Satzes wird sofort klar, wenn man sich fragt, ob und wieweit denn das praktische Benehmen der Arbeiter bei den Streiks der theoretischen Fassung derselben innerhalb der Sozialdemokratie entspricht. Ist es konsequent, wenn Arbeiter, die organisiert und ohne Vertragsbruch zum Streik greifen, andere Arbeitergruppen, die solches aus wirtschaftlichen Gründen nicht tun, als „Verräter an der Sache", als „unsittliche, charakterlose Menschen", als „Lumpenproletariat" brandmarken, wenn Streiks in der Tat nur wirtschaftliche Kampforganisationen sind? Ist das rechtfertigende Prinzip des Streiks ein wirtschaftliches, so ist es völlig unbegreiflich, warum dasselbe Prinzip, wenn es andere Arbeiter zum Weiterarbeiten motiviert, unvernünftig und schlecht sein soll, wo es im ersten Fall vernünftig und gut ist. Andere wirtschaftliche Interessen zu haben, kann doch zu solch negativer Beurteilung keinen Anlaß geben; sonst müßte jeder Bauer jeden Fabrikanten, jeder Handwerker jeden Fabrikanten gleichfalls als einen unsittlichen Menschen brandmarken, und die Einheit des Sittengesetzes zerbräche in die Tausendfältigkeit der wirtschaftlichen Interessen. Aber auch angenommen, die nichtstreikenden Arbeiter hätten dasselbe wirtschaftliche Interesse wie die Streikenden und erkennten es nur nicht in demselben Maße, so könnte dies zwar Mitleid mit ihrer mangelhaften Einsicht verursachen, nimmer aber eine derartige Kritik. Dieses instinktiv richtige und sittlich wohlbegründete Urteil der streikenden Arbeiter über die Nichtstreikenden (vorausgesetzt, daß der Streik sittliche Ziele hat und nicht in Form eines Vertragsbruches erfolgt) wird durch die theoretische Fassung des Streiks als einer *wirtschaftlichen* Kampforganisation nicht begründet. So widerspricht sich innerhalb der Arbeiterbewegung Wort und Tat nicht nur immer im negativem Sinne, so daß die Tat schlechter als das Wort, sondern oft auch im guten Sinne, so daß die Tat besser als das Wort ist! Dagegen sind diese instinktiv richtigen Urteile durch *unsere* Fassung des Streiks auch theoretisch gerechtfertigt. Denn es ist *sittliche Pflicht* jedes einzelnen, bei unsittlicher Organisation die Arbeit niederzulegen. Diese Pflicht ist also sowohl dem wirtschaftlichen Interesse als auch der Form einer Organisation, in der diese Pflichten machtvoller zur Tat werden können, durchaus primär. Und es ist somit gleichgültig, welche spezifischen wirtschaftlichen Interessen die Arbeiter haben und ob sie diese auch erkennen, und gleichgültig, ob und wieweit sie in die Organisation mit eingefaßt sind: sie haben alle einzeln unter den gegebenen Umständen ihre Pflicht zu tun.

Aber noch ein anderer Widerspruch, und zwar ein solcher prinzipieller Natur, besteht zwischen Theorie und Praxis bezüglich dieser Frage. Nach der Theorie, welche in der Arbeit die *Schöpferin* aller Werte und aller Kultur sieht, müßte

„arbeiten" nicht nur die erste, sondern die *einzige* aller sittlichen Pflichten sein. Die einfache Konsequenz dieses Satzes wäre, daß ein Niederlegen der Arbeit absolut unmoralisch und darum verboten wäre. Nur wer Vernunft und Güte und alle die schöpferischen Kräfte, die obige Theorie, wie wir sahen, in den Begriff von „arbeiten" einschließt, aus dem Begriff ausschließt und die sittliche Qualität des Arbeitens allererst von den objektiven Zwecksystemen, in denen es durchaus bedingt steht, abhängig sein läßt, hat ein logisches Recht, ein Niederlegen der Arbeit sittlich zu rechtfertigen, um auf eine Änderung der dem bloßen „arbeiten" selbständig gegenüberstehenden Organisation zu dringen. Darum kann die sozialistische Theorie irgendwelche Freizeiten (Sonntag, Feiertage usw.) nur als Zeiten der Erholung, von der Arbeit und der Kräftesammlung zu neuer Arbeit rechtfertigen. Denn da die Arbeit die einzige Wertschöpferin ist, so kann in Zeiten, da nicht gearbeitet wird, nur insofern wieder irgendein Wert gelegen sein, als die während dieser Zeiten zu vollbringenden Tätigkeiten doch wieder kausal auf die Arbeit bezogen werden.

Im Gegensatz hierzu behaupten wir einen von der Arbeit *unabhängigen* Wert, ja einen den Wert der Arbeit erst recht eigentlich *bestimmenden* Wert der diese Zeiten ausfüllenden Tätigkeiten und Zustände. Denn eben in diesen Zeiten, da nicht gearbeitet wird, hat der Arbeiter die Pflicht, an der Bestimmung der objektiven Zwecksysteme Familie, Organisation, Gemeinde, Staat, Kirche mitzuwirken. Wie solches des näheren zu geschehen hat, kann zu zeigen nicht unsere Aufgabe sein, da wir es hier nur mit den *Prinzipien,* gemäß denen diese Pflichten zu erfüllen sind, zu tun haben. Trotzdem wollen wir wenigstens die Anschlußpunkte spezifischer Forderungen, welche einerseits aus diesen Prinzipien hervorgehen, andererseits aber auch zu tatsächlichen Forderungen in dem Kampf der Realitäten selbst geworden sind, aufzeigen, um auf diese Weise den Prinzipien selbst eine schärfere Charakteristik zu geben. Die tägliche Arbeitszeit, wie verschieden sie auch die jeweils besonderen Faktoren (Schwere der Arbeit, periodisch wiederkehrende Besonderheiten der Absatzverhältnisse, Saisonarbeit, Konkurrenzverhältnisse usw.) gestalten mögen, ist durch die Pflichten des Arbeiters gegenüber seiner *Familie* als ein den genannten Momenten *primäres* Moment stets mitbestimmt festzusetzen. Es muß ihm ferner die Möglichkeit gegeben sein, auf den Gang der Staatsgeschäfte in der verfassungsmäßig gewährleisteten Form auch tatsächlich einzuwirken; desgleichen als ein lebendiges und tätiges Mitglied seiner *Kirche* zu leben. So müssen alle diejenigen pflichtmäßigen Funktionen, welche sein Einbeschlossensein in die verschiedenen objektiven Zweckzusammenhänge mit sich bringt, die zu ihrer Durchführung notwendige Zeit erhalten. Ein freier Sonntag, an dem der Arbeiter Muße hat, sich auf seine göttliche Bestimmung zu besinnen, Familienangelegenheiten zu ordnen, sich zu bilden und sich zu freuen; Festsetzung des arbeitsfähigen Alters, gemäß welcher der Arbeiter nicht zu früh in die an sich blinde Mechanik der wirtschaftlichen Prozesse geworfen wird; ein freies Vereins- und Versammlungsrecht mit weitgehendem Zugeständnis der Rechtsfähigkeit auch an nichtwirtschaftliche Vereinigungen und Organisationen; vor allem aber eine möglichst weitgehende Bildungsvermittlung – dies alles sind Forderungen, welche an die vorher abgeleiteten Prinzipien einen *logisch rechtmäßigen Anschluß finden,* wogegen sie aufgrund der Prämissen, wie sie die sozialistische Theorie an die Hand gibt, nur *widerrechtlich* gestellt werden können. All diese Werte, Muße, Bildung, Freude, Beeinflussung der Staats- und Gemeindepflichten können in letzterer Theorie einen vom „arbeiten" unabhängigen Wert nicht finden, müssen vielmehr von der Arbeit selbst, als der Schöpferin aller Werte, abgeleitet werden, wenn sie Werte sein sollen. Die in einem substantiellen Einheitspunkt zusammengehaltenen verschiedenen Funktionen des Menschen, welche seiner mannigfaltigen Gliedschaft in den verschiedenen objektiven Zweckzusammenhängen entsprechen, werden hier aus aller Substanz losgelöst, und unter diesen alles inneren Zusammenhanges entkleideten Funktionen stellt sich an die Spitze diejenige des Arbeitens, welche die nähere Bestimmung für alle anderen geben soll. Der Familienleiter, der Gemeindeangehörige, der Staatsbürger, der Kirchenangehörige wird in dem „Arbeiter" zur Auflösung gebracht, anstatt daß diese Funktionen in einer gegebenen Ordnung, in der die Funktion des Arbeitens die relativ niedrigste Stelle einnimmt, im Wesen des Menschen gleichmäßig substantiiert vorgestellt werden. Die Urteile „der Arbeiter ist Familienleiter, ist Staatsbürger" usw. erscheinen im ersten Fall als lauter analytische Urteile, im letzteren Fall dagegen als synthetische – um die Differenz einmal in dieser Form auszudrücken. Wenn freilich andererseits eben darüber die herbe und berechtigte Klage erhoben wird, daß der Arbeiter diese Funktionen nicht zur Genüge erfüllen kann, so zeigt sich hierin nur wieder das bereits angemerkte Janusgesicht des sozialistischen Arbeitsbegriffes, der das eine Mal an dem empirischen Arbeiter gebildet, das andere Mal als ein Ideal gedacht wird, in welchem alle jene wertvollen Eigenschaften, welche der empirische Arbeiter nicht hat, aufgenommen werden, um sie dann gleichwohl doch wieder für den empirischen Arbeiter daraus abzuleiten. Auch hier zeigt sich eben, daß auch der marxistische Sozialismus nur dem Wort nach, nicht aber dem Geist nach sich von Utopie freihält. Der zweite Begriff des Arbeiters ist eben ein völlig utopischer, und nur indem man ihn, entgegen dem Satz der Identität, mit dem ersten Begriff, welcher aus der Kritik der wirklichen Zustände hervorging, gleichsetzt und den Widerspruch selbst auf Hegelsche Weise logisiert, wird der Charakter des Nichtutopischen für die Theorie widerrechtlich erreicht.

Neben dieser sozialistischen Theorie gibt es aber noch einen anderen Gedan-
kenzusammenhang, in dem „arbeiten" einen von objektiven Voraussetzungen
unabhängigen Wert gewinnt. Es ist die Auffassung der Arbeit als einer Art *Nar-
kose,* welche uns über die Leiden der Welt hinwegsetzt. Pascal hat die Arbeit
oft in diesem Sinne beurteilt. In den Worten Voltaires: „Travaillons sans raisson-
ner; c'est le seul moyen, de rendre la vie supportable" klingt – für den Deisten
und Optimisten mit seinem freundlichen und hellen Verstand wunderlich genug –
gleichfalls diese Auffassung durch. Die schärfste Fassung hat dem Gedanken
vielleicht Hieronymus Form in folgenden Versen gegeben:

> *„Nur Arbeit hebet dich hinweg.*
> *Aus trübem Weltverneinen,*
> *Sie gibt der Stunde einen Zweck,*
> *Hat auch das Leben keinen."*

Wir wollen selbstverständlich weder dem Dichter noch dem in Aperçus philo-
sophierenden Denker, dem Weltmann, das Recht bestreiten, einer Stimmung in
wohlgesetzten Worten Ausdruck zu verleihen. Aber etwas ganz anderes bedeutet
es, wenn sich eine solche Stimmung zu einem *Prinzip* ausweiten will, nach dem
wirkliche Verhältnisse gemessen und beurteilt werden sollen. Was an seiner Stelle
begreiflich, ja sogar liebenswürdig ist, karikiert, wenn es in einer dogmatischen
Form als die Basis einer Lebensanschauung gegeben wird, unter Umständen alle
Verhältnisse. Eine philosophisch bzw. volkswirtschaftlich systematische Form hat
nun auch der Gedanke in der durch die zitierten Verse ausgedrückten Schärfe
niemals gefunden. Dies ist auch daraus begreiflich, daß es ein *pessimistisches
System,* das jede Heilsordnung verleugnete, in der gesamten Geschichte des
menschlichen Gedankens nicht gegeben hat. Und nur für ein solches System
könnte „arbeiten" als eine narkotisierende Tätigkeit einen sittlichen Wert bean-
spruchen. Schopenhauers Pessimismus ist hierzu noch nicht pessimistisch genug!
Nach seinen Prämissen müßte „arbeiten", das doch vorzüglich Willensäußerung
ist, als blind und böse erscheinen, und es gewinnt so zunächst den Anschein, als
müsse diese Auffassung den vorher aufgestellten Prinzipien entgegenkommen.
Wer dies dächte, gäbe sich jedoch einer sehr großen Täuschung hin. Denn nach
diesem Standpunkt ist ja der Wille überhaupt böse und blind, also auch derjenige Wille, der sich als ein organisatorischer und vernünftiger im Staat und den
übrigen objektiven Zwecksystemen manifestiert. Dadurch daß bei Schopenhauer
gute und vernünftige Willenspotenzen überhaupt als ein Nonsens erscheinen und
das Gute gerade in eine Verneinung jeglichen Willens verlegt wird, fehlt auch

jede Möglichkeit, die an sich blinde Kraft des Arbeitens einer vernünftigen Lenkung zu unterstellen, um sie so sittlich zu machen. Aber gerade dadurch, daß „arbeiten" bezüglich seines Wertes mit den anderen Leistungen des Willens als eine gleichwertige zusammengeworfen wird, steigt es unter diesen anderen Leistungen, also innerhalb der Willenswelt selbst, eben diesen anderen Leistungen gegenüber relativ im Wert.

Dieser eigenartige und interessante Vorgang hat sich in dem Nationalökonomen Reinhold vollzogen, der auf der Basis der Schopenhauerschen Metaphysik ein liberales System der Wirtschaft aufzubauen suchte.[19] Die dieser Metaphysik und ihrer Leugnung eines guten und vernünftigen Willens entsprechende Geringschätzung der objektiven Zwecksysteme führt notwendig zu der für den gesamten *Liberalismus* wie für die *sozialdemokratische* Theorie gleichmäßig charakteristischen Bewertung der voraussetzungslosen Arbeit. Der freilich sehr gewaltige Unterschied ist nur dieser, daß der englische Liberalismus, wie ihn Adam Smith verkörpert, aus optimistisch-deistischen Voraussetzungen die *Unnötigkeit* eines starken, die wirtschaftlichen Angelegenheiten systematisch beeinflussenden Staates beweist, während hier gerade aus den entgegengesetzten, streng pessimistischen Voraussetzungen die *Unmöglichkeit* eines solchen Staates dargetan wird. Dort heißt es „laisser faire", weil das bloße Gehenlassen selbst schon zu gerechten Zuständen führt; hier heißt es „laisser faire", weil es als unmöglich gilt, das Gehenlassen aufzuhalten, obgleich es zu ungerechten Zuständen führt.

Historisch betrachtet, könnte man die beiden Auffassungen als Systeme des „aufsteigenden" und „zu Grabe steigenden" Liberalismus betrachten. Hatte der englische Liberalismus feste Wurzeln in der ganzen Weltanschauung seiner Zeit, wie er auch andererseits in der wirtschaftlichen Kultur die Zukunft für sich hatte, durch diese Faktoren gleichsam gerechtfertigt dastehend, so ist dieser Liberalismus jedoch einfach – man entschuldige das harte Wort – als ein systematischer Zynismus zu bezeichnen; und er ist es deswegen nicht weniger, weil er sich in ein pikantes, philosophisches Mäntelchen gehüllt hat. Überhaupt muß gesagt werden, daß die Idee, Schopenhauers Metaphysik zur Basis eines volkswirtschaftlichen Systems zu machen, zu jenen Erscheinungen in der Geschichte der Wissenschaften gehört, die keine andere Daseinsberechtigung besitzen, als daß sie ein complementum possibilitatis auch der entlegensten Absurditäten als Antworten auf die Probleme geben. Schon die bloße Tatsache, daß es kaum etwas geben dürfte, was Schopenhauer so gleichgültig gewesen ist wie die Probleme der menschlichen Wirtschaft, daß vorzüglich künstlerische Interessen ihn bei dem Aufbau seines Systems und der Bildung seines Inhaltes geleitet haben, hätte von

---

[19] Vgl. Karl Theodor Reinhold, Die bewegenden Kräfte der Volkswirtschaft, Leipzig 1898.

einem solchen Unternehmen abschrecken müssen. Abgesehen hiervon überlege man sich auch, daß die Schopenhauersche Philosophie gerade eine Abwendung von allem Wirtschaftsleben, welches doch reinstes Willensleben ist, predigt und deshalb nicht nur nicht dazu angetan ist, eine Anweisung zur Lösung der wirtschaftlichen Probleme zu geben, sondern vielmehr gerade da7u, diese Probleme als Probleme zu negieren. Je mehr wir nach Schopenhauer das Gute erstreben, desto mehr geraten wir aus den wirtschaftlichen Zusammenhängen überhaupt heraus, wie denn auch der Asket, die Krone der Menschheit, doch wohl nicht mehr als ein wirtschaftendes Individuum angesehen werden kann! So bleibt es überhaupt völlig unverständlich, wie ein System, das in einer bloßen Erkenntnis und Gefühlsstellung zur Welt die einzig richtige Stellung sieht, zum Prinzip einer Wissenschaft gemacht werden kann, deren vorzügliche Aufgabe es doch stets sein muß, eine praktische Lösung der wirtschaftlichen Zeitprobleme anzubahnen. Kann doch eine solche Lösung nur innerhalb der Willenswelt selbst und nur wieder durch Willen erfolgen, eine Aufgabe, die gar keinen Sinn hat, wenn diese Willenswelt selbst ein als Ganzes zu Negierendes darstellt. Darum: Aus Schopenhauer Prinzipien der Nationalökonomie entnehmen zu wollen, das heißt – so wunderlich wie kaum ein anderes Unternehmen unserer an wunderlichen Unternehmungen gewiß nicht armen Tage – den Bock melken!

So sind wir denn zu Resultaten gelangt, welche der „arbeiten" genannten Tätigkeit nicht diejenige sittliche Weihe erteilen, welche die praktische Moral unserer Tage dem „arbeiten" zu geben pflegt. Wir sahen in ihm eine blinde, moralisch *indifferente* Tätigkeit, die ihren sittlich bösen oder guten Charakter erst durch eine Bändigung, Regelung von seiten objektiver Zwecksysteme erfährt. In diesen objektiven Zwecksystemen, welche stufenförmig von der Familie durch Organisation, Gemeinde, Staat zur Idee des Rechtes selbst aufsteigen, sind aber alle Menschen einbeschlossen. Weder ein einzelnes Subjekt noch eine Anzahl solcher kann als Schöpfer derselben bezeichnet werden. Wir haben angedeutet, daß die diese Systeme gestaltende Kraft im Lauf der Geschichte immer weniger aus einigen Subjekten gebildet wird, daß sie vielmehr immer mehr in alle Subjekte eingeht. Aber wir sahen zugleich: Nur wenn eine scharfe Scheidung des Subjektiven und des Objektiven in der Persönlichkeit eintritt, fallen wir nicht in den Fehler des Liberalismus zurück, in der bloßen subjektiven Tätigkeit selbst schon eine Mitwirkung an objektiv guten und vernünftigen Zuständen zu sehen.

Können wir es nun vermeiden, doch wieder in diese Konsequenz hineingetrieben zu werden, wenn wir den obigen Satz, daß diese die objektiven Zwecksysteme gestaltende Kraft aus einer bestimmten Seite aller Subjekte gebildet wird, festhalten? Hier stehen wir auch schon an der *Kardinalfrage der Ethik unserer Zeit,* und zwar an einer Frage, bei deren Beantwortung es nur ein

Entweder-Oder gibt. Sie hier zu beantworten, und diese Antwort mit solchen Gründen zu belegen, wie es der Würde dieser Frage entspricht, kann und soll unsere Aufgabe nicht sein. Nur einige auf sie bezügliche Bemerkungen mögen hier am Schluß ihren Platz finden. Harald Höffding sagt in seiner Ethik: „Aber die Subjektivität (das Gewissen), welche durch das objektive Prinzip (ein solches fordert Höffding) reguliert werden soll, ist immer die Grundlage der Anerkennung dieses Prinzips."[20] Hierauf ist zu antworten, daß es unbegreiflich ist, inwiefern (wenn es überhaupt ein objektives Prinzip geben soll) die Subjektivität, wenn ihr das Richteramt in letzter Instanz zugesprochen ist, ein objektives Prinzip (einmal vorausgesetzt, es wäre das rechte) annehmen könnte, wenn es dem Inhalt dieser Subjektivität widerstreitet. Sie müßte das objektive Prinzip zurückweisen und, da ihr das letzte Richteramt prinzipiell zugestanden ist, rechtmäßig glauben, daß sie recht hätte; das heißt aber, die Subjektivität müßte sich *notwendig* täuschen. So sehen wir nur, daß, wie man sich auch drehen und wenden möge, man aus der Subjektivität, sei es die eines einzelnen, einiger oder aller, durch kein Zaubermittel je ein objektives Prinzip extrahieren wird. Wer sich darum bemüht, bemüht sich sozusagen um die moralische Quadratur des Zirkels! So lange wir bei dem Suchen nach einem objektiven Prinzip, das für alle Menschen, gültig ist, bzw. bei dem Suchen nach Kräften, welche ein solches Prinzip hervorbringen können, nicht über die menschliche Natur überhaupt hinausgehen, kann nicht nur vom Finden, sondern recht eigentlich nicht einmal vom Suchen eines solchen Prinzips rechtmäßig die Rede sein. Das Sittengesetz, das die menschliche Natur selbst setzt, wird immer genau so gut sein wie die menschliche Natur selbst. Auch wenn die menschliche Natur sich fort und fort verschlechterte (an dem objektiven Prinzip gemessen), so erschiene sie sich doch nie schlechter, weil sie das ihr zugehörige Sittengesetz, als Ausfluß ihrer Natur gefaßt, sich selber fort und fort anpaßte. So wenig ein Wesen merkt, daß es in Bewegung ist, wenn sich seine gesamte sicht- und tastbare Umgebung im selben Sinne mitbewegt, so wenig könnte ein einzelner merken, daß er schlechter wird, wenn sein Volk – oder ein Volk, wenn die ganze Welt gleichmäßig mit ihm schlechter würde, sofern nicht *sowohl dem einzelnen wie dem Volk eine Berufung* an eine außermenschliche, auf alle Fälle *über* allen einzelnen schwebende Macht zugestanden und möglich ist.

Wenn beispielsweise in den letzten Jahren die Forderung, in der Sozialpolitik kräftig fortzuschreiten, mit dem Argument bekämpft wird, wir müßten, um uns konkurrenzfähig auf dem Weltmarkt zu erhalten, warten, bis andere Staaten in

---

[20] Harald Höffding, Ethik. Eine Darstellung der ethischen Prinzipien und deren Anwendung auf besondere Lebensverhältnisse, Leipzig 1888, S. 41.

ähnlichem Sinne vorangehen, so gehört dieser Bescheid, wenn er auch in einzelnen Fällen berechtigt gewesen sein mag, prinzipiell angesehen doch derjenigen Klasse von Argumenten an, welche auf jenem gefährlichen sittlichen Relativismus basiert sind, aus dem es kein Entrinnen mehr gibt; in dem ein von allen Subjekten unabhängiges *objektives Sitten- und Rechtsprinzip* und ein ein solches voraussetzender vertrauensvoller Appell an seine siegende Kraft grundsätzlich geleugnet wird. Sieht jedes Volk auf das andere, ehe es sich zu einem politischen Vorgehen entschließt, so muß das Ganze sinken, während jedes klug vor dem anderen zu sein meint, während im anderen Fall, auch wo eine augenblickliche Schwächung der wirtschaftlichen Kraft zu erwarten ist, das Bewußtsein, einem objektiven Sitten- und Rechtsprinzip gemäß zu handeln, wie das schlichte Vertrauen auf den endlichen Sieg dieses Prinzips in der Welt auch die Kraft gibt, nach seinem Gebot vorzugehen. Auch der Bescheid, unsere Argumentation sei deshalb unrichtig, weil es auf alle Fälle einen Appell an die *Geschichte* gäbe, der einem an einem bestimmten Zeitpunkt sinkendem Volk, ja sogar einer sinkenden Menschheit die rechten Wege weisen könnte, ist unhaltbar. Denn daß wir diesen Zeitpunkt, den wir zur Untersuchung herausgreifen, gerade in der *heutigen* Zeit oder in irgendeiner *bestimmten* anderen nehmen, kann, wenn dieser Satz wahr ist, und das heißt für *alle* Zeiten gültig ist, nicht gefordert werden.

Da wir aber annehmen müssen, daß die menschliche Geschichte endlich ist, also einen Anfang hatte, so darf uns nichts im Wege stehen, zum Versuch gerade den Anfangspunkt herauszugreifen. Hier gibt es aber keinen Appell an die Geschichte. Darum gilt obiger Satz nicht für jeden Zeitpunkt der menschlichen Geschichte, ist also nicht allgemeingültig und demgemäß nicht haltbar. Andererseits aber ist dies Argument deshalb nicht stichhaltig, weil in der Geschichte Böses und Gutes eng zusammen liegt, ja sogar in kausaler Abhängigkeit vielfach miteinander steht, und jede Scheidung zwischen Wesen und Schein (wie sie beispielsweise Hegel vorgenommen hat) ein objektives Wertprinzip, das auch im Menschen lebendig geworden ist, bereits voraussetzt.[21] So lange wir in der Geschichte bleiben, so lange bleiben wir ebensosehr in der menschlichen Subjektivität befangen als wir in der jeweils lebenden Menschheit bleiben. Abgesehen hiervon kommt noch das wesentliche Moment von *individueller* Eigenart und Würde hinzu, welches jeder historische Moment für sich hat, etwas, was sogar der geschichtsgläubige Hegel mit dem antithetisch übertreibenden Satze anerkennen mußte, daß wir aus der Geschichte lernen, daß man niemals aus der Geschichte etwas gelernt hat. Ist es aber zugestanden, daß jedes Volk zu seiner

---

[21] Vgl. hierzu Max Scheler, Der Formalismus in der Ethik und die materiale Wertethik. Neuer Versuch der Grundlegung eines ethischen Personalismus, 2. Aufl. Halle 1921.

Zeit eine ihm *eigentümliche* Bestimmung und hieraus folgende Aufgabe besitzt, deren Durchführung ihm, gemäß einem *objektiven* Prinzip, in bestimmter Weise obliegt, und des weiteren, daß es die Kenntnis dieser rechten Durchführung der Forderung der Stunde niemals restlos aus der Geschichte lernen kann, so muß auch der Gedanke, welcher die Geschichte zu einem fortwährenden Epigonentum verdammen möchte, als ungenügend abgewiesen werden. So werden wir notwendig zu einer transzendenten Größe fortgetrieben, welche ein für alle Menschen gültiges Gesetz in sich trägt, und an welcher alle Subjekte bei der Durchführung ihrer besonderen Pflichten, vor allem bei ihrem Mitwirken an der Gestaltung der objektiven Zwecksysteme, Anteil haben müssen, wenn sie dieselben recht gestalten wollen, – alles Bedingungen, unter denen allein, wie wir gezeigt haben, „Arbeit" sittlich gut sein kann. So sucht auch unser Problem wie jedes echte Problem letztlich seine endgültige Lösung in der Metaphysik, ohne welche ethische Lehren stets ohne logischen Halt und ohne die befreiende Kraft eines lebendigen Glaubens sein werden.

Der Bourgeois

2

Unter den mannigfaltigen Zeichen, die uns das Absterben der Lebensordnung anzeigen, unter deren Kraft und Richtung wir noch leben, sehe ich keines, das überzeugender wäre als die tiefe Entfremdung, die heute die in ihrer besonderen Ordnung besten Köpfe und stärksten Herzen angesichts dieser Lebensordnung erfüllt. Die Geschichte dieser Entfremdung ist noch gar jung. Ich finde die neue Haltung, die ich hier im Auge habe, zuerst – wie es zu erwarten ist – bei Gelehrten und Dichtern, – der Weltmensch mag „Träumer" sagen – etwa bei Gobineau, Nietzsche, J. Burckhardt, Stefan George. So verschieden die Genannten in allem sind, was für Menschen wesentlich ist – darin empfanden und dachten sie gleichartig: daß die Gesamtheit der Kräfte, die das Charakteristische des Ganzen unserer gegenwärtigen Lebensordnung aufgebaut haben, nur auf einer tiefen Perversion aller geistigen Wesenskräfte, auf einem wahnbedingten Umsturz aller sinnvollen Ordnung der Werte beruhen könne – nicht also auf geistigen Kräften, die, der normalen „Natur des Menschen" angehörig, nur Auswirkungen wären, die noch in den üblichen Veränderungsbreiten der uns bekannten Geschichte liegen. Könnten Leute, die heute noch bewußt oder unbewußt „mitmarschieren" und die ihr Entfremdungsgefühl noch nicht zum Standort einer Betrachtung aus der geistigen und historischen Vogelperspektive emporgeworfen hat, angesichts der oben Genannten bemerken, daß es stets und überall Außenseiter gegeben habe, die, sei es kämpfend gegen die Kultur ihrer Tage, sei es gleichgültig und souverän vor ihr standen (wie Fichte gegen das Zeitalter der „vollendeten Sündhaftigkeit", der Aufklärung), so sollten diese ein Doppeltes bedenken: Jene „Entfremdung" gegen das „Narrenschiff der Zeit" – schon Bismarck liebte das hübsche Wort – erfaßt stärker und stärker auch die eigentlichen Kinder der Zeit selbst, erfaßt auch nicht mehr bloß „Dichter und Denker", sondern z. B. auch den Großkaufmann Walther Rathenau, und den mit den lebendigen Kräften unseres Wirtschaftslebens am innigsten durchdrungenen und vertrauten Nationalökonom Werner Sombart.

© Der/die Autor(en), exklusiv lizenziert an Springer Fachmedien Wiesbaden GmbH, ein Teil von Springer Nature 2023
M. Scheler, *Ethik und Kapitalismus – Zum Problem des kapitalistischen Geistes,*
Klassiker der Sozialwissenschaften, https://doi.org/10.1007/978-3-658-40762-9_2

Mit Gerede wie „Träumer", „weltferne Romantiker" usw., mit denen – paradoxerweise – gerade unsere weltfernsten Schreib- tischgelehrten die neue Haltung abzutun pflegen, ist hier wirklich nichts zu machen. Dazu ist es nicht etwa die besondere historisch-tradierte Gesinnung einer bestimmten politischen, kirchlichen oder Kulturpartei, oder die Veillität eines bestimmten literarischen Kreises, was zu den neuen Problemstellungen über Wesen und Herkunft des „Geistes" geführt hat, der unsere Lebensordnung trägt. Die Entfremdung geht darum auch nicht auf diese oder jene einzelne Seite oder Erscheinungsgruppe unserer Lebensordnung, sondern auf deren Totalität, und sie muß dies, da sie in letzter Linie gegen den *Typus Mensch* selbst gerichtet ist, der die Existenz und Fortdauer dieser Lebensordnung letztlich verbürgt.

Diese Merkmale aber finde ich bei keiner der Bewegungen zusammengefaßt, die man in den letzten Jahrhunderten als solche der „Restauration" oder der „Romantik" bezeichnet hat. Ich finde sie nicht einmal bei Rousseau oder Tolstoi, die wohl als die radikalsten Kulturrevolutionäre ihrer Epochen und Völker gelten können. Beide predigen im Grunde nur Moral gegen den zivilisierten Menschen an sich und seine typischen Fehler, Laster, Einseitigkeiten. Sie besitzen nicht das historische Bewußtsein eines bestimmten, engumschriebenen *Typus,* der zu Entstehung und Aufbau der kapitalistischen Lebensordnung geführt hat und sie immerfort trägt. Sie suchen sich auch nicht diesen Typus zu erklären, sondern tadeln und moralisieren. Es ist nicht der eigentümliche, machtvolle Eindruck, mit dem Sombart sein Buch über den Bourgeois beginnt, der sie leitet: „Der vorkapitalistische Mensch: das ist der natürliche Mensch. Der Mensch, wie ihn Gott geschaffen hat. Der Mensch, der noch nicht auf dem Kopfe balanziert und mit den Händen läuft (wie es der Wirtschaftsmensch unserer Tage tut), sondern mit beiden Beinen fest auf dem Boden steht und auf ihnen durch die Welt schreitet." Auch die deutsche Romantik war in allen ihren Vertretern eine bloß geistige Kulturpartei, die oberhalb, ja bewußt jenseits der „Lebenswirklichkeit", die sie sich hinter bunten Kirchenfenstern selbst verbarg, bei Nacht, Mond und in stiller Liebe und Freundschaft ihren Reigen wob. Sie kam kaum zum Leiden an der Wirklichkeit, da sie sie floh und da ihr das Ethos, sie neu bilden und formen zu wollen, fehlte.

Jenen neueren „Entfremdeten" fehlt dieser Zug und damit auch jenes sentimentale romantische „Zurück" – sei es in die „Natur", sei es nach Hellas oder in das Mittelalter. Sie wissen, daß es ein „Zurück" nicht gibt, sondern nur ein Vorwärts in ein ganz Neues, Unbekanntes – oder in Tod und Verderben.[1] Auch der Gegenstand der Entfremdung hat sich mächtig geweitet. Die Entfremdung

---

[1] Dieser Aufsatz wurde im Januar 1914 geschrieben.

der Romantik z. B. betraf im Grunde nur den Menschen und die Kultur der Aufklärung. Nun aber hat die Anschauung und das Miterleben des zur vollen Reife
gekommenen Hochkapitalismus das Auge auch für die primitivsten Anfänge und
die ersten Spuren des Geistes und der Gesinnung geschärft, deren sechs Jahrhunderte lange Evolution in dem „auf den Händen laufenden Menschen" kulminierte.
Wir suchen die ersten Fußspuren des Bürgers schon im 13. Jahrhundert, das
auf allen Gebieten der Geschichtswissenschaft immer mehr als die große Wende
der Zeiten erscheint, in der ein neuer „Mensch" sich durchsetzt, der unabhängig
von seiner nationalen, religiös kirchlichen, politischen Spezifikation auch in die
ältesten Institutionen, z. B. die katholische Kirche, seinen neuen Geist ergießt.

Die neue Entfremdung, ein ganz undiskutierbares und unmittelbares Erlebnis,
ist zweifellos auch der seelische Ausgangspunkt für das Problem vom Wesen und
Ursprung des „kapitalistischen Geistes", das seit einer Reihe von Jahren – den
Anstoß dürfte Werner Sombarts „Der moderne Kapitalismus" (1902) gegeben
haben – einige unserer besten Köpfe, ich nenne Max Weber, Ernst Troeltsch,
Arthur Salz, in Atem hält. Hier sei zunächst von Sombarts neuem Buch die
Rede, „Der Bourgeois", in dem er den Versuch macht, an Stelle der einzelnen Kausalketten, die er in seinen vorher erschienenen Arbeiten „Luxus und
Kapitalismus" und „Heerwesen und Kapitalismus" zwecks Verständnis der kapitalistischen Lebensordnung verfolgte, eine Beschreibung dieses „Geistes" zu
geben und ein Gesamtgefüge der zu ihm führenden Kausalreihen zu entwickeln,
in dem die früher bei ihm so stark vermißte Frage nach der Art und dem Maß
der Abhängigkeit und Unabhängigkeit der Variabilität der einzelnen Reihen eine
bestimmte Antwort erhält.

Sombarts wundervoll aufgebautes Werk zerfällt in zwei Hauptteile, dessen
erster der Beschreibung des Wesens und der Entwicklung des kapitalistischen
Geistes, dessen zweiter der tieferen und schwierigeren Frage nach seinen Quellen und Ursachen gewidmet ist. Im ersten Teil scheidet er mit Fug und Recht zwei
Hauptkomponenten dieses „Geistes": den (positiven) „Unternehmungsgeist", der
das nach Macht, Herrschaft, Eroberung, Organisation vieler Willen unter einen
kühnen, energischen, auf Formung großer Massen abzielenden rationalen Zweck
gierige Element darstellt, und den (negativen) „Bürgergeist", der im Gegensatz
zum „seigneuralen Geist" ein neues System von Tugenden und Wertschätzungen entwickelt, ja bestimmte Weltbilder und metaphysisch-religiöse Systeme. Er
verfolgt die nationalen Entfaltungsformen dieser beiden Elemente des kapitalistischen Geistes und beschließt den ersten Teil mit einer überaus merkwürdigen
Analyse des Bourgeois von „einst und jetzt". Im zweiten Teil, betitelt „Quellen des kapitalistischen Geistes", sucht er seine „biologischen Grundlagen", ein
Kapitel, in dem der kapitalistische Geist als der umfassende Ausdruck eines

bestimmten Typus Mensch erscheint, an dessen biopsychischer Konstitution die verschiedenen westeuropäischen Völker von Anfang an in verschiedenem Maße Anteil nehmen; es folgen als weitere „Quellen" „die sittlich-religiösen Mächte" des Katholizismus, Protestantismus und Judaismus, die „sozialen Umstände", die Wirksamkeit des modernen Staates, die Wanderungen, die Gold- und Silberfunde, die Technik, die vorkapitalistischen Berufe, die bereits fertigen kapitalistischen Lebens- und Wirtschaftsformen selbst. Nach dem gewaltigen Aufbau von Stoffmassen, mit denen Sombart operiert, nach dem Versuch, den Kapitalismus aus den tiefsten und ältesten Wurzeln der europäischen Geschichte zu begreifen, nach der furchtbaren Anklage gegen unsere Lebensformen, die – mit oder ohne Wille des Verfassers – die 462 Seiten umfassende Darstellung geworden ist, trotz des kühlen, nüchternen Tons in zehnter Potenz furchtbarer als alle Anklagen und alles Wutgebrüll der herrschenden sozialistischen Parteien Europas und ihrer Theoretiker zusammengenommen, wirkt der 1 1/2 Seiten betragende „Ausblick auf die Zukunft", der uns wie durch eine ganz feine Ritze eine Aussicht auf die langsame „Verzappelung des Riesen" Kapitalismus bringen soll, fast wie ein ironischer Scherz. Sombart durfte nichts hierüber sagen – oder viel mehr. Wie es jetzt dasteht, wirken die drei Ursachen, die er als Todeskeime des Kapitalismus ansieht – Verflachung im Rentnertum, Verbürokratisierung der Unternehmungen, Sinken des Geburtenüberschusses – im Verhältnis zu den vorher geschilderten Kräften, die sein Wachstum und seine blühende Gesundheit hervorbrachten, ein wenig gar zu disproportioniert: so, wie wenn man von der Mücke auf der Nase eines Riesen dessen Tod erwartet.

Wichtiger als die Frage, ob Sombart die Natur und die Ursachen des kapitalistischen Geistes richtig erkannte, wird – dies lehren schon ältere Kritiken der neuen Problemstellung, die Sombart mit Max Weber, Ernst Troeltsch und dem Verfasser[2] teilt – auch diesmal wieder die Frage sein, ob es so etwas wie einen *„kapitalistischen Geist"* als *erste* Ursache der kapitalistischen Ordnung überhaupt gibt. Sowohl die Vertreter der ökonomischen Geschichtsauffassung als auch – merkwürdigerweise – viele unserer tüchtigsten Historiker pflegen dies zu leugnen. Jene sagen, es gäbe zwar einen „kapitalistischen Geist", – aber dieser sei eine bloße Folgeerscheinung der kapitalistischen ökonomischen Organisationsformen und der technischen Produktionsformen, die sich mit sachlicher Notwendigkeit aus den älteren „entwickelt" hätten. Diese aber meinen,

---

[2] Siehe Max Scheler, Über Ressentiment und moralisches Werturteil. Ein Beitrag zur Pathologie der Kultur, in: Zeitschrift für Pathopsychologie 1 (1912). S. 268–368; erw. Fassung u.d.T.: Das Ressentiment im Aufbau der Moralen, in: ders., Vom Umsturz der Werte. Der Abhandlungen und Aufsätze zweite durchgesehene Auflage, 3. Aufl. Leipzig 1923, Bd. 1, S. 47–233.

die typischen Motivationen des Wirtschaftsmenschen seien in der Geschichte im Grunde immer *dieselben* gewesen, es hätte z. B. stets Streben nach Reichtum über den standesgemäßen Unterhalt hinaus gegeben, stets Erwerbs- und Arbeitstrieb über die Bedürfnisdeckung einer noch begrenzten Gemeinschaft hinaus, und es gäbe hier nur teils Stärkeunterschiede, teils Unterschiede der Verbreitung stärkerer Grade dieser Motive über größere Gruppen; es habe immer den Gegensatz von „Rechenhaftigkeit" und „Gefühlstraditionalismus" gegeben. Nicht die neuen Grundeinstellungen des Trieblebens und das neue *Ethos* eines neuen Typus Mensch – wie wir lieber sagen möchten als neuer „Geist" – hätten den Kapitalismus erzeugt, sondern nur Faktoren wie Rückwirkung der durch eine prinzipiell gleichförmige Motivation sich bildenden „ökonomischen Verhältnisse" auf den Menschen, Fortschritte der Wissenschaft und Technik, steigendes Wachstum der städtischen Bevölkerung usw. hätten das, was wir Kapitalismus nennen, schließlich zur Kumulationswirkung gehabt.

Daß Sombart – zuerst in seinen *Grundlagen des Kapitalismus* – mit diesen Ansichten gebrochen hat, erscheint uns als sein *unbestreitbares Verdienst*. Die Vertreter der ökonomistischen Geschichtsauffassung verwechseln das Problem des *Ursprungs* des Kapitalismus mit dem seiner jeweiligen Umformung und Fortbildung – wie schon Sombart selbst und noch schärfer Max Weber hervorgehoben haben. Gewiß! Ist einmal die kapitalistische Unternehmungsform vorhanden und zur vorherrschenden geworden, so wachsen die Menschen wie von selbst in dieses „Milieu" hinein; sie müssen zwangs sozial-wirtschaftlicher Notwendigkeit – auch wenn sie nicht dem kapitalistischen *Typus* Mensch angehören – in derselben Richtung mitmarschieren, und werden außerdem durch Tradition seitens der älteren Generation und durch die echten Angehörigen dieses Typus auch mit der neuen Triebeinstellung seelisch angesteckt. Insofern vermitteln die kapitalistischen Organisationsformen die jeweilige *Fortdauer* auch des kapitalistischen „Geistes". Aber eine Frage ganz anderer Ordnung ist der *Ursprung* dieser „Formen" selbst. So irrig die Methode gewisser Sprachpsychologen ist, den Ursprung der Sprache in Analogie mit den Ursachen ihrer Fortbildung verstehen zu wollen, oder gewisser Biologen, den Ursprung einer pflanzlichen Organisationsform in Analogie mit ihren Standortsvariationen, so verkehrt ist es, den *Ursprung* des Kapitalismus in Analogie mit den Ursachen seiner bloßen „Entwicklung" begreifen zu wollen. Der kapitalistische „Geist" kann auch bereits bestehen, ehe er sich in bestimmten „Formen" niederschlug. „Benjamin Franklin war mit *kapitalistischem Geist* erfüllt zu einer Zeit, wo sein Buchdruckerbetrieb der *Form* nach sich in nichts von irgendeinem Handwerksbetrieb unterschied."[3] Auch kann der ursprüngliche „Geist", der zum Kapitalismus führte, Intentionen – z. B. äußerst religiös transzendente und spezifisch welthasserische – enthalten haben, die später im Fortweben des bloß sekundär, durch die schon *bestehenden* Formen des Wirtschaftens bloß reproduzierten „Geistes" völlig ausfielen. Erst allmählich beginnen wir die Rolle zu ahnen, die makroskopisch in der Geschichte die Verdrängung von Ideenzusammenhängen und Zielinhalten gehabt hat, deren ursprüngliche zugehörige Triebeinstellungen ohne jedes Bewußtsein ihres ursprünglichen Sinnes und Inhaltes träge weiterschwingen – derselbe Vorgang, dessen Auffindung sich mikroskopisch in der Psychopathologie des Individuums so fruchtbar erwiesen hat.

Ich bin überzeugt, daß eine ganze Reihe von Baugesetzen der historischen Kausalität, welche die ökonomische Geschichtsauffassung als *universalhistorisch* gültig behauptet, für den durch den kapitalistischen Geist abgegrenzten *Spielraum* des historischen Seins und Geschehens volle Gültigkeit besitzen. Daß Klassenbildungen, also Einheiten von Wirtschaftsinteressen erst sekundär zu *Standeseinheiten,* Sitteneinheiten, Bildungseinheiten, politischen Parteieinheiten, ja selbst in gewissem Maße zur Bildung von Nationalstaatseinheiten (z. B. deutscher Zollverein) führen; daß *Reichtum* allererst zu politischer „Macht" führe; daß Bevölkerungswachstum und Wohlhabenheit derselben Gruppe im umgekehrten Verhältnis stehe und ökonomische Motive die Menge und Art der Reproduktion in erster Linie bestimmen; daß technisch-ökonomische Anwendbarkeit von Erkenntnisresultaten – ganz jenseits der, wenn auch auf pure „Wahrheit" gerichteten, subjektiven Intention der einzelnen Forscher – schon die Auswahlsprinzipien des Sehens und der Beobachtung, weiter die „Denk-Formen" und -Methoden, und damit den Charakter der Wissenschaft und Weltanschauung der modernen Welt bestimmt hat[4], sind Regeln solcher Art. Aber ich behaupte, daß der ganze Inbegriff von Gesetzmäßigkeiten dieser Art durchaus keine *universalhistorische*

---

[3] Max Weber, Die protestantische Ethik und der „Geist" des Kapitalismus. Neuausgabe der ersten Fassung von 1904–05 mit einem Verzeichnis der wichtigsten Zusätze und Veränderungen aus der zweiten Fassung von 1920. Herausgegeben und eingeleitet von Klaus Lichtblau und Johannes Weiß, Wiesbaden 2016, S. 51.

[4] Ernst Machs „Geschichte der Mechanik" und seine übrigen wissenschaftshistorischen Werke über die Wärmelehre und den Satz von der Erhaltung der Arbeit weisen in äußerst instruktiver Form *diese* Quellen der exakten Wissenschaft auf. Als völlig irrig aber haben wir es abzuweisen, wenn derselbe Forscher aus diesen Tatsachen Folgerungen über das Wesen von „Erkenntnis" und „Wahrheit" überhaupt zu ziehen neigt, um hierdurch seine bekannte Erkenntnistheorie zu unterstützen. Vgl. Ernst Mach, Die Mechanik in ihrer Entwicklung. Historisch-kritisch dargestellt, 7. verb. u. verm. Aufl. Leipzig 1912; ders., Erkenntnis und Irrtum, Skizzen zur Psychologie der Forschung, 2. durchges. Aufl. Leipzig 1906.

Bedeutung besitzt, wie die ökonomische Geschichtstheorie annimmt, sondern soweit und *nur* soweit gilt, als das Subjekt der Geschichte, der Mensch, von jener typischen Erlebnis- und Triebstruktur beherrscht ist, die Sombart als „kapitalistisch" bezeichnet. Für den Geschichtsverlauf des vorkapitalistischen *Menschen* gelten diese Abhängigkeitsarten der Elemente der historischen Wirklichkeiten mitnichten; ja bei einigen jener Sätze geradezu die *entgegengesetzten* Regeln, z. B. daß ein durch Abstammung und Tradition geeinter Stand sich auch bestimmte Rechts- und Bildungsformen erwirkt, vor allem aber zu einer gewissen qualitativen und quantitativen Einheit und Gleichartigkeit des *Besitzes,* also zu einer „Klassen" bildung allererst hinführt. Eben darum ist auch alles Erwerbsstreben des vorkapitalistischen Typus durch die Idee des „standesgemäßen Unterhalts" bestimmt, abgemessen und begrenzt. Und ähnlich ist es hier die *politische* Machtstellung, die allüberall schon die bloßen Spielräume und Möglichkeiten der Reichtumsbildung beschränkt und bestimmt; nicht aber der Reichtum die Macht und deren Umfang. Der Grundherr drückt unter Umständen seine zinspflichtigen Bauern und beutet sie aus. Aber nicht *durch* seinen Reichtum ist er Grundherr geworden, so wie z. B. später vor der Revolution die französische Roture, die sich vermöge ihres Geldes der Güter, Titel und Würden des alten französischen Adels bemächtigte. Es sind also überall die *politischen* Standesvorrechte, die den Reichtum im Gefolge haben oder haben können, nicht umgekehrt dieser jene wie unter der Herrschaft des „kapitalistischen Geistes".

Nur in anderer Richtung verkennen einige Historiker die Eigenart des Problems. Sie sehen vor den Bäumen den Wald nicht, vor der Fülle der Einzelerscheinungen nicht die Umrißlinien des Ganzen, sehen nicht die Struktur des neuen *Ethos,* auch als neuer Wirtschaftsgesinnung. Selbst gebunden durch die kategorische Struktur des Erlebens, die in ihrem eigenen Zeitalter die Herrschaft führt, vermögen sie sich nicht wahrhaft in den *Typus* des vorkapitalistischen Menschen einzuleben. Und da sie diesen verkennen, so können sie auch die Eigenart des kapitalistischen Typus nicht klar sehen. Darum übersehen sie an erster Stelle, daß die Wandlung der herrschenden *Ideale* und Wunschbilder auch hier weit wesentlicher ist als jene der historischen Vorgangswirklichkeit. Gewiß hat es auch in vorkapitalistischer Zeit einzelne, ja ganze Gruppen gegeben, deren Erwerbstrieb über die Idee des standesgemäßen Unterhaltes hinausging. Aber die Hauptsache ist, daß dies nicht als normal und „*rechtmäßig*", sondern als eine abnorme Erscheinung allgemein empfunden wurde, und daß die betreffenden Menschen selbst im schrankenlosen Erwerb nicht eine „heilige Pflicht" sahen, sondern nur mit „schlechtem Gewissen" sich diesem Trieb hingaben. Das Neue ist eben, daß dies Abnorme zum Normalen wird, und daß es mit „gutem Gewissen", ja mit der Sanktion einer „Verpflichtung" umkleidet betrieben wird. Daß also z. B. das, was jüdisches Recht und Gesetz nur dem Juden, und auch ihm nicht überhaupt, sondern nur dem Fremden gegenüber erlaubt (Zinsnehmen und Reklame usw.), *allgemeine* Einrichtung wird, daß das, was ursprünglich nur den heimatfernen, traditionsentlasteten Kolonisten gegen die ihm gleichgültigen Fremden beseelt, das, was den Ketzer gegen die verhaßte kirchliche Gemeinschaft, zur *allgemeinen* Regel wird, daß überall „Fremdenrecht" und „Fremdenmoral" zum herrschenden und zentralen Recht und zur anerkannten Schätzungsweise wird, – *darin* ist die Grundtendenz des Wandels der „Wirtschaftsgesinnung" zu sehen.

Ferdinand Tönnies hat zuerst die tiefgreifende Scheidung zwischen auf Treu und Glauben verbundener „Gemeinschaft", die allen Gruppengliedern als Ganzes fühlbar einwohnt, in der „Vertrauen" und „Solidarität" herrscht, und „Gesellschaft" gemacht, in der von prinzipiellem Mißtrauen beseelte, miteinander konkurrierende, rationale Subjekte ihre Interessengegensätze durch Verträge ausgleichen. Ich habe gezeigt, daß die letzte philosophische Fundierung dieses Unterschiedes schon auf der grundverschiedenen Gegebenheit des seelischen Seins und Erlebens des „Anderen" beruht.[5] In „Gemeinschaft" ist der Andere mit seinem inneren Leben in Gestus und Äußerung *selbst wahrnehmungsmäßig* da und gegeben, all sein Tun und Sichäußern wird aus der bekannten Gesinnung heraus unmittelbar verstanden, solange nicht besondere Enttäuschungen vorliegen. In der „Gesellschaft" ist der Andere zunächst von *außen* gesehen, ist ein sich veränderter Körper, „hinter" dem Gedanken, Gefühle, Entschlüsse wohnen, die erst mühsam zu „erschließen" sind. Der „Hintergedanke" wird hier zur Form des Gedankens überhaupt. Und das ist nun vielleicht die allgemeinste Formel für die Umgestaltung der Wirtschaftsgesinnung, daß die in diesem Sinne „gesellschaftlichen" Wertschätzungen immer tiefer auch in die „Gemeinschaften" eindringen oder „Gemeinschaftsgeist" immer mehr durch „Gesellschaftsgeist" innerlich zersetzt und aufgelöst wird. Ebensowenig aber beachten jene Historiker, welche eine besondere neuartige kapitalistische Wirtschaftsgesinnung leugnen, daß jenes nicht durch den standesgemäßen Unterhalt begrenzte vorkapitalistische Erwerbsstreben, das sich zweifellos findet, in dieser Zeit gerade gezwungen war, *irreguläre,* dem eigentlichen Wirtschaftsleben nicht zugehörige Bahnen einzuschlagen. Phantastische Projektemacherei, Schatz- und Goldsucherei, alchimistische Bestrebungen, systematisch unternommene Raubzugunternehmungen, Spiel und Ausbeutung des Aberglaubens – kurz lauter Bestrebungen, die *neben* dem normalen Wirtschaftsleben herliefen, waren damals die einzig möglichen Bahnen, in die sich

---

[5] Siehe mein Buch „Zur Phänomenologie und Theorie der Sympathiegefühle und von Liebe und Hass", Halle 1913, Anhang (Über den Grund zur Annahme der Existenz des fremden Ich).

unter der Herrschaft der vorkapitalistischen Wirtschaftsgesinnung *jene* Art von „Erwerbstrieb" ergießen konnte.

Und darin besteht nun das *Neue,* daß sich im Laufe der Anbahnung der kapitalistischen Organisations- und Rechtsformen eben die Triebeinstellung, die früher nur in dunklen Gassen und abseits von der Heeresstraße des Lebens sich abenteuerlich auszuwirken vermochte, zur *beherrschenden Seele des regelmäßigen* Wirtschaftslebens wurde; ja, daß die zu solcher Betätigung nötigen menschlichen Eigenschaften die Sanktion der Moral und des Rechtes, ja selbst der Religionen und Kirchen erhielten. Daß dazu nun *triebartig wird,* ja suchtartig, was vorher noch aufgrund von besonderen Luxus- und Wohllebensinteressen von einzelnen ausdrücklich und bewußt *gewollt* und *geplant* war. Daß es weiter unabhängig von den besonderen Individualcharakteren, die in die Gruppen eintreten, zur Struktur des die einzelnen umfassenden *Gesamtgeistes* wird; daß der neue Erwerbs- und Arbeitsgeist auch Weltanschauung und Wissenschaft bestimmt, indem sie die vorwiegend auf Qualitäten gehende kontemplative Erkenntniseinstellung der mittelalterlich-antiken Weltanschauung in die quantifizierende, rechnende Einstellung verwandeln – ohne Ahnung der forschenden Individuen von dieser Triebfeder – das alles zusammen macht die tiefe Totalwendung aus.

In all dem handelt es sich nicht um ein bloß graduelles Mehr oder Weniger des Erwerbsstrebens – etwa durch die steigende Übervölkerung der Städte hervorgerufen, sondern um das Inkrafttreten *neuer Motivationsstrukturen* des wirtschaftlichen Handelns, die gegen die älteren eine pure Umkehrung darstellen. Es ist kein Gradunterschied, ob die Richtung der Motivation des Händlers – wie schon Karl Marx gesehen hat – Ware-Geld-Ware oder Geld-Ware-Geld ist; ob – wie ich andernorts[6] gezeigt habe – die Lebenswerte den Nutzwerten in jeder konkreten praktischen Sphäre, in Straf- und Zivilrecht, untergeordnet werden, wie im Zeitalter des Kapitalismus, so daß schließlich auch Grund und Boden, Menschenarbeit und geistige Güter aller Art den „Waren" charakter annehmen. So wie die neue quantifizierende Wissenschaft, „im Gegensatz zu der antiken Trennung der arbeitenden Hand von dem wissenschaftlichen Geist, die schöpferische Verbindung der Industriearbeit mit dem wissenschaftlichen Nachdenken" (Wilhelm Dilthey), nicht eine *Fortbildung* der qualitativ-organologischen Weltansicht des Mittelalters und der Antike darstellt, sondern einen schroffen Bruch mit ihr, so auch die neue Wirtschafts- und Arbeitsgesinnung, die mit jener eine strenge *innere Stileinheit* darstellt. Die Galilei, Leonardo, Benedetti, Ubaldi, welche die neue Dynamik der antiken Statik hinzufügen, knüpfen überall an Aufgaben der Festungstechnik, der Schiffahrt, des Städtebaus, der Schiffskonstruktion

---

[6] Vgl. den Aufsatz über „Das Ressentiment im Aufbau der Moralen", a. a. O.

und Schiffsausrüstung an. Nicht eine nachträgliche „Anwendung" rein spekula-
tiv gewonnener Naturerkenntnis ist darum auch die neue Technik, sondern diese
Erkenntnisart mit ihrem Ziel auf die „nudae quantitates" ist selbst bereits aus dem
neuen Bürgergeist geboren und ist in ihren Kategorien bereits durch den neuen
Willen zur Herrschaft über die Natur bestimmt. Wohl meinten die Forschungs-
individuen nur der „Wahrheit" zu dienen. Aber ihre intellektuelle *Organisation*
selbst, die Kategorien, in denen sie beobachteten und forschten, waren bereits
durch eben *den* Geist der Rechenhaftigkeit bestimmt, der sich auch im neuen
kaufmännischen Hauptbuch seine Form gegeben hatte.

Wie stark die irreführende Neigung vieler Historiker ist, auf ein mangeln-
des Können zu schieben, was faktisch einem grundverschiedenen Willen und
einer neuen Gesinnung entspricht, zeigt Sombart – der diese Neigung so stark
bekämpft – selbst an zwei Stellen seines Werkes. So führt er einmal die mannigfachen Fehler und Ungenauigkeiten der vorkapitalistischen kaufmännischen
Rechnungsbücher ganz ernstlich auf mangelnde Rechenkunst der Beteiligten
zurück – die nach Friedrich Keutgen bestehende Lückenhaftigkeit vieler mittelal-
terlicher Stadtgesetze auf die zu geringe rationelle Denkfähigkeit.[7] Wer sähe aber
nicht, daß die erste Erscheinung einfach auf der größeren *Gleichgültigkeit* gegen
genaue zahlenmäßige Bestimmungen, aus der Einstellung auf die noch *qualitativ* umgrenzten Hauptposten beruht; die zweite aber darauf, daß prinzipiell die
ganze Gesetzgebung nur als eine Erfüllung der Lücken dessen galt, was nicht
schon durch *Gemeinschaftssitte,* Tradition Treu und Glauben als geregelt galt? Es
ist immer wieder derselbe geschichtsphilosophische Grundfehler, in den unsere
Moral-, Rechts-, Kunst- und Wirtschaftsgeschichte so ungemein leicht verfällt:
die geschichtlichen Tatsachen bereits auf unsere kapitalistische Geistesstruktur,
ihre Maßstäbe und Ideale zu beziehen und ein „Nichtkönnen" da zu sehen, wo
ein anderes *Wollen*, eine andere Gesinnung, ein anderes Ethos vorlag. Immer
noch ist es der heimliche Glaube unserer „Gebildeten", daß z. B. die Griechen
eine Produktionstechnik und eine auf Maß und Zahl aufgebaute naturbestim-
mende Wissenschaft in unserem Sinne nur darum nicht besaßen, weil sie eben
„noch nicht so weit waren". Was faktisch ein Nichtwollen war – selbstverständlich gegenüber einer gott- und vernunftdurchdrungenen Welt, einem „Kosmos"
der Liebe, Anschauung, Verehrung allein fordern konnte –, hält man auch hier
für ein Nichtkönnen. Aber erst die Entgottung, Entseelung und Entwertung der
Natur und Welt, welche der hyperdualistische, Gott und Welt, Seele und Körper,
auseinanderreißende, protestantische Geist der Neuzeit bewirkte, der neue Welt-

---

[7] Vgl. Friedrich Keutgen, Untersuchungen über den Ursprung der deutschen Stadtverfas-
sung, Leipzig 1895; ders., Urkunden zur städtischen Verfassungsgeschichte, Berlin 1901.

und Qualitätenhaß, der ihn mehr wie eine neue Gottesliebe regierte, konnte die Natur als die träge Massenhaftigkeit sehen, die man durch formende Arbeit erst zu einem Wohngebäude für Menschen einzurichten habe. Dies Beispiel diene für viele.

In dem deskriptiven Teil seines Werkes stellt Sombart das Wesen des „Unternehmungsgeistes" und des „Bürgergeistes" in getrennten Abschnitten dar. Das psychologische und das genetische Verhältnis der beiden Grundkomponenten des kapitalistischen Geistes bildet ohne Zweifel die tiefste Schwierigkeit, die sich der Lösung des Problems entgegenstellt. Schon indem Sombart sein Buch „Der Bourgeois" betitelt, zeigt er, daß es der *Bürgergeist* ist, dem er den genetischen Primat in der Bildung des kapitalistischen Geistes einräumt. Was *für* diese seine Auffassung spricht, ist vor allem die Frage, wie sich die positiven, kraftvollen, weite Pläne fassenden und erwägenden, kühnen und organisationsschaffenden Naturen, die sich zur „Unternehmung" großen Stils als fähig erwiesen, gerade dem *Wirtschaftsleben*, und zwar in seiner normalen Breite zuwandten, ihre Kräfte gerade darein ergossen. Denn eben darin liegt die Paradoxie des Kapitalismus, daß Menschen der genannten biologisch und geistig hochwertigen Eigenschaften, die sicher nicht von Hause aus zur Betätigung im wirtschaftlichen Erwerbsleben drängen, hier die Führer gerade des Wirtschaftslebens werden. Der Krieg, der Staatsdienst, der Kirchendienst, die koloniale Unternehmung, das „liegt" doch von Hause aus dieser Geistesart viel näher als Gewerbe, Handel, Industrie; das bietet ein weit adäquateres Feld ihrer Kraftbetätigung. Wieso flossen diese Kräfte in das Wirtschaftsleben? Wieso kam es, daß sie diesem in der Antike und im frühen Mittelalter verachtetsten Zweig der menschlichen Betätigung ihre heiße, große, stürmische Seele gaben? Wieso wurde der heldische und geniale Menschentypus auf ein Gebiet gedrängt, dessen Wesen nüchterne kontinuierliche Arbeit und Rechnung ist? Man kann auch sagen: Wieso wurde das pure Wachstum des Geschäftes und der Unternehmung – das doch ursprünglich ganz zur Sphäre der Privatinteressen gehört – mit einer *rein sachlichen* Hingabe und mit einer auf Unterhalt und Bedarf nicht mehr bezogenen genialen Hastigkeit ergriffen, die ihrer eigensten Natur nach nur überindividuellen Werten, dem Staat, der Religion, dem Glauben, dem Krieg für das Vaterland, der Wissenschaft und Kunst sich zuwenden pflegen und sich früher auch nur ihnen zuwandten? Daß man sein Leben und seine Kräfte für Staat und Land, für den geglaubten Gott, für Kunst und Wissenschaft aufreibe, das ist natürlich und sinnvoll. Aber wieso konnte an die Stelle dieser Dinge der neue, der „kapitalistische" *Heroismus* für das „Geschäft" und sein Wachstum treten? Man kann sich nur denken, daß diese Kräfte, die einmal vorhanden, nach Betätigung verlangten, *zwangsläufig* sich dem neuen

Feld zuwandten, und dies darum, da die bereits vom Bürgergeist langsam umge-
formte Ordnung der Gesellschaft, ihre neue Moral, ihr neues Rechtsbewußtsein
usw. die Erfassung adäquaterer Gebiete ausschloß, ja diese zum Teil als Übel und
Verbrechen[8] brandmarkte und sie eben damit zwang, auf dem Boden der neuen
wirtschaftlichen Ziele der Dampf für den neuen Fortschritt zu werden.

Die alten *Kräfte* hatten ihre „Moral" verloren, und die neue Bürgermoral nahm
sie in ihre Dienste und spannte sie an ihren Wagen. Nicht also der Unternehmungsgeist, die heroische Komponente im Kapitalismus, nicht der „Königliche
Kaufmann" und Organisator, sondern der ressentimenterfüllte Kleinbürger, der
nach größter Lebenssekurität und Berechenbarkeit seines angsterfüllten Lebens
dürstet und das von Sombart so trefflich geschilderte neue *bürgerliche* Tugend-
und Wertsytem ausbildet, schritt in der Bildung des kapitalistischen Geistes voran.
Gewiß kommt alle quantitative Größe, aller Machthunger über die Natur und ihre
Kräfte, all die Bewältigung neuer, großer Massen durch organisatorischen Willen, stammt die ganze wilde Schönheit der kapitalistischen Welt, gleichsam die
Säkularisierung der religiösen und Machtromantik zur technischen und Utilitäts-
romantik *nicht* aus dem „Bürgergeist". Er allein hätte nimmer den Kapitalismus
erzeugt. Und es wäre ein Mißverständnis des Sombartschen Buches, wenn man
aus dem in dieser Hinsicht einseitigen Titel „Der Bourgeois" dieses als seine
Meinung folgern wollte. Der Bürgergeist, für sich genommen, strebt zur wohlge-
pflegten Herde und ist im Kern auch wirtschaftlich unfruchtbar. Wer aber darum
sagen wollte, daß die Träger des „Unternehmungsgeistes", der neue Herrschafts-
wille über die Natur, daß mit einem Wort die geistig, ethisch und biologisch
aktiven, positiven, die – mit Max Weber zu reden – das „Heldenzeitalter des
Frühkapitalismus" begründenden Kräfte *voranschreitend* die kapitalistische Ordnung entwickelt hätten, der gibt auf die oben gestellte Frage keine Antwort. Auch
die geistvolle Wendung Walther Rathenaus, der die Gesamterscheinung vom geistigen Standort des Unternehmers ansieht, es sei gar nicht zu fragen, wie der
Staatsmann zum rechnenden Bourgeois und geschäftlichen Unterhändler für die
besitzende Klasse geworden sei, sondern wie sich langsam der Gewerbetreibende
und Kaufmann mit einer Art „staatsmännischer" Gesinnung gegenüber seinem
Geschäft und Unternehmen erfüllt habe und dieses wie ein selbständig wachsen-
des und forderndes Wesen ansehen gelernt habe, gibt die Antwort nicht. Der Staat
ist eben *faktisch* eine überindividuelle Wirklichkeit; das Geschäft – wie groß es
immer sei und wie vieler Menschen Interessen an seinem Bestand und seinem
Gedeihen teilnehmen – ist es *nicht* und es heißt, einer Illusion und Fiktion dienen,
es zu behandeln.

---

[8] Wie die ganze spezifische Kaufmannsmoral z. B. den Krieg.

Wie kam es zum Dienst an dieser „Fiktion"? Daß die wesentlichen *Fortschrittsphasen* innerhalb der Geschichte des Kapitalismus an den Unternehmertypus geknüpft sind – das freilich duldet gar keinen Zweifel. Auch die Führung in den ursprünglichsten größeren Leistungen des Frühkapitalismus hatte stets *dieser* Typus und nicht der sparende, sein Gewerbe, Handwerk oder kleines Kaufgeschäft langsam erweiternde Kleinbürger, wie der Florentiner Wollhändler, die englischen tradesmen, die französischen marchands, die jüdischen Schnittwarenhändler oder gar die Selfmademen im Stile von Georges Ohnets „Hüttenbesitzer", die „bekannten Knoten der ersten Generation", wie sie Sombart nennt.[9] Es ist selbst nur eine liberal-kleinbürgerlich spießige Geschichtskonstruktion, welche diesen Typus und den Übergang des kleinen Handels- und Handwerkskapitals in Produktionskapital in den Vordergrund stellt, um dann über das furchtbare, exzessive Naturphänomen des Kapitalismus die „sittliche Weihe" einer durch „Treue, Fleiß und Sparsamkeit" entstandenen normalen geschichtlichen Kumulationserscheinung auszugießen, in deren Werden alles gemäß der „sittlichen Weltordnung" zugegangen sei, der Brave belohnt und der Böse bestraft wurde. Aber eine andere Frage als die nach den Fortschritten und ursprünglichen Leistungen ist die Frage nach dem *Geist* und der Geistesart, durch die jene Leistungen möglich wurden. Und hier eben ging der „Bürgergeist" voran.

Es ist darum besonders erfreulich, daß, Sombart besonders im sechsten und siebten Kapitel seines Buches die Übergangserscheinungen, die von den älteren Auswirkungsformen des kühnen, kraftvollen Unternehmungsgeistes in die neuen, eigentlich kapitalistischen herüberführen, einer eingehenden Betrachtung unterwirft. Solche sind ihm besonders die Söldnerführer und die Bandenführer der italienischen Renaissance, in denen der Erwerbszweck der „Unternehmung" freilich noch durch Ruhmgier in Schranken gehalten ist, denen aber schon durch die Aufgabe der *Fürsorge* für die Bande zum Teil ähnliche Aufgaben obliegen wie dem kapitalistischen Unternehmer. Innerhalb der Grundherrschaft und den italienischen Tyranneien des Trecento und Quattrocento, in denen der moderne Staat, absolutes Fürstentum, berechnende und allseitige Organisation großer Massen für bestimmte Zwecke – mit Beiseitesetzung moralischer Hemmungen – geboren sind, bilden sich gleichfalls die großen Kräfte der Organisation und Herrschaftskunst über Menschen zu rationellen Zwecken aus. Überall bildet der zusammengesetzte Typus von *Kriegsmann* und *Erwerbsmensch* den Übergang. Mit Verwunderung hören wir die Zahlen der Freibeuter, Seeräuber, Entdeckungsfahrer mit Erwerbszwecken, die es bis ins 17. Jahrhundert in Italien, Frankreich,

---

[9] Vgl. Georges Ohnet, Der Hüttenbesitzer. Schauspiel in vier Aufzügen, Leipzig 1888.

England, selbst Deutschland gab, Typen, die ganz allmählich in die italienischen Handelsgesellschaften und in die großen Handelskompagnien des 16. und 17. Jahrhunderts übergehen. Ganz im Sinne des oben Gesagten gewahren wir an der Spitze der holländischen Faktoreien, der ostindischen Kompagnien und der englisch-ostindischen Kompagnie eine Menge Angehörige des Berufskriegers im Heimatland. Freibeutergeist erfüllt alle diese Unternehmungen, die später bekanntlich zum Ausgangspunkt auch großer politischer Machterweiterungen geworden sind.[10] Es folgen als neue Typen die Feudalherren, die häufig in Verbindung mit bürgerlichen Geldmännern an ihre ursprünglich nur der Bedarfsdeckung und dem seigneuralen Luxus dienende Grundherrschaften Industrien angliedern und ihre Wirtschaft allmählich zu einer Erwerbswirtschaft ausgestalten.

Die innigste Verbindung von Feudalismus mit moderner Erwerbsgier zeigen die auf die Negersklaverei begründeten Plantagenbesitzer der Südstaaten Nordamerikas. Der Fürst und der Staatsbeamte merkantilistischer Färbung, der den Staat zum Generaldirektor der auf „Waren" produktion und -zirkulation beruhenden Volkswirtschaft macht (reinster Typ Colbert), gehen überall weit hinaus über die noch stark mit traditionalistischem Geist erfüllte Kaufmannschaft und werden deren Vorbild. Gustav Wasa, Colbert, Friedrich der Große, Freiherr v. Heinitz entsprechen diesem Typ, wobei die absolute Fürstengewalt wenigstens anfänglich die Gefahr einer zu großen Bürokratisierung ausschloß und das unternehmerische Vorgehen leicht, schmiegsam, beweglich gestaltete. Gegen Ende des 17. Jahrhunderts gesellt sich zu diesen Unternehmertypen ein Heer von Spekulanten, in denen sich Projektemacherei und Unternehmungsgeist verbinden (Südseeschwindel in England, Lawsches System in Frankreich) und die die Spielwut der Menge gewaltig aufstacheln.

Die Anfänge des Bürgergeistes findet Sombart in Florenz um die Wende des 14. Jahrhunderts. Sein typischer, menschlicher und literarischer Ausdruck ist ihm Leon Battista Alberti, der in seinen Büchern „Del governo della famiglia" alles das schon gesagt haben soll, was später Daniel Defoe und Benjamin Franklin – der seit langem als der „Heilige" des Bürgergeistes gelten darf – auf englisch gesagt haben. Sombart führt den „Bürgergeist" in letzter Linie auf einen biopsychischen Typus zurück, der nur auf Grund der Blutmischung verstanden werden kann. Gerade an dieser gefährlichsten, dem Angriff derer, die „wahr" und „beweisbar" für identisch halten, offenliegendsten Stelle seines Werkes, mußten wir ihm prinzipielle Zustimmung zollen. Wer mit vielen Grundtypen des Menschentums vertraut und feste, klare Bilder von diesen in seinem Geist die seelische

---

[10] Vgl. die Charakteristik des Verhältnisses von Volk und Heer in England in meinem Buch „Der Genius des Krieges und der deutsche Krieg", Leipzig 1915.

Einheit eben *dieses* Typus in allen seinen Lebensäußerungen einmal geschaut und gefühlt hat, der wird sich durch niemanden aufschwatzen lassen, daß hier ein Werk des „Milieu", der „Erziehung", der Anpassung und Gewohnheit vorliege. Aber das muß wohl auch Sombart zugestehen, daß er einen strengen „Beweis" für diese These nicht geführt hat.

Was ist nun aber dieses sonderbare Naturspiel des Menschen, das Sombart „Bourgeois" nennt? Man hat in neuester Zeit auf verschiedene Weisen versucht, zwei Typen zu scheiden, unter deren eine sicher auch der Bourgeois fällt. Henri Bergson scheidet den „homme ouvert" von dem „homme dos", Walther Rathenau den „Mutmenschen" vom „Furchtmenschen", William James den aus einem Bewußtsein des Überflusses von Leben, Geist, Kraft entspringenden Typus der „Selbsthingabe" von dem Typus der „Selbstbeherrschung". Sombart, der die beiden Typen mit ihrer besonderen Ausdrucksform innerhalb des Wirtschaftslebens allzusehr gleichsetzt, spricht von „verschwenderischen" oder „seigneuralen" und „haushälterischen" oder „bourgeoisen" Naturen; solchen, deren Wesen *luxuria* oder *avaritia* ist, solche, die wesentlich „herausgeben" und solche, die wesentlich „hereinnehmen".

Keine der genannten Begriffsbestimmungen erschöpft den Kern dieses nur anschau- und fühlbaren Wesensgegensatzes; jede ist in ihrer Art richtig. In unendlich vielen Beziehungen spricht sich dieser Wesensgegensatz aus. Der *erste* Typus liebt das Wagnis und die Gefahr, hat das unreflektierte Selbstwertgefühl, das in Liebe zur Welt und der Fülle ihrer Qualitäten von selbst überströmt und alles neidische oder eifersüchtige „Sichvergleichen" mit anderen fernhält; „sorgt" sich nicht für sich und die Seinen, nimmt das Leben leicht und läßt leben und nimmt nur ernst, was die Personsphäre der Menschen berührt; er hat das *große, unbegründete Vertrauen* zu Sein und Leben, das alle apriori „kritische", „mißtrauische" Haltung ausschließt; ist kühn, opferfreudig, large in allen Dingen und wertet die Menschen nach ihrem *Sein* und nicht nach ihrer nützlichen *Leistung* für die Allgemeinheit. Der *zweite* Typus lebt von vornherein unter dem natürlichen Angstdruck des minderwertigen Vitaltypus, der ihn Gefahr und Wagnis scheuen läßt; der den Geist des Sichsorgens, damit die Sucht nach „Sicherheit" und „Garantie" in allen Dingen, nach Regelhaftigkeit und Berechnung aller Dinge gebiert – er muß sich selbst sein Sein und seinen Wert verdienen, sich durch Leistung sich selbst beweisen, da eben in jenem Zentrum der Seele *Leere* ist, wo im anderen Typus die *Fülle* ist; an Stelle der Liebe zur Welt und ihrer Fülle tritt die Sorge, mit ihr, der „Feindlichen", fertig zu werden, sie quantitativ zu „bestimmen", sie nach Zwecken zu ordnen und zu formen. Wo jener gönnt und leben läßt, da vergleicht dieser und will übertreffen. Seine Herrschaft wird zum System schrankenloser Konkurrenz führen und zum Fortschrittsgedanken, in denen nur das Mehrsein

über einen Vergleichsfall (Mensch oder Lebens- oder Geschichtsphase) hinaus als
Wert überhaupt empfunden wird.[11] Wo jener schaut und Kontemplation betreibt
oder in sachhaften Willensakten sich verlierend aufgeht, da wird dieser sorgen
und rechnen, über die Mittel der Eigenwerte der Ziele, über die „Beziehungen"
das Was und Wesen der Sachen vergessen. Wo jener seiner Natur und ihrer inneren Harmonie vertraut, wird jener mißtrauisch gegen sein Triebleben ein System
von *Sicherungen* errichten, durch das er sich beherrscht und züchtigt. Auch das
scheidet: „Der eine fragt, was kommt darnach; der andere, was ist recht; so aber
unterscheidet sich der Freie von dem Knecht" (Theodor Storm). Noch viel wäre
über diesen Gegensatz zu sagen und doch nichts Erschöpfendes. Er muß erschaut
und gefühlt sein.

Nicht folgen können wir Sombart, wenn er diesen Gegensatz – hier offenbar von Sigmund Freuds Theorien berührt – in letzter Linie auf Gegensätze
des geschlechtlichen Liebeslebens zurückführt. Gewiß ist der Bourgeois auch das
Gegenstück zu einer „erotischen Natur", wenn man mit „erotisch" hier das alle
geschlechtliche Scheidung weit überragende und viel ursprünglichere Moment
der emotionalen Hingabefähigkeit an Werte überhaupt (Welt, Gott, Vaterland,
Schönheit usw.) versteht. Aber daß sich diese zentrale Typenverschiedenheit nun
auch im Geschlechtsleben ausspricht, der Mann, für den die Frauen etwas bedeuten, meist auch einen Zug zur wirtschaftlichen Verschwendung hat, der Geizige
meist auch geschlechtlich wenig reizbar ist, das erscheint doch mehr als eine
nebensächliche und untergeordnete Folge dieses umfassenden Konstitutionsunter-
schiedes als seine Ursache. Die mehr als fragwürdige Freudsche Lehre, wonach
alle Arten von Liebe bloße „Ausstrahlungen" der Libido sind, hätte Sombart
nicht voraussetzen sollen.[12] Außerdem finde ich, daß Sombart seinen „Bürger"
weit besser und schärfer zeichnet als seinen „Seigneur", dem er oft Züge verleiht,
die diesem Typus erst angehören, wenn er verlumpt und sozial überflüssig wird.
Sombart sollte doch vor allem hier nicht vergessen, daß gerade die nicht mehr
auf „edle" Lebensqualitäten gehende, liebegeleitete, sondern bloß auf den Sin-
nesgenuß bei vielen Weibern oder auf Geld und Besitz abzielende Vermischung
des seigneuralen Typus mit dem Bürgertypus (Geldheirat, deren Bedeutung er
selbst in seinem „Luxus und Kapitalismus" so klar hervorhob!) ohne Zweifel eine
Hauptursache zum Sieg des Bourgeistypus und zum Untergang des seigneuralen
Typus darstellt. Gerade die wahllose und von der Bewegung des Gesamtgemü-
tes losgelöste gesteigerte Geschlechtssinnlichkeit ist eine spezifisch *bourgeoise*

---

[11] Vgl. den Aufsatz über „Das Ressentiment im Aufbau der Moralen", a. a. O.
[12] Vgl. meine Kritik dieser Lehre in dem Buch „Zur Phänomenologie und Theorie der
Sympathie-gefühle und von Liebe und Haß", a. a. O.

Erscheinung, wie sehr auch die Bürgermoral sie nur mit „schlechtem Gewissen" und darum heimlich und in dunklen Winkeln sich betätigen läßt.

Eine Welt scheidet die seigneurale, helläugige, vornehme und ritterliche Liebesemotion der Provencer Dichter und des Minnesangs von der verkünstelten Sinnlichkeit des 18. Jahrhunderts in Frankreich, wo auch der Adel bereits mit der bourgeoisen Roture und ihren Instinkten völlig durchsetzt ist. Der Dualismus von „Denken" und „Sinnlichkeit", der Ausfall der sie verbindenden Sphäre von Leidenschaft und tiefer Gemütsbewegung ist überall und auch hier ein echt *bürgerliches* Phänomen. In der Aufdeckung des Bürgergeistes in Albertis Familienbüchern hat Sombart einen in mehr als einer Hinsicht wertvollen Schritt getan. Zunächst ist hierdurch der Beweis erbracht, daß die neue Bürgermoral nicht erst auf protestantisch-calvinistischem Boden entstanden ist; eine Tatsache, die schon durch die frühe Ausbildung des Kapitalismus in Florenz und Oberitalien erwartet werden konnte. Alberti erklärt zuerst ganz offen die Sparsamkeit nicht für eine Notwendigkeit für die Armen, als die sie stets galt, nicht für eine Tugend im Sinne der christlichen Askese, im Sinne der „freiwilligen Armut", sondern als eine Tugend für die *Reichen*. Was wir selbst andernorts als eine der Haupttriebkräfte der modernen Bürgermoral – nicht der christlichen, wie Nietzsche irrig meinte – im einzelnen aufwiesen, das Ressentiment – hier Ressentiment gegen den seigneuralen Lebensstil – ist nach Sombart „der Grundzug in den Familienbüchern Albertis".[13] Aus kindischem Haß gegen die Signori gewinnt er seine Maximen. Und in ekelhaftester Weise fälscht der Irreligiöse und zugleich Kurientreue dabei die christlichen Werte herab, indem er den der Befreiung des Geistes dienenden christlich-asketischen Regeln (Keuschheit, Einfachheit der Lebensweise usw.), geboren aus tiefstem inneren Reichtumsgefühl und ritterlichster Haltung gegen die „Neigungen", überall die gemeinen utilitarischen Zwecke seines Wollwebersinnes unterschiebt. Gefolgschaften, wie sie der Seigneur liebte, sind ihm „schlimmer als wilde Bestien". Die Sparsamkeit ist ihm eine „heilige" Tugend!

Die Umwertung der christlichen Tugenden in die Utilitätsmoral, die Ausgießung des sie tragenden Pathos auf die neuen Krämermaximen erscheint hier in so naiver und so grotesker Gestalt, daß man sie – hier einmal gesehen – auch in den verstecktesten späteren, besonders *englischen* Formen immer wieder erkennen wird.[14] Die Maximen, unter denen der Kaufmann gute Geschäfte macht

---

[13] Siehe den Aufsatz über „Das Ressentiment im Aufbau der Moralen", a. a. O.

[14] Vgl. die Analyse des englischen „cant" in meinem Buch „Der Genius des Krieges und der deutsche Krieg", a. a. O.

(„Ehrlich währt am längsten", Zuverlässigkeit in der Einhaltung von Verträ-
gen, „reele" Bedienung, kredithebende bürgerliche Wohlanständigkeit, onestä,
honnête, honesty, die Geschäftsmaxime der „Solidität", deren zugehörige Inbe-
griffe von Handlungen), die auch solchen echter Tugend irgendwie äußerlich
gleichen können, werden jetzt – zu „Tugenden" umgelogen. Von diesem ersten
Anfang der Verschiebung und Umkehrung aller sonst in der Geschichte geltenden Lebenswerte an verfolgt Sombart den Wandel der führenden Lebensideale
des jeweilig herrschenden Typus des Bourgeois bis zum „modernen Wirtschaftsmenschen" unserer Tage. Im „Bourgeois alten Stils" behielt die vorkapitalistische
Vorstellung, daß Wirtschaft dem *Wohl* des Menschen diene, noch eine gewisse
Gültigkeit. Noch führt das „Rentnerideal", führen in der Ferne fühlbare Ziele, zu
denen Erwerb und Reichtum *dienen* sollen, ihre Herrschaft. Die modernen Unternehmer aber sagen übereinstimmend auch das Gegenteil von *diesem* „Ideal" aus.
Ihnen ist Blüte, Wachstum des Geschäfts als eines *selbständigen Wesens,* ist die
Steigerung der Überschüsse so Selbstzweck geworden, daß dadurch jede Rück-
beziehung auf Menschenwohl und -wehe (mit Einschluß ihres eigenen) völlig
verschwindet. Der Unternehmer folgt oft wider Willen der Expansionstendenz
der Unternehmung, des „Geschäfts". Mit vollem Recht hebt Sombart das hilflos
Monomanische in den Antworten hervor, die Leute wie Carnegie, Rockefeller,
Dr. Strousberg auf die Frage, warum sie das alles taten, gaben. Ein hier fragender
Sokrates könnte die Antworten in der Tat nur als Zeichen eines monomanischen
Wahnsinns erklären. Die vier infantilen Ideale: das sinnlich Große (der „Rie-
se"), die rasche Bewegung (Kreisel), das „Neue" und das „Machtgefühl" scheinen
Sombart als die Leitideen des herrschenden Wirtschaftstypus. So erwägenswert
die Bemerkung ist, wir möchten ihr nur so weit folgen, als sie die ungeheure
Vereinfachung und den Rückfall in den Primitivismus des Motivationslebens in
unserer Zeit (bei *äußerster* Differenzierung des Denkens, das diesen einfachen
Motiven dient) zum Ausdruck bringt.

Sombart zeigt nicht den Grund der Erscheinung. Er dürfte darin liegen, daß
(sei es mit einem Operettenschlager, sei es mit einem neuen Absatzartikel, sei es
mit einem organisatorischen Großbankunternehmen) derjenige heute am meisten
Erfolg hat, der in seiner eigenen seelischen Haltung am meisten die „Masse" in
sich selbst trägt. Die Massenwerte selbst entspringen ja durch Dedifferenzierung
der Individuen in unwillkürlicher Nachahmung aller von allen. Die Masse ist
eo ipso das, was der Mensch als „Kind" ist. Sie ist das Kind im großen. Dem
entspricht die moderne Geschäftsmaxime: größter Absatz (gleichgültig welcher
Qualität) und kleiner Gewinn vom Einzelstück. Wer das Gefühl für die größte
Absatzfähigkeit einer Sache hat, hat den Erfolg. Daß die besondere Reinheit

der Menschenseele, der Massenbedürfnisse – paradoxerweise in einem Individuum – selbst wieder eine gar nicht massenhafte, sondern äußerst *seltene* Sache
ist, also nur eine Minorität es ist, die der Masse klug und richtig zu dienen
vermag, das liegt durchaus in der Forderung der Logik. Auch die bürgerlichen
„Tugenden" des Alberti und des Franklin haben ihren Ort gewechselt. Früher
hatte sie der Mensch – heute sind sie in die Geschäfte selbst hineingewandert.
Sie sind das Öl des Geschäftsmechanismus geworden. Fleiß beruhte früher auf
Willensakten der Person. Heute reißt das Geschäftstempo den Unternehmer in
sein eigenes Tempo hinein. Analog sind Sparsamkeit und Solidität innere Regeln
des Geschäftsmechanismus geworden, die ein seigneurales Verhalten des Inhabers des Geschäfts in seiner Privatwirtschaft oder die persönliche Unsolidität
des gegenwärtigen Inhabers einer „soliden Firma" nicht ausschließen. Wie mit
der Klugheit der „Maschinen" und „Methoden" die menschlichen Personen nicht
Schritthalten konnten, so auch nicht mit den „Tugenden der Geschäfte".

Sombart hat auch den Versuch gemacht, das unendlich schwierigere Problem
der Ursachen des kapitalistischen Geistes anzugreifen. Er hat besonders über die
biologischen Anlagen der Völker, aus deren Zusammensetzung und sukzessiver
Blutmischung sich die Naturgrundlage der europäischen Geschichte aufbaut, über
die Wirkung der großen Religionen und Philosophien eigenartige Thesen – wie
uns scheint oft fragwürdiger Art – aufgestellt.

Im Leben des individuellen Geistes ist klare Bewußtwerdung der uns unter-
bewußt leitenden, seelischen Faktoren nicht ein gleichgültiger *Zuwachs* von
Erkenntnis zu diesen, die wir dann „anwenden" könnten wie ein erkanntes Gesetz
der äußeren Natur. Der Prozeß des Erkennens ist hier selbst ein Prozeß der *Befreiung* und der langsamen *Abtötung* jener Kräfte. Nichts ist tödlicher für ein altes
Erlebnis, mit dem wir „nicht fertig" wurden, als der Strahl der Erinnerungshelle,
der darauf fällt. Eben dies gilt auch für die Funktion, welche die historische
Erkenntnis gegenwärtig an der Struktur des kapitalistischen Geistes zu vollziehen sich anschickt. Indem wir die Struktur uns vergegenständlichen, hört sie
auf, uns zu beherrschen – sinkt sie *unter uns*. Sombarts Werk, dem neben seiner Erkenntnisbedeutung diese Heilkraft der historischen Besinnung in hohem
Maße einwohnt, ist ein weithin sichtbares Flammenzeichen, daß die Tage des
„Kapitalismus mit gutem Gewissen" vorüber sind. Was er uns an Zukunftsper-
spektive schuldig bleibt, ersetzt diese Heilkraft seines Buches. Es ist das Glück
des Historikers, daß seine „Tatsachen" ihrem Wesen nach niemals so fertig, so
unabänderlich, so unlösbar sind wie die vergangenen „Tatsachen" der Naturge-
schichte, die nur erschlossen sind. Dann erst im Sinnzusammenhang des Ganzen
der Menschengeschichte, mit Einschluß ihrer jeweiligen Zukunft, erhält hier die

vergangene „Tatsache" selbst – nicht etwa ihre bloße „Deutung" und „Auffassung" durch den Historiker – ihren *vollen Gehalt*. Noch sind wir alle nicht frei
genug vom „Geist des Kapitalismus", um den Menschentypus, der ihn trug, voll
„verstehen" zu können. Noch müssen wir ihn mehr oder weniger hassen – und
das heißt mißverstehen. Aber die Zeit, da wir auch ihn noch lieben dürfen,
wird kommen. Dann wird er vielleicht eine versöhnlichere Gestalt im *neuen Bild*
annehmen, als die ist, die Sombart von ihm zeichnet. Im Bild eines armen, monomanischen Riesen, der in der Erde dunkel sinnlos wühlen mußte, sich selbst alles
versagend, was die Wonnen des irdischen und himmlischen Lichtes bestrahlen,
schuf er – kraft einer Art von welthistorischer Arbeitsteilung – den Tanz- und
Tummelplatz für einen neuen Menschen, sich selbst dessen unbewußt, was er tat
und darum nicht ohne den tragischen Charakter eines blinden Helden. Aber seine
volle historische Tatsächlichkeit selbst und erst recht ihr „Bild" in unserem Geist,
wird ganz davon abhängen, was wir und unsere Kinder *tun*.

Der Bourgeois und die religiösen Mächte

3

In der Abwägung der Bedeutung, welche den religiös-sittlichen Mächten für die Genesis des Kapitalismus einzuräumen ist, besteht zwischen den Resultaten Max Webers und Werner Sombarts ein zwiefacher Widerspruch. Weber sieht in einer spontanen Veränderung des religiösen Erlebens – aus seinen inneren Notwendigkeiten heraus – und des ihm entsprechenden neuen sittlichen Lebensideals eine der stärksten Wurzeln des kapitalistischen Geistes. Sombart hingegen faßt die sittlich-religiösen Mächte, denen er an erster Stelle eine Begünstigung des Kapitalismus zuschreibt – nämlich den Morallehren und der ihnen gemäßen Beichtpraxis des Thomas von Aquin und seiner Schule, – nur als abgeleitete und rückwirksame Ursachen für die Gestaltung dieses Geistes auf.[1] Im allmählichen Sieg dieser rationalistischen Eigenart und Eigenwert des Weltlichen gegenüber (dem Überweltlichen, Vernunft und Naturbereich gegen Offenbarungs- und Gnadenbereich stark hervorhebenden) Richtung der Hochscholastik, über den augustinischen Geist der älteren Kirche sieht er also bereits eine Folgeerscheinung davon, daß der schon vorhandene und siegreiche *biologische* Bourgeoistyp auch innerhalb der christlichen Religion und Kirche sich sein ideologisches Analogon schuf. Nur eine sekundäre Rechtfertigung des kapitalistischen Bürgergeistes vor dem Forum der die traditionellen christlichen Ideale verwaltenden Kirche und eben hierdurch eine Rückbefestigung dieses Geistes ist Sombart in letzter Linie das Lehrsystem der Hochscholastik. Nicht aber ist eine religiöse Lebenswendung wie bei Weber die autochthone Quelle oder eine der Quellen des Bürgergeistes selbst. Darin besteht der *formale* Gegensatz zwischen beiden

---

[1] Eine Fülle des Beachtenswerten findet sich auch für die hier behandelte Frage bei Ernst Troeltsch: „Die Soziallehren der christlichen Kirchen und Gruppen", Tübingen 1912, 2. Hälfte. Da ich das großangelegte Werk erst nach dem Druck dieses Aufsatzes las, konnte das dort Ausgeführte hier nicht mehr berücksichtigt werden.

© Der/die Autor(en), exklusiv lizenziert an Springer Fachmedien Wiesbaden GmbH, ein Teil von Springer Nature 2023
M. Scheler, *Ethik und Kapitalismus – Zum Problem des kapitalistischen Geistes,*
Klassiker der Sozialwissenschaften, https://doi.org/10.1007/978-3-658-40762-9_3

Forschern – dort ist die Veränderung der religiösen Gottes-, Selbst- und Welt-
anschauung die unabhängige, hier die abhängige Variable des Gesamtprozesses.
Daneben aber besteht der *materielle* Gegensatz, daß Max Weber im neuen pro-
testantischen Lebens- und Lehrsystem, an erster Stelle in seiner calvinistischen
Formung, eine der Ursprungsstellen des grenzenlosen Arbeitsstrebens, (endloses
Arbeiten zur „Ehre Gottes" und zur „Bewährung" der inneren Gewißheit der
Erwählung durch diese grenzenlose Arbeit – ohne sittliches Recht auf Genuß des
Erworbenen) behauptet und – was psychologisch noch wichtiger ist – den grenzenlosen Erwerbstrieb als eine bloße Folgeerscheinung des primär grenzenlos
gewordenen *Arbeitstriebes* und seiner sittlich-religiösen Heiligung als asketisch
gewertete „Pflicht" betrachtet; wogegen Sombart den *Erwerbstrieb* als ursprünglicher wie den neuen Arbeitstrieb ansieht und die erste relative Rechtfertigung eines
von der Richtung auf die Heilsgüter unabhängigen, rein weltlichen Erwerbsstrebens im thomistischen Lehrsystem gegeben findet. In den protestantischen
Lehr- und Lebenssystemen aber, deren Kern sich ihm (nach deren Wirkung in
die Breite sicher sehr einseitig) als bloße zeitweise Wiederbelebung der schroff
supranaturalen Richtung, der Welt-, Besitz-, Erwerbs- und Lebensverachtung und
-entwertung des „ursprünglichen" Christentums darstellt, erblickt Sombart nur
eine momentane, aber schließlich welthistorisch unwirksame Reaktion *gegen* die
Entfaltung des kapitalistischen Geistes.

In dem Gegensatz der beiden ausgezeichneten Forscher, soweit es sich um
das Verhältnis von Katholizismus und Protestantismus überhaupt zum kapitalistischen Geist dreht, scheint mir das letzte Recht durchaus bei Max Weber zu
liegen – wie sehr auch der äußere Anschein Sombart recht geben mag. Sombart hätte aus den Quellen der protestantischen Schrifttümer noch weit mehr
Stellen finden können als er angeführt hat, in denen Erwerbs- und Besitzstre-
ben und die hierzu geeignet machenden Tüchtigkeiten als bloße Hemmungen
der echten Heilsgewinnung der individuellen Seele die verächtlichste Beurteilung finden; er hätte auch noch weit mehr Stellen aus der thomistischen Literatur
geben können, in der das vernunft- und (indirekt) gottgewollte Recht solchen
Strebens mit den zu ihm gehörigen Tüchtigkeiten (Klugheit, die „Königin der
Tugenden", Mäßigkeit, Sparsamkeit) behauptet wird. Die Darstellung, die Sombart – im einzelnen – von dem Geist der thomistischen Ethik in ihrem Verhältnis
zum Wirtschaftsleben gibt (die Anregung zu seinen Studien ging von einer Schrift
Franz Kellers aus)[2], hat uns von seiner These nicht zu überzeugen vermocht – so

---

[2] Vgl. Franz Keller, Unternehmung und Mehrwert. Eine sozial-ethische Studie zur
Geschäftsmoral, Köln 1912 (Schriften der Görres-Gesellschaft, Sektion für Rechts- und
Sozialwissenschaften, Heft 12).

dankenswert das hierzu neu beigebrachte Quellenmaterial auch ist. Schon dadurch wird seine Darstellung schief und einseitig, daß er die *rationale* Gesetzesethik im Thomismus aus dem organischen Ganzen dieser großen systematischen Aussprache des spätmittelalterlichen christlich-sittlichen Bewußtseins *heraus-* und von der Ethik der religiös-sittlichen Heilsordnung *schroff ablöst* – ja gar noch behauptet, daß der „wesentliche Bestandteil" der thomistischen Lehre die augustinische Idee der Gottesliebe als dem absoluten und höchsten, schlechthin einfachen sittlichen Endzweck eine praktische Bedeutung für die Gestaltung des Wirtschaftsethos überhaupt nicht besitze.

Gerade die organische *Ganzheit* und die lebendig empfundene *Kontinuität* der beiden Teile dieser Ethik, der natürlich-rationalen und der spezifisch christlichen Gnaden- und Erlösungslehre ist aber das *spezifisch* Katholische und Thomistische an dieser Ethik. Für *jedes* Handlungs- und Lebensgebiet haben denn auch beide Teile zu gelten, und es liegt nicht im Geiste des Thomas von Aquin, etwa das gesamte Wirtschafts- und politische Leben ausschließlich der natürlichen rationalen Ethik zuzuweisen. Auch das sogenannte „sittliche Naturgesetz" ist für Thomas nur die in der Vernunft des Menschen sich vernehmlich machende Stimme der *einheitlichen* „lex divina".[3] Erst im Laufe des durch den franziskanischen Nominalismus und Voluntarismus eingeleiteten Zerfalls des Ideensystems der Hochscholastik, dessen Vertreter (Duns Scotus, William von Occam) prinzipiell den *Willen* und den *Zweck* in Gott wie Mensch *über* die Idee des Vernunftgesetzes stellen, ist solche dualistische Gebietsteilung zwischen dem, was der Vernunft und dem Offenbarungsgesetz unterliegt, zustande gekommen, wie sie Sombart schon *hier* voraussetzt. Noch weniger aber dürfte gelten, daß die rationale Gesetzesethik eine höhere, *allgemein praktische* Bedeutung besitze als die Liebes- und Gnadenethik. Nach Sombart könnte es erscheinen, als seien dem Bürger und Kaufmann jener Zeit von Kindesbeinen an moralische Lehrbücher in die Hand gegeben worden, die diese rationalen Teile der thomistischen Ethik enthielten. Faktisch aber waren die Lehren des Thomas zunächst nur für den *gelehrten* Teil des Klerus bestimmt und konnten erst vornehmlich durch die Beichtpraxis. Hindurch eine erweiterte Wirkung erhalten. Daß aber gerade in dieser Praxis das „natürliche" Sitten- und Tugendsystem gewaltig vor dem spezifisch christlichen Lehrgehalt *zurücktrat,* darüber lassen uns die Spuren, die wir von dieser besitzen, nicht den geringsten Zweifel. Auch materiell hat sich die herrschende Beichtpraxis der Zeit

---

[3] Eine neue vorzügliche Darstellung der Ethik des hl. Thomas gibt Friedrich Wagner in seiner Schrift „Das natürliche Sittengesetz nach der Lehre des Hl. Thomas von Aquin", Freiburg i. Br. 1911.

nicht den subtilen Ausdeutungen z. B. des kanonischen Zinsverbotes angeschlossen, die spätere Thomisten wie Cajetanus, Antonius von Florenz, Bernardus von Siena ihm gaben. Ihre eigentliche Stoßkraft erhielt die „rationale Ethik" erst durch ihre volle *Ablösung* von dem christlichen Ethos der Gnade und Liebe, wie sie sich erst spät durch den Sozinianismus und die vordringende Theologie und moderne Naturrechtslehre der Aufklärung vollzog.

Daß in der Erziehung – soweit sie durch Priester geleitet war – gleichwohl die natürliche Vernunft- und Gesetzesethik eine erhebliche Rolle spielte, ist allerdings sicher. Aber daß ihr Sinn und Geist in dieser Richtung geradezu die Lösung der Preisaufgabe war: „Wie erziehe ich den triebhaften und genußfrohen Seigneur einerseits, den stumpfsinnigen und schlappen Handwerker andererseits zum kapitalistischen Unternehmer" –wie Sombart sagt –, dazu scheint uns Sombart nicht im entferntesten stichhaltige Gründe beigebracht zu haben. Die Ausführungen Franz Kellers, von dem Sombart ausging, sind nur ein typisches Zeugnis von der Art und Weise, wie ein gewisser soi disant „fortschrittlicher" Zentrumskatholizismus sich das Bild eines der größten kirchlichen Schriftsteller zurechtlegt, um den Vorwurf der sogenannten „Rückständigkeit" des Katholizismus – gemessen an den Idealen des modernen liberalen Bourgeois natürlich – zu widerlegen. Das hierzu beliebte Verfahren besteht darin, daß man überall die religiösen und mystischen Teile des thomistischen Gottes- und Weltbildes wegschneidet oder zurückdrängt, um nur das zurückzubehalten, was den drei typischen Hauptgestalten des heutigen deutschen „öffentlichen" Katholizismus, dem Politiker, Genossenschaftler und dem Schulmeister passen mag; daß man prinzipiell nebensächliche Teile der moralischen Kasuistik zu den zentralen Ideen des thomistischen Lehrsystems emporbauscht oder vor solchen Einzelheiten seinen *Geist* völlig vergißt. Hätte Sombart in die Werkstätte seines Gewährsmannes etwas tiefer hineingeblickt, so wäre er kaum seinen Suggestionen verfallen.

Schon *zwei* durchgängige Züge der Ethik des Thomas müssen sie vor dem Charakter eines „Erziehungsbuches für kapitalistische Unternehmer" unbedingt bewahren: ihr streng intellektualistischer, kontemplativer und darin antiker Charakter, und ihre organische, auf dem aristotelischen Formbegriff beruhende Auffassung aller menschlichen Gesellschaft als einer im wesentlichen *stabilen* Ordnung von in Ständen geordneten Menschen und menschlichen Betätigungsweisen. Schon daß hier alle und jede „Willenstätigkeit" im *Dienst* der Kontemplation Gottes und der Liebe zu Gott steht und das Endziel aller menschlichen Unruhe in ein ruhevolles Beschauen der göttlichen Majestät – *nicht* wie für fast alle Modernen (Leibniz, Lessing, Faust-Goethe, Kant usw.) in eine Art des „*unendlichen* Strebens", der unendlichen Vervollkommnung verlegt ist, muß den irdischen Unternehmungen jenen blutigen „Ernst" und jene absolute Gewichtigkeit nehmen, die sie für den kapitalistischen Menschen in allen seinen Spielarten besitzen. Die „diapoetischen" Tugenden – darunter auch die klare Erkenntnisfähigkeit des Guten und Rechten selbst – bleiben auch bei Thomas den „praktischen" übergeordnet. So erscheint auch die ganze Gesellschaft von einer priesterlichen *intellektuellen Aristokratie* beherrscht. Dazu gehört es – ganz jenseits einzelner Lehrsätze – zur Struktur der Weltanschauung, aus der dieses Lehrsystem als eines der möglichen hervorging, daß alles und jegliches menschliche Arbeitsstreben in einer festen, *formalen* und im Kern *stabilen* Ordnung des Universums und der Natur seine absolute Grenze findet – einer Formordnung, die auch die Gesellschaft und ihre Gliederung mit umfaßt und die nicht – wie bei allen modernen Philosophen – erst durch Kräfte und Tätigkeiten des *menschlichen* Geistes als hervorgebracht gilt. Auch Ehe, Familie, Stand und Beruf sind solche gottgeordnete, unveränderliche Formen, durch welche die sich immer neu erzeugenden Generationen von Individuen nur wie durch die Tore eines streng architektonisch gefügten Gebäudes der menschlichen Gesellschaft hindurchschreiten – sie nur in *ihren positiv* rechtlichen Fassungen zuweilen verschieden maskierend.

Wenn Sombart den Kardinal Cajetanus anführt, der in seinem Kommentar zu Thomas die Auffassung zurückweist, ein rusticus müsse immer rusticus, ein artifex immer artifex, ein civis immer civis bleiben und der gegen solche Interpretation des Thomas bemerkt, es sollte „jeder rechtmäßig über seinen Stand in dem Maße hinauswachsen, als er Tugenden und Kräfte" hierzu besäße, so ist diese Interpretation nicht nur streng thomistisch und gar nicht eine large Erweiterung der thomistischen Lehre – sondern sie entspricht auch in ihrem Kern ganz der traditionellen Lehre der großen griechischen Philosophie.[4] Und gerade diese Interpretation ist das äußerste Gegenteil der kapitalistischen Gesellschaftsauffassung! Wären die Standesunterschiede nur positiv geschichtliche Tatsachen. und wären sie nicht vielmehr nach Thomas inadäquate Abbilder einer „natürlichen" und göttlichen Ordnung in den Naturen, Tugenden und Kräften der Menschengruppen selbst, gäbe es nach ihm nicht einen *rusticus, artifex, civis* usw. „von Natur aus", gerade dann hätte jedes Individuum ein unendliches Feld seiner Werdensmöglichkeit vor sich. Dann und nur dann wäre die erste Voraussetzung für

---

[4] So beruhen nach Platon die Stände darauf, daß die Seelen der Menschen in ihrer Präexistenz die Ideenwelt in verschiedener Art und Adäquation geschaut haben; so wurden die einen je nach der Fülle, die sie schauten, Weise, Könige Soldaten, Gewerbetreibende. Aristoteles aber lehrt, daß es von „Natur aus" Herren und Sklaven gäbe, daß dieser Unterschied aber *keineswegs* mit dem *positiv* rechtlichen zusammenfalle. Ein positiv rechtlicher „Sklave" kann z. B. sehr wohl ein „natürlicher" Herr sein.

den kapitalistischen Geist gegeben. Denn eben dann gäbe es für das Konkurrenz-
streben, für das „Emporkommen" keine andere Grenze als diejenige, die in den
momentanen historischen Machtverhältnissen gelegen ist, die selbstverständlich
niemals einen Ansprach auf Dauer besitzen können.

Gegenüber dieser inneren Struktur des Thomismus, der das *äußerste* Gegenteil des kapitalistischen Systems darstellt, besagen die von Sombart angeführten
Einzelheiten aus der thomistischen Moral- und Tugendlehre nur wenig. Auch sie
gewinnen erst in diesem Ganzen ihren Sinn. Es geht nicht an, den Begriffen
des Thomas von Aquin, auch wenn sie dieselben Worte und Namen haben wie
die sittlichen Begriffe unseres Zeitalters, diese letzteren zu substituieren. Gewiß
will auch Thomas eine „Rationalisierung des Lebens", und dies im Gegensatz zu
manchen Reformatoren, von denen einige, wie z. B. Luther, allen Rationalismus –
die „Hure Vernunft" – schroff abweisen. Gewiß will er eine „Zurückdämmung
der erotischen Triebe". Aber weder ist die Art dieser *„Rationalisierung"* dieselbe, welche zum homo capitalisticus führt, noch will er diese Rationalisierung
zum *Zweck* der Förderung des neuen Wirtschaftsmenschen (was übrigens auch
Sombart zugibt). Es geht nicht an – wie es jetzt nicht nur bei Sombart Mode
wird –, den „rationalen" Menschentypus ohne weiteres dem „Zweckmenschenty-
pus" gleichzusetzen, ja dem „utilistischen Typus" – die edle griechische „Ratio"
der gemeinen „Intelligenz". Der „Rationalismus" des kapitalistischen Typus hat
mit dem griechischen ethischen Rationalismus des Aristoteles, dem der Tugend-
begriff des Thomas entnommen ist wie alle Grundbegriffe seines Systems – nur
den Namen gemein. Die „Rationalisierung des Lebens", die Thomas mit seinem
Tugend- und Erziehungssystem anstrebt, zielt an erster Stelle auf eine innere Ordnung und Harmonie der *Seele* und ihrer Kräfte hin, und dies zu dem Ziel, sie zu
einem reinen und klaren Gefäß für die Aufnahme der Offenbarungswahrheiten
und eines übernatürlichen Gnadenlebens zu machen. Die Vernunft und die „Le-
bensrationalisierung" wird gerade darum hochgehalten, um auch in das weltliche
Leben des Alltags den Strom der in den kirchlichen Gnadenmitteln strömen-
den Gnaden- und Erlösungskräfte einfluten zu lassen und es so mit diesem zu
durchsäuern.

Auf diese Durchsäuerung – damit auch auf moralische Kasuistik – verzichtet später prinzipiell der Protestantismus und wird damit antirationalistisch. Und
gerade dadurch emanzipiert und säkularisiert er die „Weltlichkeit" und überläßt
sie ihren eigenen gottfremden Gesetzen! Und damit erst entsteht jene spezifisch
moderne „Rationalisierung" des Lebens, die eigentlich nur *Technisierung* ist. Jetzt
sind Affekte, Passionen, Sinnlichkeit nicht mehr zu ordnen, einzuschränken um
das Glück des ritterlichen Sieges willen, welchen das „Vernunftwesen" Mensch
im Kampf mit untergeordneter Begierde freudig feiert – ganz *unabhängig* von der

Erreichung äußerer Zwecke und Vorteile, welche ein solches Leben verheißt –, sondern darum, weil sie, sich gegenüber der Verfolgung langer kontinuierlicher äußerer Mittel und Zweckreihen als störend und hemmend erweisen. Das moderne rationalistische Tugendsystem entspringt überall der Idee der *Kraftersparnis* im Gebrauch der Zeit und der Lebenskräfte um guter Geschäfte willen; nicht der Idee des freien, freudigen, ritterlichen Opfers eines Niedrigeren für ein Höheres – gleichgültig für welchen äußeren Zweck! *Hier* ist auch die geschäftliche Solidarität, die bürgerliche Wohlanständigkeit nur ein letzter äußerer Abglanz und eine Gewähr einer inneren rationalen *Harmonie der Seele; dort* wachsen auch die scheinbar rein sittlichen Wertprädikate des inneren Menschen aus dem Bedürfnis der besonderen Berufstätigkeit und aus dem sozialen Kreditwert der betreffenden Eigenschaften heraus. Die „Tugend" des Thomas ist ein innerer „Habitus" der Person, die Tugend des kapitalistischen Menschen ist „Disposition" zu gewissen Handlungen. Wenn die Scholastiker die Arbeit schätzen und den Müßiggang („otiositas" und „acidia"), den sie von „otium"[5], Muße und erst recht von allem gottgeweihten Leben, z. B. der Mönche, scharf unterscheiden, streng verbieten, ist es nicht an erster Stelle die *Nutzwerte* schaffende Kraft der Arbeit, die sie speisen, sondern die in ihr gelegene geregelte Tätigkeit, die über vielerlei Anfechtungen hinwegsetzt, ihre den inneren Menschen stählende und ordnende Kraft. Eben weil der Müßiggang der Anfang aller „*Laster*" ist, nicht: Aber weil nichts Nützliches bei ihm herauskommt, wird er verworfen; *nicht,* – weil Zeit „Geld" ist.

Auch in dem Zusammenhang, den Sombart zwischen der christlichen „Zurückdämmung der erotischen Triebe" und der Seelenstruktur des modernen Wirtschaftsmenschen sehen will, sehe ich noch eminent schwierige Probleme. Keinesfalls kann man sagen, „Thomas habe erkannt, daß die bürgerlichen Tugenden nur gedeihen können, wo das Liebesleben des Menschen eine Einschränkung erfahren hat". Denn daß Thomas' Stellungnahme zum Erotischen von diesem Gesichtspunkt her diktiert war, – davon kann doch keinesfalls die Rede sein. Zwischen der erotischen Askese des modernen Wirtschaftsmenschen und derjenigen des Thomas ist ein Wesensunterschied – soweit hier überhaupt etwas Generelles über den gerade hierin so vielfarbigen modernen kapitalistischen Typus zu sagen ist. Wie dem kapitalistischen Typus die christliche Keuschheitsidee, die Idee des *freien* Opfers der Geschlechtslust zur Befreiung des Geistes für die Kontemplation einer göttlich-himmlischen Sphäre völlig fremd ist, so fremd ist auch

---

[5] Der thomistische Intellektualismus, dem die höhere und natürlichere Einstellung des Menschen zur Welt die kontemplative ist, empfindet genau wie das antike Sprachgefühl neg = otium = Geschäft nur als *Negation* des otium Muße.

dem Thomismus eine Zurückdämmung der erotischen Leidenschaften als bloßer Störenfriede eines rationellen wirtschaftlichen Handelns. Wenn Thomas von
einem Zusammenhang von Verschwendung und Hingabe an die sexuellen Triebe
spricht, so denkt er hier kaum an einem psychoenergetischen Zusammenhang[6]
dieser Impulse (der überdies auch sachlich mehr als fraglich ist), sondern eben
nur daran, daß sexuelle Ziele ein häufiges *Motiv* der Verschwendung seien. Völlig
fern aber liegt es ihm, die Keuschheit als bloßes Mittel zu stetiger wirtschaftlicher
Arbeit zu empfehlen.

Vor allem aber hat die „Zurückdämmung" der erotischen Triebe in der
christlichen und Bürgermoral einen völlig verschiedenen Sinn. Innerhalb der kapitalistischen Bewegung finden wir nirgends einen systematischen Kampf gegen die
Richtung der inneren *seelischen* Energien, die zum Geschlechtsgenuß drängen
und eine gleichzeitige Ableitung dieser Energien – bei *Erhaltung* ihrer Kraft – in
die *eine* große konzentrierte Passion, welche seit dem hl. Bernhard die katholische Frömmigkeit kennzeichnet: die Liebe zu Christus und die Nachfolge seiner
in seinem „armen Leben". Auch der Protestantismus *bricht* – wie Albrecht Rit-
schl zeigte – überall mit dem Nachfolgeideal, ja stellt Jesus als sittliches Vorbild
und sittlichen Gesetzgeber bewußt völlig zurück, gegenüber seiner Eigenschaft
als Erlöser und Opferlamm für die sündige Menschheit. Auch er *verwertet* nicht
mehr die erotischen Energien für das Himmlische. Ja, er sperrt es so einseitig ab von allem religiösen Heilsweg, daß ihm Liebe und Solidarität in keiner
Form mehr – auch nicht als pure „Menschenliebe" – als *Bedingung* zur Erreichung der Seligkeit gilt und auch die Ehe – so sehr sie gegen das mönchische
Leben empfohlen wird – ihren sakramentalen Charakter verliert. Auch sie ist nur
das Zugeständnis an die unüberwindbare Sündigkeit und Konkupiszenz des Menschen. Ihre innere allgemeingültige Rechtfertigung – auch für den Priester und
homo religiosus – stützt sich *allein* auf die nach Luther unaustilgbare radikale
Sündhaftigkeit des fleischlichen Menschen; nicht aber auf eine *positive* Heiligung. Die erotische Askese des kapitalistischen Menschen aber beginnt zuerst
von außen – d. h. beim sinnlichen Geschlechtsgenuß selbst, nicht bei den *seelischen* Energien, die zu ihm hinleiten und in die er normalerweise als Ausdruck
hineinverflochten ist. Hier wird nicht die erotische Leidenschaft in eine religiöse
Liebesenergie *umgewandelt* und so „nach oben" gerichtet, sondern sie behält ihre
natürliche Richtung bei; nur ihre sinnliche Realisierung wird ihr soweit versagt,
als sie die Kontinuität eines rationellen wirtschaftlichen Handelns durchbrechen

---

[6] D. h. daran, daß sich in beiden Verhaltungsweisen ein und dieselbe „Ausgabetendenz"
kundtue.

könnte oder nicht selbst wieder in die Richtung eines geschäftlichen Interesses (Geldheirat) geleitet wird.

Je mehr aber im Verlauf der kapitalistischen Entwicklung der moderne Wirtschaftsmensch sich von aller religiösen Geistesrichtung entbindet, desto schärfer wird die Abgrenzung *zweier* erotischer Grundtypen: des mehr oder weniger begüterten wirtschaftlichen Konsumententypus, bei dem die ja nur mehr durch Arbeits- und Geschäftsrücksichten ethisch begrenzte Erotik des neuen Bürgertyps sich, nach Wegfall dieser ihrer Hemmungen, in mehr oder weniger libertinistischer Form betätigt, und des Produzenten- und Unternehmertypus, in dem die Arbeitsenergie und der geschäftliche Ehrgeiz das Erotische teils niedergehalten, teils die in ihm enthaltene psychische Energie selbst in ein grenzenloses *Gewinnstreben* verwandelt. In diesen beiden typischen Formen aber ist die hier *nicht* – wie im Katholizismus – innerlich *verwandelte* und *vergeistigte* sexuelle Begierde gerade eine Haupttriebkraft der kapitalistischen Entwicklung. Sombart hat in seinem Buch „Luxus und Kapitalismus" selbst sehr klar gezeigt, wie der Bedarf jener Frauenschicht, die vor dem ersten dieser beiden Typen selbst mehr oder weniger zur „Ware" wird, die gewerbliche und industrielle Entwicklung befeuert hat und wie die moderne Großstadt als Konsumentenstadt besonders für diese Art „Luxus" entstanden ist. Den ersten dieser Typen mag auch der religiös entleerte Priestertyp und Mönch der Renaissance (Avignon) vorgearbeitet haben. Der zweite aber, der kapitalistisch „asketische" Unternehmertypus, hat mit der katholischen „Askese" sicher *keinerlei* Kontinuität. Großes Gewicht legt Sombart weiter darauf, daß die thomistische Moral mit dem frühchristlichen Armutsideal breche, wogegen der Protestantismus, selbst in seiner calvinistisch-englisch-puritanischen Form, zwar prinzipiell den thomistischen Satz der Unabhängigkeit des Reichseins und Armseins für die Erreichung des religiösen Heiles teile, aber eher die Armut vorzöge.[7] Nun muß aber zunächst festgestellt werden, daß, abgesehen von der Zeit der chiliastischen Hoffnungen der ersten Gemeinden auf die demnächstige Wiederkunft Christi, die christliche Moral ein „Armutsideal" in dem Sinne, daß Armut schlechthin als besser gegolten hätte als Reichtum, überhaupt *nicht* gekannt hat. Auch von den Kirchenvätern weicht Thomas hier durchaus *nicht* in dem Maße ab, wie Sombart meint. Was allein als religiös-ethischer Wert galt, war der freie *Akt* des Abtuns, der Hingabe eines vorhandenen Reichtums, die „*freiwillige* Armut" – ein Akt, der sowohl vorhandenen Reichtum *als auch* den positiven Wert des Reichtums voraussetzt. In diesem Sinne „folgt" Franziskus

---

[7] Siehe die von ihm zitierten Stellen von Thomas und Baxter in seinem Buch „Der Bourgeois. Zur Geistesgeschichte des modernen Wirtschaftsmenschen", München/Leipzig 1913, S. 316 und 325.

dem reichen Jüngling des Evangeliums. Denn nur so ist ein „Opfer" und ein *freies* Opfer möglich.

Dieses Armutsideal aber als Weg zur vollen Freiheit, zur Souveränität des Geistes in Liebe und Kontemplation Gottes, hielt auch Thomas von Aquin genau wie die Kirchenväter zum mindesten für die „Berufenen", den „Räten" der Kirche Folgenden, also zunächst für alle Mönche fest, wogegen es der Protestantismus mit seiner Verwerfung der zwei ethischen Stufen der Laien und Religiösen und der „Verdienste" prinzipiell preisgab und die „Bewährung" in Werken der durch Glaube und Gnade nunmehr *allein* bestimmten „Rechtfertigung" ausschließlich in die *weltliche* Berufstätigkeit verlegte. Ja, schärfer gesagt, war es der neue weltliche *Arbeitstrieb* des jungen Bürgertums, das überall hinter den Reformatoren steht, der erst zu solchen religiös–dogmatischen Formulierungen führte, die wie die „Rechtfertigung nur durch den Glauben", aber auch Calvins Gnadenwahl und Zwinglis alltätige Offenbarung erlaubten, alle „unfruchtbaren", d. h. „bloß" dem Dienste Gottes geweihten Werke, und damit auch den gesamten kirchlichen Kult-Mechanismus *auszuschalten.* Treffend hebt Wilhelm Dilthey hervor: „Der Mönch oder Priester der katholischen Kirche wollte Gottes Werk tun und Christus in sich nachleben, dies aber unter Loslösung von den gewöhnlichen Geschäften der Welt. Luthers germanische Aktivität fand sich abgestoßen von jedem Werke ohne wirkende Kraft, von jeder Arbeit ohne Leistung. In der Welttätigkeit selbst, im Berufsleben erfaßte er den von Gott gegebenen Spielraum für die im Glauben enthaltene Kraft".[8]

Diesen großen Tatsachen gegenüber besagen aber die zitierten Sätze des Thomas von Aquin sehr wenig. Nicht nur wurden (man denke nur an Spanien) durch das Armutsideal des Mönchtums dem Wirtschaftsleben und durch sein Keuschheitsideal der die kapitalistische Entwicklung antreibenden Bevölkerungsvermehrung ein gewaltiges Maß von Kräften entzogen, sondern – was viel wichtiger ist – auch auf die nichtmönchische Bevölkerung wirkte schon das Dasein dieses im Mönchstum inkorporierten Ideals, das im Franziskanertum und den anderen Bettelorden auch mit dem Volksleben in fortwährende innigste Berührung trat, als eine starke Beschwichtigung und Ermäßigung des Erwerbstriebes ein und ließ den mit materiellen Erwerbstätigkeiten betrauten Menschentypus – schon durch seine bloße Existenz als Ideal – nie zu jenem naiven Gefühl der unbedingten Berechtigung seiner Erwerbsarbeit und seines Erwerbsstrebens kommen, geschweige zu jenem Gefühl einer unendlichen, nie

---

[8] Wilhelm Dilthey, Das natürliche System der Geisteswissenschaften, in: ders., Gesammelte Schriften, Bd. 2: Weltanschauung und Analyse des Menschen seit Renaissance und Reformation, Leipzig 1914, S. 215.

voll erfüllbaren *Pflicht zu* Arbeit und Erwerb, wie unter dem Protestantismus. Wenn, abgesehen von dieser Tatsache, Thomas – für die Nichtreligiösen – nur den guten oder richtigen Gebrauch sowohl des Reichtums als auch der Armut lehrt und den Habitus der Seele, der ihm entspricht, als „liberalitas" bezeichnet, so scheint mir auch hier Sombart dem Gedankengang des Thomas einen nicht entsprechenden Sinn beizulegen. Dies tritt auch darin hervor, daß er „liberalitas" mit „Wirtschaftlichkeit" übersetzen will, ja eine „Vorstufe der santa messerizzia" in ihr finden will; daß er in den thomistischen Lehren weiter eine Empfehlung der bürgerlichen Einnahmewirtschaft und eine Verwehrung der seigneuralen Ausgabewirtschaft sieht. Der wahre Sinn der „liberalitas" ist aber – so wenig sie, wie Sombart richtig sagt, „Freigebigkeit" ist – ein ganz anderer als ihr Sombart zuschreibt. Nicht im entferntesten meint liberalitas „Sparsamkeit" oder „Wirtschaftlichkeit" als die Fähigkeit, sich Wirtschaftswerte oder Geld „aufzusparen", mehr einnehmen als ausgeben, auch nicht Ökonomie im relativen Sinne des Wortes „sparen" von „billig und gut kaufen", sondern *innere Freiheit* gegenüber dem *Unterschied* von Arm und Reich und den darauf beruhenden Genußmöglichkeiten, und daraus folgend ein solches Sicheinrichten mit seinem Besitz – sei er groß, sei er klein – daß Verschwendung *und* Geiz, die eben das *Gemeinsame* der *unfreien* Liebe zum Materiellen haben (dort mehr zu den durch das Geld erreichbaren Genüssen, hier mehr zum Geld selbst), vermieden werden.

Faktisch ist die „liberalitas" nichts anderes als die zur freiwilligen „Armut" im Sinne des Nichtbesitzes (im Unterschied vom Nichtsbesitzen) gehörige untere Stufe, die Tugend der „Besitzenden"![9] Trotzdem ist Sombart zuzugeben, daß unter den *normativen* Sätzen, welche wir die einflußreichsten katholischen und protestantischen Morallehrer und Prediger aussprechen hören, der Unterschied der Färbung besteht, daß jene mehr die religiös „richtige" Anwendung des Reichtums, diese mehr seine Gefahren für das Heil betonen. Aber wie so häufig in der Geschichte der Moralen darf man aus solcher, in pädagogischer Einstellung gegebenen *Normierung,* bei der man stets eine gewisse Menschenschicht und deren faktisches Verhalten im Auge hat, nicht ohne weiteres auf den sittlichen Geist oder –wie ich anderenorts sagte – das „Ethos" derer schließen, die diese Normen erteilen.[10] Bei *gleichen* ethischen Wertvorzugsgesetzen können die „Normen", die man für verschiedene Schichten daraus ableitet, noch sehr verschieden sein.

---

[9] Die sittlich wertvolle evangelische „Armut" ist nicht ein Besitzen und Haben von Gütern vom Wert 0, sondern ein Nichtbesitzen und Nichthaben; sie betrifft das *geistige* Verhältnis zum Besitz, nicht Besitz in seinem objektiv rechtlichen Sinne. Darum: „Die Welt besitzen, als besäße man sie nicht!"

[10] Vgl. meine eingehende Ausführung über das Wesen der sittlichen „Normen" im zweiten Teil des Buches: „Der Formalismus in der Ethik und die materiale Wertethik", Halle 1914.

Ja, häufig muß man von den „Normen" sogar ex contrario auf das Ethos schließen. Zur Norm wird nur die Verwirklichung solcher als „richtig" anerkannten
Vorzugsgesetze zwischen Verhaltungsweisen erhoben, die man nicht schon durch
vorhandene, deutlich sichtbare *Kräfte* erwartet. Eben da Thomas selbst Mönch
ist, der auf allen Besitz verzichtet hat und innerhalb des Spielraums *seiner* Wirksamkeit eher eine zu große Gleichgültigkeit gegen Besitz und Reichtum sieht
und erwartet, sucht er in seinem echt scholastischen Bestreben, die Lebensgüter
abzustufen, das relative Recht des Reichtums hervorzuheben. Der Mönch zeigt
immer gern, er sei nicht „nur" Mönch, er könne auch das weltliche Leben voll
verstehen und würdigen. Jene protestantischen Lehrer dagegen *rechnen* bereits
mit dem starken Erwerbstrieb derer, an die sie sich wenden; sie stehen mitten
im Leben und suchen eher zu bremsen als zu befeuern. Diese grundverschiedene
Einstellung *allein* dürfte jene verschiedene Färbung veranlassen.

Das größere „Interesse" und die größere „Sympathie" der Scholastiker mit
dem jungen bürgerlichen Wirtschaftsleben ihrer Zeit gegenüber den Protestanten
hat aber eine noch weit tiefere Wurzel als die eben genannte. Sie liegt in einem
allgemeinen Wesenszug der katholischen und protestantischen Auffassung von
Religion und Moral, von Evangelium und Gesetz. Der katholische Moralist will
bis auf den heutigen Tag das *gesamte* weltliche Leben bis ins konkreteste hinein
unter religiös-sittliche Normen beugen, die im letzten Grund aus der *lex divina*
fließen, und denen zu gehorchen ihm keine geringere Bedingung für Heil und
Seligkeit ist als der Glaube an Christus, seine Gnade und Erlösung. Darin liegt
zugleich der Anspruch der Kirche beschlossen, das *gesamte* Leben der Kultur
einschließlich des Wirtschaftslebens sittlich und religiös zu leiten und nichts von
der gesamten menschlichen Werktätigkeit als indifferent für die Erreichung der
höchsten Lebensziele anzusehen. Indem der gesamte Protestantismus (hier einig)
das „Gesetz", nicht nur die sogenannte *judicilia* und Zeremonialgesetze, sondern
auch *Sittengesetz* und *Dekalog* für „endlich" und „irdisch" erklärt und es nur
um des „weltlichen Friedens willen" (Luther) als verpflichtend, nicht aber als
religiös und zur Rechtfertigung und Seligkeit verbindlich ansieht, verzichtet er
auch prinzipiell *auf jede* Art von sittlich-religiöser Leitung des Wirtschaftslebens.
„Das Gesetz bleibe außer dem Himmel, d. i. es bleibe außerhalb des Herzens und
Gewissens. Dagegen bleibe auch die Freiheit des Evangelii außer der Welt, das
ist außer dem Leibe und seinen Gliedern" (Luther). *Eine* Stelle für zahllos viele!

Dieser Unterschied ist aber unendlich wichtiger als die besonderen, weit aus-
einandergehenden Meinungen und Gesinnungen, die einzelne Reformatoren und
einzelne Scholastiker über den Sinn, den Wert und die Ziele der wirtschaftlichen
Arbeit besaßen. Die protestantische *dualistische* Scheidung und Analogisierung

der Gegensätze Leib – Geist, Gesetz – Evangelium, Welt – Himmel, Obrigkeit – Christus enthält mit dem prinzipiellen Verzicht auf organische Durchdringung der „Welt" mit dem „Göttlichen", der Heiligung und Vergeistigung auch der *Leibessphäre* des Menschen, auch den weiteren Verzicht, in irgendeiner Form den Erwerbsbetrieb religiös-sittlich zu *begrenzen*. Darum das geringere „Interesse" der protestantischen Theologen und Sittenlehrer für das Wirtschaftsleben, darum (in den ersten Zeiten) das Fehlen einer ausgedehnten moralischen Kasuistik! Daß Luthers wirtschaftsethischer und -politischer Gesichtskreis ganz mittelalterlich handwerksgebunden ist, wogegen Calvin seinen aktiven, regimentalen, organisierenden Willen von vornherein auf die großen Ziele des jungen Genfer, ja, des internationalen Kapitalismus wirft und die neuerweckte moralische Energie der von Ewigkeit her „Auserwählten" und zur Herrschaft berufenen Gemeinde gerade in dieser Richtung entbindet, besagt gegenüber *dieser* großen Umordnung von Religion und Wirtschaft so wenig, wie die zarten Sympathien jener Scholastiker für den aufkeimenden Erwerbsgeist des Bürgertums. Auf die prinzipielle Emanzipation des *Geistes* des Wirtschaftslebens überhaupt von *irgendwelcher* Inspiration einer spirituellen religiös-sittlichen Autorität und aller priesterlichen Leitung – darauf kommt es als einer der ersten Vorbedingungen der Entstehung des neuen kapitalistischen Geistes an!

Auch bei Sombart finde ich einen Zug jener verführerischen Burckhardt-Nietzscheschen Perspektive, die im Katholizismus vor und bis zur Renaissance eine sukzessiv sich steigernde Verweltlichung und Entchristlichung des europäischen Lebens sieht, die – sich selbst überlassen – zur Ausschaltung der christlichen Werte aus Europa geführt hätte; die aber durch den neuen protestantischen Supranaturalismus und die Idee der „Rückkehr" zu altchristlichen Verhältnissen „unterbrochen" worden sei. Der „Kapitalismus" erscheint dann natürlich als bloßes Glied dieser Verweltlichung. Diese Auffassung aber ist grundirrig. Sie übersieht vor den verweltlichen Zuständen der Außenseite des römisch-italienischen Klerus und dessen Ausstrahlungen – die im Grunde nur zur Geschichte Italiens gehören – die Festigkeit und Kontinuität des inneren Lebens der Kirche als Weltinstitut; sie übersieht das Vorhandensein der reformfähigen Kräfte gegen diese Mißstände innerhalb der Kirche aus der durch Augustin, Bernhard, Franziskus beseelten Frömmigkeitsform heraus; und sie verkennt vor allem, daß die „Reformation" nur in der *subjektiven* Intention der sie leitenden religiösen Persönlichkeiten eine „Wiederherstellung" des Urchristentums war, daß sie aber *faktisch* – insbesondere in ihrer Ausbreitung und Machtgewinnung – von völlig *anderen* Kräften bewegt war und darum auch einen ganz neuen religiös-sittlichen Zustand Europas erzeugte.

Obgleich die Reformation sich in großen religiösen Persönlichkeiten aussprach, ist sie – wie in ausgezeichneter Weise Dilthey[11] zeigte – nicht aus
autochthonen *religiösen* Erlebnissen geboren. Es gibt keines der dogmatischen
Prinzipien des Protestantismus, das nicht im Rahmen der Kirche vor der Reformation Unterkommen gefunden hat und auch weiterhin gefunden hätte. Das
Formalprinzip der unter dem Beistand des heiligen Geistes *(sanctus Spiritus inter-*
nus) gelesenen Schrift als letzter und genügender Quelle christlicher Erkenntnis
hatten bereits spätere Franziskaner wie Duns Scotus aufgestellt; das Materialprin-
zip Luthers, die „justificatio sola fide", war in der vorreformatorischen Kirche
Deutschlands und Italiens weithin verbreitet, ohne daß die Kirche hieran Anstoß
genommen hätte; selbst bei Bernhard von Clairvaux und bei Franziskus von
Assisi finden sich deutliche Spuren.

Die Gnadenwahllehre war die Lehre des größten Kirchenvaters Augustin. Erst
nach vollzogener Reformation und Kirchentrennung erhielten diese dogmatischen
Sätze als Kennzeichen der Abgefallenen den scharf häretischen Charakter, den sie
seitdem für die Katholiken besitzen.[12] Was die Reformation herbeiführte, waren
vielmehr die vereinigten Mächte des europäischen Individualismus, wie es sich
auch in Renaissance und Humanismus kundtat, des germanischen Geistes, der
sich dem römischen Imperiumgedanken, wie er in der Kirche fortlebte, nun völlig entwand, und vor allem der Geist des gegen die aristokratisch-kontemplative
Lebensform gewandten arbeitsdurstigen, die gemüts- und willensmäßigen Eigenschaften des Menschen als dessen „Wesen" erlebenden jungen Bürgertums –
verbunden mit den partikularen, gegen die Einheit des Kaisertums gerichteten
fürstlichen Gewalten. Das religiöse Erlebnis und seine dogmatische Formulie-
rung, seine biblische und philosophische Rechtfertigung aber formten sich in den
leitenden Personen *unwillkürlich so,* daß es diese dreifachen Emanzipationskräfte
vor dem christlichen Gewissen auch als *gerechtfertigt und* die faktische Emanzipation als pflichtmäßig geboten erscheinen ließ. Und erst als mögliche *Brechstangen*
gegen den kirchlichen Priester- und Kulturmechanismus, der nun wie ein teufli-
sches Netz der Absperrung der individuellen menschlichen Seele vor ihrem Gott
erschien, erhielten auch die neuen dogmatischen Lehren ihre Bedeutung und ihre
brennende Leidenschaft.

Die Umgießung des kultischen Werkgeistes, als der praktischen Seite von Kontemplation und Anbetung, in den weltlich-praktischen Werkgeist der Berufs- und
Erwerbsarbeit – *das* ist der Kern alles Streites um die Bedeutung der „guten

---

[11] Siehe den Abschnitt „Das Wesen der reformatorischen Religiosität", a. a. O., S. 19.

[12] So daß in manchen Jesuitenniederlassungen z. B. selbst die Lektüre Augustins verboten
war.

Werke". Und eben darum findet das Paradoxe statt, daß der gesteigerte Supranaturalismus der protestantischen Frömmigkeit, d. h. die restlose unvermittelte
Hingabe der individuellen Seele an Gottes Gnade, die Leugnung des „freien
Willens" usw., die Wucht der menschlichen Willensenergie gar nicht mehr nach
„oben", sondern nach „unten" auf die grenzenlose Arbeit an der Materie span-
nen mußte, ja erst jene grenzenlosen Willensmächte zur Formung und Ordnung
der Materie *entwickelte,* die in dem griechischen und katholischen Lehr- und
Lebenssystem, in dem der Mensch im Universum wie im Himmel zunächst Rei-
che wohlgeordneter intelligibler Substanzen kontemplierte, ganz unmöglich und
unnötig waren.[13] Es ist daher nicht richtig, wenn Sombart meint, die „religiöse Vertiefung durch den Protestantismus" hätte wie jede solche Vertiefung eine
Indifferenz gegen wirtschaftliche Dinge erzeugen müssen oder gar: „Es müsse
der Kapitalismus um so mehr Anhänger finden, je mehr der Blick des Menschen
auf die Freuden dieser Erde gerichtet sei." Sombart übersieht hier, daß die genetische Abfolgeordnung in der Entstehung der Triebstruktur des kapitalistischen
Menschen *nicht war:* 1. neue Weltfreude und neuer unbegrenzter Genußtrieb; 2.
neuer und unbegrenzter Erwerbstrieb; 3. neuer und unbegrenzter *Arbeitstrieb,*
sondern daß gerade die umgekehrte Ordnung der Abfolge der Wirklichkeit entspricht! Der neue, religiös-sittlich nicht mehr begrenzte Arbeitstrieb, geboren aus
der Wendung der *Willens- und Tätigkeitsenergie* auf die Materie als Folge seiner
Abwendung von Gott und der himmlisch-intelligiblen Sphäre, gerechtfertigt aber
aus Schriftprinzip, sola fides und den neuen Gnadenlehren, ist es, der zu grenzenlosem Erwerben – dann sekundär zu grenzenlosem Erwerbstrieb, endlich und
sehr spät erst zu neuem Genießen und neuem Genußtrieb führt. Und gerade die
neue supranaturalistische religiöse *Entwertung* der Welt hebt die *Weltliebe*[14] und
die kontemplative Stellung zu ihr auf und macht sie zu einem bloßen nüchternen
„Widerstand" für eine jetzt unbegrenzte Arbeitsenergie. Eine in sich wertvolle,
„Freude" auslösende Welt bestaunt und bewundert man; nur die entwertete Welt
kann *grenzenlose* Arbeitsenergie entwickeln!

Ohne diese *Richtungsumkehr* der Willensenergie, welche der Protestantismus hervorbrachte, dürften nun aber auch die einzelnen sittlichen Begriffe und

---

[13] Treffend hebt Dilthey (a. a. O.) die Wichtigkeit des Satzes aus Melanchthons Dogmatik
hervor: „Denn Christus erkennen, heißt seine Wohltaten erkennen, nicht über seine beiden
Naturen oder den Hergang der Menschwerdung spekulieren."

[14] Darum stehen die Formen des künstlerischen Renaissancepantheismus, wie sie Dilthey
in seinem Aufsatz „Der entwicklungsgeschichtliche Pantheismus" so feinsinnig beschrieben
hat, der Entfaltung des kapitalistischen Geistes so völlig fern (in: Gesammelte Schriften, Bd.
2, a. a. O.).

Ermahnungen nicht voll zu verstehen sein, welche einerseits die kirchlichen Thomisten, die puritanischen und später methodistischen Prediger andererseits ihren
Gläubigen erteilen. Die „rationale systematische Selbstkontrolle" innerhalb des
Calvinismus und Methodismus z. B., welche Max Weber treffend als so fruchtbar für die Erzeugung des kapitalistischen Unternehmergeistes hervorhebt, hat
schon darum eine ganz andere Bedeutung als bei Thomas, weil das Ziel der
durch sie entbundenen Energie nicht mehr die sittlich-religiöse *Heiligung* und
Beseeligung ist, sondern nur die „*Bewährung*" eines schon vorhandenen Gnaden-
standes in der Arbeit und im Beruf. Aber auch abgesehen hiervon ist sie von
jener grundverschieden. Wie bei der katholisch-thomistischen Grundvorstellung
des Verhältnisses von Leib und vernünftiger Seele – daß sie zusammen *ein* Wesen
und nicht zwei Wesen ausmachen – nicht anders zu erwarten ist, fehlt hier mit
dem neuen, auf dualistischen Vorstellungen gegründetem *prinzipiellen Mißtrauen
von Mensch zu Mensch* und jener seelisch-religiösen Inselhaftigkeit jedes Individuums auch das *prinzipielle Mißtrauen* in die leibliche Trieborganisation, die
im Puritanertum die „Vernunft" geradezu zu einem Spionage- und Polizeisystem
gegen alle natürlichen Regungen machen mußte.[15] Der vom Geist der puritanischen englischen Revolution getragene Thomas Hobbes spricht geradezu von
den „Konspirationen der Triebe", welche die Vernunft auszuspionieren habe. Erst
das auch in aller protestantischen Dogmatik aufs äußerste gesteigerte *Mißtrauen*
gegen den natürlichen Menschen (als „völlig verderbt" durch den Sündenfall)
konnte mit der Beseitigung der thomistischen Vorstellung einer inneren Teleologie schon im *natürlichen* Triebleben, die die Vernunft nur zu den höchsten Zielen
hinzuleiten hatte, die neue Aufgabe zeitigen, daß der Mensch kraft seines gna-
dengeborenen Willens seine hier als ganz „chaotisch" geltenden Triebbündel zu
etwas überhaupt Sinnvollem erst *künstlich zu* gestalten habe.

  Die thomistische Selbstkontrolle ist – innerhalb des Weltlebens – eine gele-
gentliche; sie funktioniert von Fall zu Fall, da also, wo die innere Teleologie der
Triebe aussetzt. Sie ist nicht „systematische", nach innen gewandte Askesis, mit
dem Ziel, einen neuen künstlichen Menschen überhaupt erst hervorzubringen.
Das in den puritanischen Ländern ausgebildete *äußere* Spionagesystem gegen
Unzucht, Trunk, Laster, Luxus aller Art – ohne Beispiel in den katholischen Län-
dern – entspricht nur als *Folge* diesem neuen Erlebnisverhältnis von Vernunft und
Trieb, das auch Kant – hierin seinen puritanischen Traditionen folgend – noch

---

[15] Vgl. die Analyse des englischen cant in meinem Buch „Der Genius des Krieges und der
deutsche Krieg", a. a. O.

zur Grundlage seiner Ethik macht.[16] Nicht um eine „Wiederbelebung" thomisti-
scher Grundsätze – wie Sombart sagt –, sondern um ein ganz *Neues* handelt es
sich hier – auch wahrlich nicht um eine nur andere „dogmatische Begründung"
desselben moralischen Verhaltens, sondern um eine grundverschiedene Selbststel-
lung. Hier ist äußere Natur wie innere Natur (des Trieblebens) gleichermaßen ein
durch den gnadengestählten Bewährungswillen erst zu ordnendes Chaos, nicht
ein selbstwertiges, *selbst* schon und *in sich* vernunft- und zweckbewegtes Ganzes.
Der *äußere* Technizismus der Produktion in den angelsächsischen Ländern – wie
ihn Francis Bacon zuerst programmatisch intendierte – steht in innigster Geis-
teskontinuität mit diesem inneren Technizismus der Triebregelung. Gewiß, die
Namen Fleiß, Betriebsamkeit, Mäßigkeit, Sparsamkeit, Keuschheit sind dieselben
wie in der Tugendlehre des Thomas. Aber was damit gemeint ist, ist himmelweit
verschieden; so verschieden wie die beiden Menschentypen und ihre geistigen
Grundintentionen!

Nach diesen Intentionen, nicht nach zufälligen Nebenwirkungen muß aber
auch das kanonische Zinsverbot in seinem Verhältnis zum Kapitalismus verstanden werden. Zunächst ist hier weder der Inhalt des Verbotes, noch seine
Begründung, noch seine zweckgeleitete Interpretation durch Thomas und seine
Schule das wichtigste. Wichtiger als all dies ist vielmehr der in ihm exem-
plifizierte Anspruch einer *spirituellen Autorität,* dem Wirtschaftsleben Gesetze
vorzuschreiben und die prinzipielle Beseitigung dieses Anspruchs – mit dem Kern
des *ius canonicum* – durch den Protestantismus. Hiervon abgesehen ist es gewiß
richtig, daß die Interpretationen des Verbotes durch Thomas, noch mehr durch
Antonius von Florenz und Bernardus von Siena, auf die Sombart hinzuweisen
das Verdienst hat, die *fruchtbaren* Kapitalanlagen – im Gegensatz zu Konsumtiv-
kredit und Wucher – begünstigen. Daß die Genannten aber die Interpretation, das
Verbot gelte nicht, „wenn der Geldgeber Gewinn *und* Verlust des Unternehmers
mittragen wolle", also schließlich doch im Grunde „stiller Geschäftsteilhaber"
sei – nicht aus den naheliegendsten Gründen, die ihnen ihr Begriff des „gerechten Tausches"[17] an die Hand gab, sollten gegeben haben, sondern daß sie damit
den Zweck möglichster Beförderung des wirtschaftlichen Unternehmungsgeistes systematisch verfolgt hätten, dafür sehe ich keinen Beweis. Die Ausbildung
des Kapitalbegriffes bei Bernardus von Siena, „Geld habe als Kapital nicht einfach den Charakter des Geldes oder einer Sache, sondern darüber hinaus eine

---

[16] Vgl. meine Kritik dieser Lehre Kants im ersten Teil des Buches „Der Formalismus in der
Ethik und die materiale Wertethik", a. a. O.

[17] Den schon Aristoteles besitzt.

schöpferische Eigenschaft, die wir eben Kapital nennen"[18], zeigt nur, daß Bernardus nicht konsequent war. Denn sonst hätte er folgern müssen, daß *jeglicher* Produktivkredit mit Zinsen als solcher „Kapital" kredit erlaubt sei, *nicht* nur jener, wo der Geldgeber auch am *Verlust* des Unternehmens voll teilnehme. Diese „Einschränkung" – wie Sombart diese Hauptsache nennt – setzt doch den Unternehmungsgeist, der nach Sombart durch diese Interpretation im Geldempfänger gefördert werden soll, im Geldgeber auch bereits im gleichen Maße voraus; er führt für Antonius zu dem Widerspruch, daß pures Kapital *trotz* seiner „schöpferischen Eigenschaft" keine Zinsen abwerfen dürfe.

Gerade weil die Scholastiker – hier ganz einig mit den Kirchenvätern – jedes arbeitslose Einkommen prinzipiell verwerfen und gleichzeitig alle wirtschaftlichen Werte – wieder mit den Kirchenvätern – an „Arbeit" und „Kosten" gebunden[19] denken, zeigen sie, daß es ihnen nie und nirgends auf die Vergrößerung des Gesamtproduktes der Volkswirtschaft oder eine Förderung des Wirtschaftslebens an sich ankam, – die durch Erlaubnis fest verzinslicher Kapitalanlagen reicher Nobili bei tätigen Unternehmern doch weit größer gewesen wäre, – als darauf, daß alles Einkommen wahrhaft verdient[20] werde und daß die Arbeit wegen ihrer *sittlichen* Bedeutung, *nicht* wegen ihres Nutzerfolges zu schätzen sei.

Die ganz andere Frage, ob diese religiösen und kirchlichen Neuformen erst spontan aus sich heraus den kapitalistischen Geist erzeugt haben oder doch zu den primären Ursachen seines Ursprungs gehören (mehr behauptet auch Max Weber nicht), möchte ich gleichwohl im Prinzip verneinen. Sehen wir von den ganz unvorhersehbaren leitenden Persönlichkeiten ab: Aufnahmefähigkeit und Verbreitung dieser Lehren waren zweifellos durch den eben zur Herrschaft gelangenden *Vitaltypus* des „Bourgeois" vorbereitet und bedingt. Nicht der Protestantismus – auch nicht der Calvinismus hat den Bourgeoisgeist „erzeugt", sondern der Bourgeoisgeist *durchbrach* im Calvinismus auch innerhalb der religiösen und kirchlichen Sphäre die Schranken, die ihm die katholische Kirche, die ihm auch Thomas von Aquin gesetzt hatten. Auch die Sombartschen Einwände gegen Webers These von der spezifischen Bedeutung des Calvinismus für die Bildung des kapitalistischen Geistes scheinen mir auf einem Mißverständnis psychologischer Art zu beruhen. Weber ging, sehe ich recht, von der richtigen

---

[18] Werner Sombart, Der Bourgeois, a. a. O., S. 320.

[19] Die sog. „Kostentheorie" des wirtschaftlichen Wertes findet sich bereits bei den Kirchenvätern.

[20] Man beachte die Bedeutungsverschiebung im Wort „verdienen" von = würdig werden eines Vorteils und = Erlangen dieses Vorteils.

Einsicht aus, daß in der Bildung des kapitalistischen Geistes der Ursprung der Komponente eines grenzenlosen Arbeitenwollens und Erwerbenwollens gegenüber aller Weltfreudigkeit und allem Genußstreben, aber auch gegenüber allem Streben nach *Besitz* und *Reichtum* den genetischen und zeitlichen Vorrang besitzt. Das ist aber etwas völlig anderes als was Sombart meint, wenn er von einem grenzenlos gewordenen „Erwerbstrieb" als der letzten psychischen Ursache der kapitalistischen Wirtschaft spricht.[21] Nicht der „Erwerb" oder ein „grenzenloser Erwerb" (hinaus also über alle standesgemäße Bedarfsdeckung) ist nach Weber das primäre Strebensziel der neuen Träger des kapitalistischen Geistes: sondern das Erwerben des Erwerbs, sein Erarbeiten selbst – unabhängig von der nur natürlichen Folge, nämlich der Besitz- und Reichtumsbildung – wird zum *Inhalt* einer dauernden *Willenseinstellung.*

Das ist eine Welt des Unterschiedes! Der calvinistische Typus „will" nicht den Reichtum oder grenzenlosen Reichtum (geschweige gar seinen Genuß), sondern er „will" das Erwerben des Reichtums, das Verdienen des Reichtums. Diese *Aktion* des „Erwerbens", „Verdienens" selbst und ihre seelische Spannung, die sich gar nicht an der Größe seiner jeweiligen *Steigerung* oder des „Profits" durch den Akt des Erwerbens mißt – und auch nur im durchschnittlichen Falle mißt –, wird der mit dem Charakter der „Pflichtgemäßheit" umkleidete *primäre* Willensinhalt des puritanischen Geschäftsmannes. Sekundär und erst durch Gewöhnung an die Erfolge dieser Einstellung auf Erwerben, Verdienen selbst entsteht dann die „Profitgier" und erst tertiär aus der Gewöhnung an die *faktische,* gar nicht intendierte Summierung der Profite die Gier auch nach grenzenlosem Reichtum.

Und das ist nun der eigentümliche Zusammenhang mit der Prädestinations- und Gnadenlehre Calvins, daß, indem jede Spur der Idee des „gerechten Verdienstes" aus dem Grundverhältnis von Gott und Mensch zugunsten der absoluten Macht-Souveränität des vor allem (alttestamentlich) als „Allmächtigen" erlebten Gottes völlig beseitigt ist, das bloße Verdienen als „Verdienen" selbst (d. h. durch Tat sich würdig zu etwas, z. B. auch des Besitzes, des „Erwerbes" erweisen) nun ausschließlich auf außersittlichen und außerreligiösen, *materiellen* Wertgebieten zur *allein* regierenden Zielidee des Lebens wird. Gleichzeitig wird es zur Idee, in deren Verwirklichung der furchtbare, die Seele des Frommen stetig bewegende *Zweifel* über Erwähltheit und Verdammtheit einerseits narkotisiert wird, andererseits aber die Erwähltheit selbst sich noch zur „Bewährung" (ohne letzte Evidenz)

---

[21] So schon in „Der moderne Kapitalismus", Leipzig 1902.

bringt.[22] Wenn Werner Sombart Stellen aus Samuel Butler und aus anderen calvinistischen Schriftstellern anführt, die Verachtung nicht nur des *Genusses* des
Reichtums, sondern auch des Reichtums *selbst* predigen, so besagen *diese* Stellen
gegen den narkotisierenden und „bewährenden" Wert des Verdienens und Erar-
beitens des Reichtums gar nichts. Wenn die Schotten ihre Prediger mit Schimpf
und Schande zur selben Zeit aus dem Land jagten, als ihre intensivste Zuwendung
auf das Wirtschaftsinteresse beginnt, so ist dies kein Beweis, daß nicht eben diese
Wendung durch den Calvinismus organisch vorbereitet war. Sie gewannen nur
jetzt an den Profiten und deren Summierung *selbst* Gefallen. Aber wie wäre dies
möglich gewesen, wenn das calvinistische Ethos nicht zuerst auf die *Aktion* des
Erwerbens und Verdienen als der intensivsten Machtäußerung Gottes auf die Welt
durch und in seinen „Erwählten" die überschwengliche Prämie der „Bewährung"
der Heilsgewißheit gesetzt hätte?

Anders steht es mit der psychologischen Beurteilung der Herkunft des calvinistischen Frömmigkeitstypus. Das *tiefe Ressentiment* gegen das katholische
Ideal der „Heiligkeit", die der Mensch in tiefer organischer Kooperation mit der
göttlichen Gnade sich selbst in sittlicher Selbstgestaltung und Liebe erwirbt und
verdient, und die von zentraler Seligkeit und Ruhe begleitete Heilsevidenz in der
Liebes- und Gebetsgemein*schaft* mit Gott durch Christus und durch seine Kirche,
wie sie das katholische Ideal einschließt, – befeuerten in der Tiefe das dunkle,
stürmische, heiße, machthungrige Wesen Calvins. Aus der *ersten* Richtung der
Bewegung dieses romanisch-imperialen Gemütes erwuchs ihm einmal die Wie-
deraufnahme und Modifikation der augustinischen Lehre von der Gnadenwahl
und damit die prinzipielle Preisgabe alles menschlichen Strebens für das Ziel
der Heilsgewinnung, gleichzeitig aber die ganz unaugustinische Abspannung und
Hinspannung aller früher auf dieses Ziel hingerichteten menschlichen Energien
auf die rastlose materielle *Weltarbeit*. Nachdem der Heils- und Heiligungsprozeß
zwischen Mensch und Gott durch diesen absolut unbegreiflichen Gewaltakt eines
Gottes, der nur als souveräne „Macht"[23] gesehen ist, ein für alle Mal von Ewigkeit her *beendet* und jeder inneren Geschichtlichkeit beraubt war, mußten sich die
höchsten und stärksten Energien des Menschen, die sich früher im Prozesse der
Heilsgewinnung selbst betätigt hatten, ganz auf die *Bearbeitung* und *Formung* der
Materie lenken und gleichsam in endlose Arbeit an ihr ausbrechen.

---

[22] Eine letzte Evidenz der Erwähltheit gibt es nach Calvin auch für den Erwählten selbst
nicht.
[23] Nicht zuvörderst als dem Prinzip der Gerechtigkeit überhobene unendliche Liebe wie in
der innerlich ganz anders gearteten Augustinischen Lehre von der Gnadenwahl.

So steht dem Ressentiment auf den „Seigneur" und die „Signori" (dem „homme ouvert" des praktischen Lebens), wie es bei Alberti so deutlich auftrat, sowohl bei Calvin als auch in vermindertem Maße bei Luther *das Ressentiment auf den „Heiligen"* der katholischen Auffassung (den „homme ouvert" innerhalb des Religiösen) zur Seite. *Beide* Ressentimentsformen sind emotionale Wurzeln der Welteinstellung des frühkapitalistischen Menschen. Die zweite Grundbewegung aber des calvinistischen Typus und die Quelle des rastlosen Arbeitens und Geldverdienenwollens ist der ewig bohrende unselige Zweifel des Individuums, ob es wohl zum Himmel auserwählt oder zur Hölle verworfen sei. Denn nun wird jene endlose Weltarbeit die einzige Form der narkotisierenden Hinwegsetzung über die nach Calvin auch für den Erwählten fehlende echte unmittelbare Heilsevidenz. Nur in dem die immer bloß hypothetische Annahme der Auserwähltheit „bewährenden" *Spannungserlebnis,* das die Aktion der Weltbearbeitung begleitet, ist nun ein Surrogat für die im Kern der Existenz fehlende Heilsevidenz, d. h. für die metaphysische *innere Leere,* gegeben.[24]

Das ist hier ausschlaggebend: die religiös-metaphysische *Verzweiflung* des modernen Menschen ist überall Wurzel und Beginn des sich nach außen ergießenden *endlosen Tätigkeitsdrangs.* Schon Blaise Pascal kannte diesen Typus genau, der durch innere metaphysische Unsicherheit sich in den Strom äußerer Geschäfte stürzt und der im calvinischen Typus seine reinste Ausprägung findet.[25] Die seelischen Mächte der religiös-metaphysischen Verzweiflung, eines sich steigernden Welt- und Kulturhasses, eines prinzipiellen Mißtrauens von Mensch zu Mensch (siehe die Belege bei Max Weber), das alle *Gemeinschaft* zugunsten lauter „einsamer Seelen und ihres Gottes" zersetzt, und schließlich *alle* menschlichen Verbindungen auf solche von äußerem Rechtsvertrag und Nutz-Interesse zurückleitet, sind die im Calvinismus gesetzten Wurzeln des kapitalistischen Geistes.

Daß im Laufe der historischen Entwicklung die christlich-kirchliche Symbolisierung und Scheinrechtfertigung der neuen seelisch-geistigen Mächte des neuen Menschentypus zurücktrat, und daß sich in jener Weltanschauung und „Erlebnisstruktur", die Wilhelm Dilthey in seinem Aufsatz „Das natürliche System der Geisteswissenschaften im 17. Jahrhundert" – alle Zweige der Kultur und des Wissens durchwaltend – so trefflich aufwies, der Geist des neuen Bürgertums immer deutlicher und offener aussprach und immer mehr die früher gewählten

---

[24] Über das Verhältnis dieser „Leere" zum englischen cant vgl. die Analyse des cant in meinem Buch „Der Genius des Krieges und der deutsche Krieg", a. a. O.

[25] Siehe Blaise Pascal, Pensées sur la religion et sur quelques autres Sujets. Nouv. ed. Paris 1715.

religiösen und dogmatischen Masken ablegte, in die er sich bei seinem Ursprung hüllte – das ist nur daraus begreiflich, daß eben derselbe „Geist" schon *hinter* den Reformatoren und ihrem Anhang als der eigentliche Dampf aller religiösen Neuerungen getrieben hatte. Bei aller seiner Sympathie zum „natürlichen System" – die wir *nicht* teilen – gesteht schließlich auch Wilhelm Dilthey: „Innerhalb des wirtschaftlichen Gebietes hat das natürliche System die furchtbare Konsequenz des Kapitalismus hervorgebracht. Das bewegliche Kapital ist innerhalb der modernen Rechtsordnung ganz so wie einst innerhalb der Ordnung des römischen Imperiums unbegrenzt in seiner Macht. Es kann fallen lassen, was es will, und ergreifen, was es will. Es gleicht einer Bestie mit tausend Augen und Fangarmen und ohne Gewissen, welche sich wenden kann wohin sie will".[26]

---

[26] Wilhelm Dilthey, Gesammelte Schriften, Bd. 2, a. a. O., S. 245.

Die Zukunft des Kapitalismus

4

Der Kapitalismus ist an erster Stelle *kein* ökonomisches System der Besitz-verteilung, sondern ein ganzes Lebens- und Kultursystem. Dieses System ist entsprungen aus den Zielsetzungen und Wertschätzungen eines bestimmten bio-psychischen *Typus Mensch,* eben des Bourgeois, und wird von deren Tradition getragen. Ist diese Thesis richtig, die wir mit Sombart teilen, so ist nach dem Satz „cessante causa effectus" und dem nicht weniger gültigen, daß erst durch Veränderung (Abnahme) der Ursache eine Veränderung (Abnahme) der Wirkung zu erwarten ist, auch nur dadurch und in dem Maße ein Niedergang des Kapi-talismus zu hoffen, als eben dieser Typus *Mensch* seine Herrschaft verliert – sei es, daß er in seiner eigenen Natur und der ihr immanenten Entwicklungstendenz einen Keim seines Aussterbens trägt; sei es dadurch, daß wenigstens sein Ethos durch das Ethos eines andersartigen Typus Mensch in der Herrschaft abgelöst wird.

Schon kraft dieser aus dem Ergebnis der Ursachenerforschung des Kapitalis-mus sich notwendig ergebenden Problemstellung ist es ausgeschlossen, von einer irgendwie erfolgenden Abänderung der bestehenden Eigentums-, Produktions- und Verteilungsordnung der Wirtschaftsgüter (wie sie alle sozialistischen Parteien fordern und erwarten) ein Verschwinden des Kapitalismus, sei es ein plötzliches durch Revolution, sei es ein allmähliches durch Evolution nach einem vorgeb-lichen, dem modernen Wirtschaftsleben innewohnenden Richtungsgesetz (Tendenz zum Großbetrieb, Akkumulation des Kapitals in immer weniger Händen usw.) zu erwarten; daß dieses sogenannte Richtungsgesetz der Entwicklung für die Landwirtschaft nicht besteht und in ihr der Kleinbetrieb einen im Wesen von Kulturgewächsbau und Viehzucht gelegenen dauernden ökonomischen Vorrang vor dem Großbetrieb behält, gehört überdies zu den am sichersten festgestell-ten Tatsachen der nationalökonomischen Wissenschaft. Ist diese Lösungsart der Frage schon darum eine unmögliche, da sie aus der Einheit des kapitalistischen

M. Scheler, *Ethik und Kapitalismus – Zum Problem des kapitalistischen Geistes,* Klassiker der Sozialwissenschaften, https://doi.org/10.1007/978-3-658-40762-9_4

Kultursystems ein Teilsystem der Wirtschaft – ja der bloßen Industrie herausreißt und von *seiner* primären Änderung eine solche des Ganzen, auch des „Überbaus" erhofft (materialistische Geschichtsauffassung); da sie zweitens auf dem kausalen Irrtum beruht, es sei der Bürgertypus eine Folgeerscheinung der kapitalistischen „Ordnung" (und nicht umgekehrt, wie wir behaupten, diese Ordnung eine Folge des „Bürgergeistes"), so ist andererseits klar, daß jede solche Änderung selbst nur in dem Maße möglich werden kann, als jener Menschentypus samt seinem „Geist" seine Herrschaft verliert.

Ein solcher Vorgang ist aber durch das bloß numerische Anwachsen des Proletariats als ökonomischer Klasseneinheit und dem ihm entsprechenden Anwachsen seiner politischen Macht- und Rechtsstellung schon darum niemals zu erwarten, da der Klassengeist des „Proletariats" selbst nur eine bestimmte *Abwandlung* des Ethos jenes Typus darstellt; soweit ihm wenigstens als „Proletariat", d. h. einer durch Besitzinteressen gebundenen Einheit *gemeinsame* Einstellungen überhaupt zukommen, eben jene, die seiner besonderen gedrückten Stellung und Lage im Bourgeois-Staat und der Bourgeois-Gesellschaft gemäß sind. Weder die revolutionär-syndikalistische noch die evolutionär-parlamentarische und alt-gewerkschaftliche Methode des Vorgehens verspricht irgendwelchen durchschlagenden Erfolg, solange das *bürgerliche Ethos* die verschiedenen kämpfenden Einheiten *gemeinsam* beseelt und es nur die *ökonomischen* Interesseneinheiten und -gegensätze gegen die Minderheit von Besitz und Macht sind, die sie – immer *innerhalb* des Spielraums dieses *Ethos,* nicht außerhalb seiner – zu solchen Kampfeinheiten gestalten. Werden die Gewerkschaften groß und mächtig wie die älteren englischen, so werden sie – wie deren Geschichte zeigt – selbst ganz und gar von bourgeoisem Geist erfüllt. Bleiben sie klein und arm wie die Mehrzahl der französischen, so sind sie trotz alles syndikalistischen Draufgängertums schließlich wirkungslos. Ebensowenig aber kann eine Beseitigung oder auch nur eine Ermäßigung des kapitalistischen Ethos von einer *spontanen* Staatsbetätigung im Sinne einer sich immer erweiternden Sozial- und Versicherungspolitik, die aus der Gesinnung der herrschenden Minorität selbst hervorquölle, ernsthaft erwartet werden; oder gar aus moralischen oder religiösen Predigten und Ermahnungen, die auf eine der Sozialpolitik freundliche Gesinnung hinzuwirken suchen.

Ich sage dies nicht, weil ich die Leistungen dieser Richtung *innerhalb* der kapitalistischen Ordnung und Epoche unterschätzte oder gar der Meinung wäre, daß die unerfreulichen Begleiterscheinungen der sozialpolitischen Gesetzgebung (Verringerung des Selbstverantwortlichkeitsgefühls, steigendes Sichverlassen auf den Staat und daraus folgende Schaffens- und Lebensmüdigkeit, endlose Büro-kratisierung der Produktionstätigkeit und Überlastung der die Gesetzgebung

ausführenden Beamtenschaft mit unübersehbaren Bestimmungen, Versicherungs-
krankheit usw.) so einschneidend wären, daß sie deren Vorteil überwögen. Ich bin
der entgegengesetzten Meinung, und es bedarf nur eines geringen Scharfblickes,
um zu sehen, daß wir bereits mit vollen Segeln in die ersten Stadien des sozialistischen Staates hineingefahren sind; daß wir auf dem Weg weiter müssen, der
zu dem Ziel führt, den der sterbende Herbert Spencer mit den lapidaren Worten charakterisierte: „Es wird kein Mann mehr tun können, was er will, sondern
jeder nur, was ihm geheißen wird." Die Tatsache selbst aber, daß die freiheits-
feindlichen Medikamente des steigenden Staatssozialismus die einzig möglichen
geworden sind, welche das Maximum der Volkswohlfahrt noch zu fördern vermögen, ist selbst eine der übelsten *Folgen* der *Herrschaft* des kapitalistischen
Geistes. Das steigende Übergewicht des „Sicherung" fordernden Bürgergeistes
über die Komponente des aktiven Unternehmungsgeistes, das sich unter anderem
auch in der Bürokratisierung der Unternehmungen äußert, ist ja die *Voraussetzung,* unter der die Sozialpolitik erst jene wohltätigen Folgen hat. Alles das, was
Sozialpolitik und die Gesetzgebung auch im weitesten möglichen Ausmaß zu
leisten vermögen, das ist daher nicht Abänderung des Ethos und Geistes, welche die kapitalistische Ordnung in letzter Linie tragen und nähren, sondern es ist
nur diejenige Art der Abstellung grober Mißstände und Beeinträchtigungen der
Wohlfahrt der großen Massen, die sich unter der noch bestehenden Herrschaft
dieses „Geistes" allein ergeben *können* und *müssen.* Die Herrschaftsdauer dieses
„Geistes" selbst aber wird durch diese Maßregeln eher *verlängert* und *befestigt*
als verkürzt oder aufgehoben.

Es sind ja nur dieselben Grundmotive der maximalen Sicherung der ökonomischen Lebensgrundlagen, die sich im Bedarf einer solchen Gesetzgebung
regen, deren Vorwiegen über die muthafte, gläubige Lebenseinstellung wir früher
als eine der Grundkräfte des Bourgeoisgeistes überhaupt erkannt haben. Nur die
Auswirkung dieser Motive ist je nach den Klasseninteressen verschieden. Dazu
unterliegt der Staat im selben Maße, als er selbst Unternehmer wird, sofern er
mit der Privat- und Kommunalunternehmung noch konkurrieren will, eben *denselben* Strukturen der ökonomischen Motivation (grenzenloses Erwerbsstreben
usw.) wie die Einzelunternehmung. Auch er muß im Maße, als er Unternehmer wird, *Diener* seines Geschäfts und dessen grenzenlosen Wachstums werden.
Anstatt dem kapitalistischen Geist durch seine Betriebe zu steuern, muß er sich
selbst damit erfüllen, muß er selbst „kapitalistischer Unternehmer" werden und so
die Herrschaft dieses Geistes nur noch mit einem *Plus von Autorität* umkleiden.
Soweit seine sozialpolitische Gesetzgebung über das Ziel hinausgehen möchte,
die Arbeitskräfte bloß im Sinne des ökonomischen Prinzips möglichst zu scho-
nen, ist ihm dies also durch seine eigene Natur als „Unternehmer" unmöglich

gemacht. Eben darum behält das radikal-sozialdemokratische Urteil, daß alle Sozialgesetzgebung dem Kapitalismus gegenüber prinzipiell ohnmächtig sei und nur als vorläufiges Surrogat angesehen werden könne, ja in gewissem Sinne die Lebensdauer dieser Ordnung nur verlängere, – im Grunde ein gewisses inneres *Recht.*

Diese konstitutive Ohnmacht des Staates unter der Herrschaft des Bourgeoistypus und seines Geistes wird aber durch einen wichtigen Umstand noch vervollständigt. Die Gruppen und Kreise, welche sozialpolitische Gesetze und Maßregeln nicht als etwas empfinden und gelten lassen wollen, was die Masse und ihre Drohungen dem Staat von unten her abzwingt und abringt, sondern als ein Werk freier, spontaner Staatstätigkeit ansehen, das purem staatlichen Pflichtbewußtsein zu entquellen habe (z. B. die Konservativen vor und während Adolf Stöckers Einfluß), sind – obzwar sie von Haus aus dem Bourgeoistypus biologisch und historisch nicht angehören – im Laufe des Fortgangs der jüngsten kapitalistischen Entwicklung gleichfalls so stark vom „Geist" dieses Typus angesteckt worden, daß eine spontane Sozialpolitik durch sie immer aussichtsloser erscheint. Um sich selbst zu erhalten, wurden sie zwar nicht Diener der Bourgeoisie als *Klasse* – im Gegenteil ihre grimmigsten Feinde – aber doch Diener ihres *Geistes,* und dies mitten im *Kampf gegen sie als Klasse.* Durch die Vermittlung der vorbildlichen Wirksamkeit von industrialistischen Unternehmertypen, wie sie z. B. in Deutschland in der Reichspartei und in dem rechten Flügel des Nationalliberalismus vertreten sind, und hinsichtlich der Lebensführung und der Lebensgewohnheiten durch Nachahmung des aus der Bourgeoisie aufgestiegenen Adels, durch Verheiratung und Verschwägerung mit der Haute-Finance, durch innere Anpassung an einen kapitalistisch beseelten Staat in ihrem Dienst an diesen als Beamte, durch die steigende Angliederung von Industrien an den Grundbesitz und die formale Erfüllung auch der landwirtschaftlichen Erwerbstätigkeit mit dem kapitalistischen Geist haben sie längst das historisch-traditionelle Rückgrat verloren, das ein auch nur einigermaßen erfolgreicher Kampf *gegen* den Kapitalismus voraussetzen würde. Die Ziele dieser Gruppen haben sich immer mehr auf die Erhaltung der Reste ihrer politischen Macht und Vorrangstellung, und zwar zum Zweck, ihren *eigenen,* längst kapitalistisch gewordenen Willen und Geist möglichst einseitig und widerstandslos gegen die „Konkurrenz" der übrigen Klassen durchzusetzen, zusammengezogen; wogegen ein resolutes *Abtun dieses Willens und Geistes* selbst für sie kaum mehr infrage kommt.[1] Jeder Versuch, gegen diese Tendenz einen sogenannten „Kulturkonservativismus" zu begründen, muß gegenüber obigen Tatsachen kläglich scheitern. Die Dandys, die heute

---

[1] Dies war im Februar 1914, also lange vor dem Krieg geschrieben.

dem Parteikonservativismus „geistige" Grundlagen zu geben wünschen und von ihrer plötzlichen Entdeckung des Wertes guter Manieren und Manschetten, die keine Röllchen sind, bis zur Annahme der sogenannten (nicht existierenden) „konservativen Weltanschauung" (die sie komischerweise doch erst zu „machen" wünschen) fortschritten, sind die lächerlichsten Erscheinungen unserer Zeit.

Die Erfüllung der einzigen Gruppen aber, deren biopsychischer Typus und deren historische Traditionswerte noch einen resoluten Kampf gegen den Kapitalismus erwarten ließen, mit kapitalistischem Geist und Ethos ist aber nur ein Beispiel für die Durchsetzung einer der bedeutungsvollsten Tendenzen, welche die gesamte welthistorische Entfaltung jenes Kultursystems beherrscht. Diese „Tendenz" besteht darin, daß die ursprünglich aus Ressentiment geborenen Wertschätzungssysteme der Massen und der älteren Unterschichten der europäischen Völkerwelt – wir dürfen auch sagen, die ihrem Wesen nach „demokratistischen" Wertschätzungen überhaupt –, im Laufe der historischen Entfaltung ihrer faktischen Mehrheiten und der historischen „Demokratie", immer mehr die Wertschätzungen der *faktisch* herrschenden *Aristokratien* und ihrer *Minderheiten* geworden sind. Scheiden wir daher überall aufs schärfste: *„Demokratistische Wertschätzung"*, „demokratisches Ethos" und jeweilig bestehende (politische und soziale) Demokratie; „aristokratische Wertschätzung" (als Wertschätzungsart) und die jeweils herrschende Aristokratie. Dort zwei Wesensarten von *Wertschätzungen,* entsprechend zweier menschlicher Vitaltypen! Hier zwei bestehende *faktische* Volksschichten: faktisch beherrschte Mehrheit, faktisch herrschende Minderheit. Ist diese Scheidung streng vollzogen, so ist es natürlich gar nicht ausgeschlossen, daß eine faktisch herrschende Aristokratie und Minorität mehr und mehr zum Träger *demokratistischer* Wertschätzungen wird (teils durch Aufsteigen des minderwertigen Vitaltypus in die herrschende Minorität, teils durch Ansteckung der Vertreter des höherwertigen Typus in dieser Minorität mit deren Geist); und auch nicht ausgeschlossen, daß sich eine bestehende Demokratie und Mehrheit immer *weniger* mit demokratistischer Wertschätzung erfüllt zeigt.

Der eigentliche Kern- und Springpunkt dessen, was wir Umbildung des vorkapitalistischen Geistes in den kapitalistischen Geist, langsamen Sieg der Sklavenmoral über die Herrenmoral nennen, liegt nun aber faktisch gerade darin, daß die *herrschenden Minoritäten* immer mehr mit demokratischem Ethos erfüllt wurden: Durchaus also liegt er nicht in der Kette von Revolutionen und Massenbewegungen, welche die moderne Geschichte, soweit sie sich im Spielraum der bourgeoisen Erlebnisstruktur befindet, gegen jene herrschenden Minoritäten kennt. Nicht der Schrei nach „Freiheit und Gleichheit", der nur an der Oberfläche liegt, sondern das Suchen nach einer der *Herrschaft würdigen Minorität* ist die *tiefste Seele* dieser Bewegungen. Herrschaft ist nach einem soziologischen

Grundgesetz, das von Wieser[2] treffend das „Gesetz der kleinen Zahl" genannt hat, stets und überall Funktion der *Minorität* (z. B. auch innerhalb der demokratischen Bewegung selbst). Vorzüglich hat Robert Michels in seinem trefflichen Buch über die „oligarchischen Tendenzen" innerhalb der modernen Demokratie mit Aufbietung eines reichen Materials gezeigt, daß mit der *Ausdehnung* der demokratischen Bewegung das Mehrheitsprinzip *innerhalb* der Bewegung steigend zuschanden wird. Aber dieses ganz allgemeine Gesetz sagt noch gar nichts darüber aus, ob demokratistische oder aristokratistische Wertschätzung diese „kleine Zahl" erfüllt. Der innere und durchgreifende Sieg der Sklavenmoral in den Jahrhunderten der Bürgerherrschaft besteht also z. B. darin, daß die *Moral* der „Armen" (Sparsamsein! Reichwerden! Wenig Kinder haben! Sichanpassen, Schlausein! usw.) zur Moral der *faktisch Reichen,* und eben der *herrschenden Minorität* wurde. Wäre *diese* demokratische Moral jene der beherrschten „großen Zahl" geblieben und nicht eben gerade zur Moral der *herrschenden* „kleinen Zahl" geworden, so könnte man ja gerade nie und nimmer von einem Sklavenaufstand in der Moral bzw. von einem Aufstand der minderwertigen *Wertschätzungssysteme* über die höherwertigen Wertschätzungssysteme reden. Denn stets und immer bestimmt eine notwendig „kleine Zahl" der Herrschenden, welche Wertschätzungssysteme zu herrschenden werden. Erst die Tatsache, daß die ethisch und biologisch minderwertigen Wertschätzungssysteme zu jenen der *herrschenden* Minorität wurden, macht die „Revolution" selbst zu einer Art konstanter Einrichtung im Ablauf der modernen Staatsentwicklung. Eben daß der Staat (als soziologische Realität) bei verschiedenen Völkern in verschiedenem Maße in die Herrschaft des minderwertigen Vitaltypus kam oder doch seiner Wertschätzungen –und immer mehr und mehr kommt –, *das* ist ein Hauptzug in jener inneren, lautlosen Umbildung, die hinter allen gewaltsamen Revolutionen und Massenbewegungen liegt. Die Idee eines „Rechtes auf Revolution" – unsinnig, wo die herrschende Minorität mit dem Geist des Edelmuts erfüllt ist – gewinnt erst unter der Herrschaft des Bourgeois ihre tiefe Rechtfertigung.

Ist von der sozialdemokratischen Bewegung und der „Sozialpolitik" kein endgültiger Niedergang des kapitalistischen Geistes zu erwarten, so berührt nach unserer Meinung Sombart in seinen letzten Seiten allerdings die einzig mögliche endgültige Lösung der Frage nach der Zukunft des Kapitalismus von fern, wenn er auf die Bedeutung des Bevölkerungsproblems für die Frage hinweist. Aber in einem sonderbaren Widerspruch zu seinen Aufstellungen über die letzten

---

[2] Siehe die bedeutenden Ausführungen von Friedrich von Wieser in seinem Buch „Macht und Recht", Leipzig 1910.

Ursachen des kapitalistischen Geistes erwartet er schon von einem konstant werdenden Rückgang der Geburtenziffer (bei begrenzter Abnahme der Sterblichkeit) und schließlich der Volksvermehrung überhaupt eine „Verzappelung des Riesen". Wäre Sombart ähnlich wie z. B. Walther Rathenau[3] der Meinung, daß der Kapitalismus als Ganzes eine Folgeerscheinung der steigenden Volksvermehrung zu Beginn und im Laufe der Neuzeit sei – *nicht* also einer prinzipiellen Änderung der ökonomischen Motivationsstruktur –, so wäre auch die Bemerkung wohl begreiflich, daß er im selben Maße abnehmen müßte, als diese Ursache zu wirken aufhört. Nicht aber ist diese gerechtfertigt, wenn – wie Sombart richtig annimmt – die Herrschaft eines bestimmten *qualitativen* biopsychischen Typus Mensch seine wahre Wurzel ausmacht. Bevölkerungsrückgang könnte in diesem Falle doch nur die Wirkung haben, daß durch steigenden Mangel an Arbeitskräften und an Konsumentenbedarf die *Dimensionen* der ökonomischen Leistungen des Kapitalismus zusammenschrumpften, ohne daß sich an der kapitalistischen Ordnung selbst und noch weniger an dem „Geist", der sie trägt, irgend etwas änderte. Ja, die durch den Bevölkerungsrückgang bedingte Erschwerung der nationalen Konkurrenz mit den slawischen Völkerschaften, die jener Tendenz zur Abnahme der Bevölkerungsvermehrung nicht oder weniger unterliegen, könnte höchstens den kapitalistischen Geist noch gewaltig steigern. Eben da – wie Sombart treffend sagt – ein galizischer Jude mit demselben oder noch größerem Aufwand kapitalistischen Geistes als ein Berliner Bankdirektor, der Tausende verdient, etwa 5–10 Mark täglich verdient, ist mit der Verkleinerung der *Effekte* der in diesem Geist geführten Unternehmung dieser „Geist" selbst in nichts verringert. Es kann daher nur die *qualitative* Seite des Bevölkerungsproblems, nicht seine quantitative, sein, die für die dauernde Aufrechterhaltung oder den Untergang des Kapitalismus infrage kommen kann. Und darum ist die Frage: Gibt es in den faktischen Tendenzen der qualitativen Bevölkerungsbewegung, also in der Art ihrer jeweiligen Neuzusammensetzung aus der Fortpflanzungssumme der beiden biopsychischen Typen Gründe und Garantien, die ein Aussterben jenes Typus Mensch erwarten lassen, der Träger des kapitalistischen Geistes ist?

Diese Frage ist unseres Erachtens zu *bejahen*. Denn es ist ein inneres Gesetz des Bourgeoistypus selbst, daß eben die Grundeigenschaften, die ihn innerhalb der kapitalistischen Ordnung als Unternehmer, Händler usw. reüssieren lassen, im selben Maße, als sie vorhanden sind, auch seine verringerte Fortpflanzung und damit die Verringerung der Übertragung der charakterologischen Erbwerte, die die Anlagen zum kapitalistischen Geist ausmachen, zur notwendigen Folge haben. Mit Recht haben Julius Wolf und andere den eigenartigen Parallelismus

---

[3] Vgl. Walther Rathenau, Zur Kritik der Zeit, Berlin 1912.

von steigender Wohlhabenheit und verringerter Kinderzahl, der durchaus *keine* universalhistorische Erscheinung ist (völlig umgekehrt z. B. bei den Chinesen, nicht vorhanden beim deutschen Adel usw.) auf eine identische Ursache beider Erscheinungen zurückgeführt: auf die steigende *Rechenhaftigkeit* der seelischen Grundeinstellung auf Welt und Leben überhaupt.[4] Eben diese Rechenhaftigkeit hat gleichzeitig das wirtschaftliche Emporkommen und den verminderten Fortpflanzungswillen bzw. die sinkende Kinderzahl der rechenhafteren Elemente zur Folge. Die *Anlage zu* dieser Rechenhaftigkeit ist aber ohne Zweifel – nach früher Gesagtem – selbst ein *Erbwert* und gebunden an den geringerwertigen Vitaltypus. Auch diese „*Anlage*" wird also durch die geringere Fortpflanzung des rechenhaften Typus mehr und mehr ausgeschaltet – eben damit aber dieser Typus Mensch als Typus überhaupt.

Diesem „angsthaften", „rechenhaften" Typus steht der „gläubige", der „vital vertrauensvolle" und „muthafte" Typus gegenüber. Sage ich der „gläubige", so denke ich nicht etwa an die Angehörigen des orthodoxen Kirchenglaubens. Es ist ja eben ein bestimmter Vitaltypus, von dem hier als Einheit die Rede ist und der sich als solcher niemals decken kann mit einer bestimmten realen historischen Gemeinschaft; der sich also in *allen* Arten und Formen der Gemeinschaft, freilich in sehr verschiedenem Maße, findet. Freilich besteht die unbestreitbare Tatsache, daß die religiös-gläubigen katholischen und protestantischen Volksschichten, und unter ihnen wieder die katholischen voran, nicht den gleichen Rückgang der Geburtenziffer aufweisen wie die ungläubigen; und es besteht die Tatsache, daß eben diese Schichten relativ unkapitalistischen Geistes sind. Die sogenannte „Rückständigkeit der Katholiken" („Rückständigkeit" natürlich nur gemessen an den Werten des kapitalistischen Ethos) beweist es deutlich genug. Aber diesen Vorrang verdanken die kirchengläubigen Schichten *nicht* – wie sich dies die kirchlichen Parteien gern pro domo konstruieren – dem besonderen *Inhalt* ihres Glaubens oder der Zugkraft des Moralsatzes „Seid fruchtbar und mehret euch" oder dem Kampf des Beichtvaters gegen die empfängnisvorbeugenden Mittel –, sondern umgekehrt ist es die Zugehörigkeit der Kernschichten der orthodox Gläubigen zu dem Vitaltypus vorwiegend gläubiger, vertrauensvoller Lebenseinstellung, welche zur *Folge* hat, daß sie auch kirchlich-gläubig blieben und daß sie eben diese der Fortpflanzung günstige „Moral" besitzen. Anderseits hat dieser innere Zusammenhang zur Folge, daß auch all jenen Weltanschauungsfaktoren,

---

[4] Vgl. Julius Wolf, Der Geburtenrückgang. Die Rationalisierung des Sexuallebens in unserer Zeit, Jena 1912; ders., Die Bevölkerung der Gegenwart. Vortrag gehalten in der Gehe-Stiftung zu Dresden am 17. November 1917, Leipzig 1918.

die innerhalb der katholischen Kirche dem Kapitalismus noch entgegenzuarbeiten vermögen, durch die relativ größere Vermehrung ihrer Träger steigender Sieg verheißen ist.

Für die langsame Ausschaltung des bourgeoisen Typus gibt es gleichsam einen weithin sichtbaren Index: das ist die von Dr. Felix Theilhaber kürzlich aufgewiesene Tatsache des *Aussterben der deutschen Juden,* und zwar in dem Maße, als sie innerhalb des Kapitalismus führende Stellungen gewannen und gleichzeitig aus der geheimnisvollen Schutzsphäre der jüdischen Familientradition heraustraten.[5] An diesem jüdischen Typus – der tapfere und edle Zionismus stellt ihm mit dem innersten Recht der Erhaltungswürdigkeit des großen, begabten Volkes heute einen anderen schroff entgegen und bedrängt ihn bis tief in seine Ehre und in sein Gewissen hinein, blutig oft und doch gerecht – vollzieht sich zeitlich zuerst und im kleinen das *tragische Geschick,* was sich am bourgeoisen Typus überhaupt vollziehen wird: daß er mit all seinen Erbanlagen mitten in der steigenden Gewinnung der kapitalistischen Macht, mitten im ökonomischen Sieg zugrunde geht und der steigenden Ausschaltung aus der Geschichte verfällt.

Diese Tendenz auf Ausschaltung des Typus, der den kapitalistischen Geist trägt, behält ihre führende Kraft auch trotz aller *Komplikationen,* die durch das Nachdrängen der sozialen Unterschichten auf die leer gewordenen Stellen der Stufenleiter von Besitz und Wohlhabenheit (bzw. das Nachdrängen der slavischen Judenmassen), das Nachdrängen der slavischen Arbeitskräfte für den Bevölkerungsrückgang in der Industriearbeiterschaft zu Händen der Unternehmer, entstehen mögen. Denn alle diese nachdrängenden Massen sind zugleich Träger eines sich immer vermindernden kapitalistischen Geistes. Nicht darin besteht ja die qualitative Grundtendenz der Bevölkerungsbewegung, daß nur führende *kapitalistische Schichten* mehr und mehr ausgeschaltet werden! Diese „Schichten" könnten ja beliebig ersetzt werden. Und das hätte für den Fortbestand des „Kapitalismus" keine Bedeutung. Darin vielmehr besteht sie, daß schon die *Erbwerte die „Anlagen" zu* diesem Geist bedeuten, und damit der *Typus,* der Träger dieses Geistes ist, immer stärker der Ausschaltung verfällt.

Hierin allein sehen wir die *letzte* Garantie für die „Verzappelung des Riesen". Die ganze Fülle der speziellen Erscheinungen, die gegenwärtig das Gleiche anzeigen und einleiten, sind von dieser Tatsache abgeleitet. Und alle ethische

---

[5] Vgl. Felix A. Theilhaber, Der Untergang der deutschen Juden. Eine volkswirtschaftliche Studie, München 1911; 2. veränd. Aufl. Berlin 1921; ders., Die Schädigung der Rasse durch soziales und wirtschaftliches Aufsteigen, bewiesen an den Berliner Juden, Berlin 1914.

und politische Sollensorientierung, die den Prozeß jener Verzappelung beschleu-
nigen kann, kann nur innerhalb des Rahmens dieses unserem bewußten Willen
entzogenen *notwendigen* Prozesses ihre Bedeutung besitzen.

An solchen Erscheinungen ist das gegenwärtige Leben überreich. Nicht nur
die innere Bürokratisierung der Unternehmungen, auf die Sombart mit Recht
hinweist, und die damit einhergehende Bildung einer neuen Klasse der *„Privat-
angestellten"*, sondern mehr noch die neue *Selbstauffassung der* Unternehmer als
Leiter und Führer der nationalen wirtschaftlichen Arbeit, ich möchte fast sagen als
oberste Aufsichtsbeamte des Güterumlaufs und der Güterproduktion, sind innerhalb des Wirtschaftslebens solche Erscheinungen. Die Scham, ja der Ekel am
bloßen Reichtum, zuerst erwachsen an der Disproportionalität seiner Größe zu
der möglichen Genußfähigkeit, sogar der Familie bis in die fernsten Glieder von
Enkel und Urenkel – das Gefühl des Widerstandes gegen die allzufetten Kuchen –
verbreitet sich unter den führenden Schichten des Wirtschaftslebens mehr und
mehr. Hierin dürfte den Stellungnahmen und Ideen Walther Rathenaus nicht bloß
eine individuelle, sondern eine typische Bedeutung zukommen.[6]

Noch zukunftsverheißender aber erscheint uns die Gesamtheit der heutigen Bewegungen, die sich *außerhalb* des Wirtschaftslebens vollziehen und die
seine gesamte Bedeutung im Leben des Menschen überhaupt auf das rechte
Maß zurückzudrängen streben. In ihnen erhebt an erster Stelle der neue Typus
Mensch – noch schüchtern genug – sein Haupt, der Typus, der durch die
kapitalistische Epoche verdrängt war.

Zuallererst haben schon unsere tiefsten Sorgen heute gegenüber jenen unserer
Väter eine neue Richtung angenommen. Sie haben sich vom sozialökonomischen
Gegensatz arm und reich, der sich langsam, aber auf sicherem Weg auszugleichen
beginnt, immer stärker *den* Fragen zugewandt, welche die Vitalität, die Volks- und
Rassengesundheit in physischer und psychischer Hinsicht betreffen. Die Tuber-
kulose beginnt uns als ein größeres Übel zu erscheinen als die noch vorhandene
Armut. Die Wohnungsfrage und die Verlegung der Wohnstätten an die Periphe-
rie der Städte, auch für den minderbemittelten Teil der Bevölkerung, gewinnt
die Bedeutung, die sie nicht nur wieder als abhängige Funktion ökonomischer
Besitzunterschiede hat, die ihr vielmehr *selbständig* als Frage der Gesundheit
und einer natürlicheren Lebensführung zukommt. In den mannigfaltigen Arten
von Jugendbewegungen, vom Wandervogel, den Pfadfindern bis in den deutschen
Jugendbund hinauf, in der neuen *Liebe* der Jugend zu Natur und Sport, in der
steigenden Verachtung purer Kopfbildung und des Intellektualismus, in der schon

---

[6] Vgl. Walther Rathenau, Zur Mechanik des Geistes, Berlin 1913; ders., Zur Kritik der Zeit,
a. a. O.

in der äußeren Erscheinung sorgfältigeren und strafferen Haltung der Jugend, in der Zurückdrängung *jener Art* von Romantik und Phantastik, auf die bei ihren Vätern so rasch das äußerste Philisterium zu folgen pflegte, zugunsten einer mutigen, realistischen Lebenseinstellung; in dem starken Vorwiegen ihres *politischen* Interesses gegenüber dem sozialökonomischen ihrer Väter, in ihrem ernsteren und freieren, untersuchenden Verhältnis zu den religiösen Fragen – was wäre ihr noch ein Ernst Haeckel oder Wilhelm Ostwald? –, nicht zuletzt in der Wandlung ihrer geschlechtlichen Liebesideale ins Freiere gegenüber Tradition, Konvention, elterlicher und sonstiger Autorität und gleichzeitig ins *Gebundenere* gegenüber dem eigenen Gewissen, – liegen Ansatzpunkte, die eine starke Umbildung des künftig zur Führung der öffentlichen Angelegenheiten berufenen Typus erwarten lassen.

Diese Charakterzüge der neuen Jugend sind nicht auf Deutschland beschränkt. In Frankreich z. B. berichten kundige Beobachter dieselbe Umformung, die in der Studentenbewegung gegen die in gelehrtem Positivismus eingetrocknete Sorbonne bereits kräftig zur Geltung kam. Auch in der werdenden Weltanschauung der Jugend sind die geistigen Ermüdungserscheinungen des Skeptizismus, des Relativismus, des Historismus, des Herumwühlens im eigenen Ich zurückgetreten und in die Richtung auf unmittelbaren Erlebniskontakt mit den *Sachen* selbst, auf *absolute* Einsicht, die Tatkraft und Charakter stählt, auf expansive Hingabe an die Welt in kräftigem Fortschritt begriffen. Diese Wandlungen sind eben darum hoffnungserweckend, weil sie nicht auf bestimmte *soziale* Klassen oder *Parteien* beschränkt sind, sondern *alle* Klassen mit ihrem neuen Geist durchdringen. Handelt es sich bei der Überwindung des Kapitalismus um die Verdrängung eines bestimmten *Typus* und seiner Ideale aus der Herrschaft, so ist ja auch nur von *solchen* Wandlungen und nicht vom Sieg einer bestimmten „Klasse" oder „Partei" irgend etwas Wesentliches zu erwarten.

Neben der Erscheinung der „neuen Jugend" äußert sich die antikapitalistische Bewegung an erster Stelle in dem neuen *Ernst,* mit dem die Fragen der geschlechtlichen Liebeswahl und der geschlechtlichen Moral ergriffen werden. Eine der Wurzeln des Kapitalismus war historisch die wahllose Vermischung des vital edlen Typus mit dem gemeinen, sei es aus Nützlichkeits-, sei es aus Interessen bloßen sinnlichen Reizes. Wie stark der Luxusbedarf und -geschmack des „Weibchens", das sich parallel mit der Zurückdrängung der älteren „Standesehe" und der Entfaltung der Klassen- und Geldehe in allen möglichen sozialen Formen von der Kurtisane bis zur Straßendirne parasitär ausbreitete, die kapitalistische Entfaltung noch außer dem *Blutverderb* jener Wahlarten beschleunigt und gefördert hat, hat Sombart in seinem Buch „Luxus und Kapitalismus" dokumentarisch gezeigt.[7] Wahllose Sinnlichkeit und Geschäftsgeist aber *entsprechen* sich und fördern sich gegenseitig; damit auch Geldehe und Dirnentum. Der „Bourgeois" ist als Typus Träger des Ethos, das beides immer neu erzeugt. Nur zu rascher punktueller Befriedigung seiner sinnlichen Launen, nicht zur *Liebe* läßt ihm das „Geschäft" Zeit. Und Luxus und Raffinement sollen ihm die tieferen Freuden der Treue ersetzen. Die gegenwärtige europäische Bewegung ist darauf gerichtet, diesen inneren, *eisernen* Zusammenhang zu durchbrechen. Sie tut es, indem sie von beiden Seiten her, von oben und von unten gleichsam der Moral der Väter widerspricht. Sie scheidet innerhalb der formell ehelosen und ehelichen Beziehungen zwischen „schlechten" und „guten", anständigen und unanständigen; sie gibt der Liebeswahl den Ernst und die Verantwortlichkeit und die von bürgerlicher Geschäfts- und Spaßmoral (sei sie christlich oder atheistisch drapiert) unabhängige *Freiheit* zurück. Aber sie wendet sich auch (in ihrem tieferen Kern) voll Ekel von dem viel bedeutsamen, eine ganze Weltanschauung symbolisierenden Salon- oder Stammtischlächeln der „Bürger" ab, wenn die Rede auf „diesen Punkt" kommt; ja nicht einmal voll Ekel mehr, sondern voll Langeweile; „dieser Punkt" ist nicht mehr „dieser Punkt", sondern eine ernste Sache, der man ins Gesicht sieht und die man prüft. Von den Sprüngen und dem Singsang der kleinen Mädchen, die in der Phantasie der lieben Väter eine so große Rolle spielten, von Ehebruchskomödie und analogen „kleinen Scherzen" wendet man sich ab! Die Behandlung der Faktoren, welche die qualitative Zusammensetzung der künftigen Generation bestimmen, hat aufgehört entweder eine „Geschäftsfrage" oder ein kleiner „Scherz" zu sein. Wie sind doch umgekehrt gegenüber diesen Fragen die gewichtigen Ernstfalten, mit denen die lieben Väter am Lendenrain eine neue Transaktion behandelten, zu „kleinen Scherzen" herabgesunken – nicht überhaupt und in ihrer Sphäre, aber gegenüber der ungeheuren Frage, mit welchem Weib ich mich vermischen darf und soll!

Das *Aufatmen* vom Druck des Kapitalismus ist nicht minder deutlich zu spüren in der inneren Verhältnislage von geistiger Kulturtätigkeit zur erwerbstreibenden Gesellschaft. Inhaltlich erklären die Führer der geistigen Bewegung dies Negative jedenfalls übereinstimmend, daß Welt und Seele *keine* komplizierten Maschinen sind – sei es mit oder ohne rechnende „Subjekte" –, sondern daß die Weltbilder der neueren Philosophie in ihrem Kern nur *zeckmäßige Projektionen bürgerlicher Beschäftigungen* waren – auf eine Welt, die in unendlicher Qualitätenfülle und Regsamkeit vor den jungen, staunenden Augen derer liegen darf, die es wagen,

---

[7] Vgl. Werner Sombart, Luxus und Kapitalismus. Studien zur Entwicklungsgeschichte des modernen Kapitalismus, Bd. 1, München/Leipzig 1913.

sich über die Nützlichkeitszwecke der Bürger hinaus ihr fromm und demütig hinzugeben. In soziologischer Hinsicht aber werden die Dichter, die Künstler, die Forscher sich allmählich immer klarer der unbewußten Form der *Versklavung* an den Bürgergeschmack bewußt, dem sie in Stoffwahl, in Stil, in Darstellungsform bzw. in den Methoden des Denkens und der Beobachtung (sei es diesem Geschmack und dieser Einstellung des Bürgertypus folgend, oder zu ihm im bloßen Widerspruch, eine nicht geringere Abhängigkeit) dadurch unterworfen waren, daß sie in seinem Kreis lebten und sich von ihm ernähren ließen – oder innerhalb der staatlichen Kultur-Institutionen, die der Typ in seinen Händen hält. Sie lernen demütig erkennen, daß *kein* Geist und *kein* Gewissen *so* stark und frei ist, daß sie sich nicht irgendwie (und doppelt schlimm, wenn es heimlich und unbewußt geschieht!) unter dem Geist derer heimlich beugten, die seinen Leib ernähren. Und die Tapferen ziehen daraus die Konsequenzen: Erstes Axiom: So wenig ich als Produzierender irgendeines Werkes geistiger Kultur der ökonomischen Sozietät irgend etwas schulde, so wenig schuldet sie mir irgend etwas für das, was ich hervorbringe. Zweites Axiom: Da ich unabhängig von dieser meiner Produktion, aber Mitglied eben dieser ökonomischen Sozietät bin, so habe ich auch die Pflicht, mich auf eine *neben* meiner Kulturtätigkeit einhergehende Weise auf ehrliche Art zu ernähren.

Ich weiß sehr gut, daß die äußerst mannigfachen Wege der technischen Durchführung dieser „Axiome" zum Teil noch wenig beschritten, zum Teil aber auch noch wenig geöffnet sind. Wir kommen auf diese technische Seite der Sache ein andermal zurück; daß aber diese Axiome wie Feuer in den Seelen der kulturtätigen Jugend glimmen und daß dieses Feuer sich auch seinen Willen und seine Kraft schaffen wird, – dies weiß ich! Nach dem erstaunlichen ethischen Vorbild einer inneren und letzten Unabhängigkeit vom Kapitalismus, das Stefan George und sein Kreis zuerst in einer Zeit gaben, da die öffentlichen Verhältnisse noch weit ungünstiger als heute lagen – wir, die diesem Kreise fern stehen, reden hier nicht von seiner Kunst – formieren sich gegenwärtig eine ganze Reihe analoger, von den geistigen Grundhaltungen starker Persönlichkeiten zusammengefaßter Gemeinschaftsbildungen in Kunst und Wissenschaft, in denen diese neue Kulturgesinnung still und lautlos sich heranbildet. Sie werden sich noch lange von den offiziellen und öffentlichen, der Pflege geistiger Kultur gewidmeten Instituten fern halten müssen – so freundlich immer die Beziehungen zu Personen, die jenen angehören, sein mögen – bis sie auch diese mit ihrem Wesen und Geist durchsäuern dürfen. Von parteilosen Minoritäten solcher Art, welche schon die einleitenden Kategorien des heutigen offiziellen Kulturpöbels plus der als „Negativ" notwendig dazugehörigen Massen- und Zeitungswelt *streng* von sich zurückweisen, ist für eine wahre Überwindung des Kapitalismus als Kultursystem sehr viel mehr zu erwarten als von allen den Kämpfen, die innerhalb der Formierungen irgendwelcher politischer Parteien und Interessengruppen stattfinden, die ja doch alle, vom Ethos des Kapitalismus umspannt, diese Tatsache um so weniger bemerken, je wilder sie gegenseitig aufeinander schlagen!

Gehen wir nicht fehl, so beginnt auch der sogenannte „Siegeszug des Kapitalismus um die Welt", der noch vor kurzem Außenseiter schon zum Mond schielen ließ, ja zu einer Geste des „Umsehens" uns hinter die Erdkugel führte, – ob es da noch irgendeinen reinlichen Landfleck geben möchte, den der Bourgeoispöbel noch nicht beschmutzte, – seine innere Grenze zu finden. Mögen auch gewisse Schichten der Balkanstaaten, der Türkei, Ägyptens, Persiens, besonders aber Chinas und Japans sich heute eifrigst bemühen, sich die europäischen positivistischen Wissenschaftsmethoden, die zugehörigen Methoden der Fabrikation und des Handels anzueignen, und scheint die Universalisierung der kapitalistischen Mechanistik in nächster Nähe: Längst und schon seit Jahren wissen die edleren Vertreter dieser Volkstümer, daß diese fälschliche sogenannte „Europäisierung" nur die äußerste Hautlichkeit der Seele und des Lebens treffen kann, und daß die rassenmäßigen und aus der eigenen Geschichte jener Völker quellenden geistigen Grundeinstellungen in Religion, Ethos, Kunst – ja in allem, was zum *Sinn* des Lebens gehört, – dabei völlig unberührt bleiben und nach einiger Vollendung jenes notwendigen Mechanisierungsprozesses und der durch ihn gewährleisteten äußeren zivilisatorischen Verknüpfung der Völkerwelt der Erde ihrer *eigenste neue* Aufgaben harren.[8] Und die Besten dieser Länder wissen noch mehr: daß der „Geist", der ihnen diese Sendboten Westeuropas als seine letzten Ausstrahlungen zuschickt, an seiner Wurzel, d. h. im Zentrum Westeuropas selbst, im langsamen *Absterben* begriffen ist. Jedes dieser Länder hat seine Dostojewskis, seine Solovjeffs, seine Tolstois, die über die Europäisierungswut der heimischen Bürgermassen ironisch lächeln, da sie wissen, daß jenes „alte" Europa, das zu ihnen kommt, in dem Augenblick zusammensinken und einem neuen *edleren* Europa Platz machen wird, da jene Massen ihrer Völker über den Sieg jauchzen werden, es in ihrer Zivilisation Europa gleichgetan zu haben. Und das wahrhaft „junge Europa" steht dabei auf ihrer Seite! Schon zur Zeit glauben nur noch die „Gebildeten" der südamerikanischen Staaten, einige Rumänen, Bulgaren, Serben und Japaner, daß der Fortschritt der „modernen Wissenschaft", daß z. B. Physiologie und Experimentalpsychologie ihnen Aufschluß über metaphysische Fragen geben werden; über eben jene Fragen, auf die die landesüblichen Religionen antworten.

---

[8] Vgl. das Kapitel über die „Solidarität Europas" in meinem Buch „Der Genius des Krieges und der deutsche Krieg", Leipzig 1915.

Diese „Gebildeten" glauben das, was bei uns gegenwärtig noch die Masse glaubt und was die Gebildeten unter unseren Vätern vor zirka hundert Jahren glaubten. Die Zeit ist nicht fern, wo solche Dinge nur mehr die Australneger glauben werden.

Prophetischer oder marxistischer Sozialismus?

In einem Aufsatz, den Heinrich Pesch unter dem Titel „Nicht kommunistischer, sondern christlicher Sozialismus" veröffentlicht hat, heißt es: „Dem um die Herrschaft ringenden Sozialismus marxistischer Färbung muß ein anderes, besseres, praktisch durchführbares *System des christlichen Sozialismus* gegenübergestellt werden. Wir sind auf katholischer Seite dadurch ganz bedeutend im Vorsprung, daß dieses soziale System in unserer wissenschaftlichen Literatur bereits fertig vorliegt."[1]

Ich bin mit dem ersten Satz einverstanden, aber mit dem zweiten bin ich es nicht. Ansätze liegen zwar vor, jedoch noch lange nicht ein „System", das sich dem marxistischen an formaler Vollkommenheit, an Verwurzelung in der modernen Gesellschaftswirklichkeit oder gar an werbender seelenbeflügelnder Kraft an die Seite setzen könnte. Aber wird nicht schon die Begriffsverbindung *„Christlicher Sozialismus"*, die Pesch hier gebraucht, bei vielen schwere Bedenken erwecken? Kann es, darf es so etwas geben? Üblich ist diese begriffliche Verbindung sicher noch nicht. Gemeinhin betrachten die Katholiken Christentum und Sozialismus noch als einen ausschließenden Gegensatz. Leo XIII. gebraucht in seinen großen der sozialen Frage gewidmeten Enzykliken den Ausdruck „Christliche Demokratie", nicht aber den Ausdruck „Christlicher Sozialismus". Die jüngsten Hirtenbriefe der deutschen Bischöfe gebrauchen die beiden Worte gleichfalls gegensätzlich. Wenn wir also heute diesen Ausdruck überhaupt anzuwenden uns entschlössen, und wenn wir dabei nicht nur der unwürdigen Mode folgen wollten, christliche Prinzipien hinter den bei den Massen besonders beliebten werbungskräftigen Schlagwörtern der Zeit zu verbergen, so müßten wir dafür erheblichere Gründe haben, als sie in dem, was Pesch „die bisherige katholische

---

[1] Heinrich Pesch, Nicht kommunistischer, sondern christlicher Sozialismus. Die Volkswirtschaft der Zukunft, Berlin 1918 (= Flugschriften der deutschen Zentrumspartei, Nr. 4, S. 3).

M. Scheler, *Ethik und Kapitalismus – Zum Problem des kapitalistischen Geistes*, Klassiker der Sozialwissenschaften, https://doi.org/10.1007/978-3-658-40762-9_5

Wissenschaft" nennt, gelegen sind. Gewiß: eine Revision der höchsten Grundsätze der altererbten Gesellschafts-, Staats-, Rechts-, Wirtschaftsauffassung brauchten wir dabei nicht vorzunehmen, aber doch eine erhebliche und tiefgehende *Revision ihrer Anwendung.*

Ich habe lange geschwankt, ob ich meine eigene Auffassung als „christlichen Sozialismus"[2] oder als „Solidarismus" bezeichnen soll, habe mich aber in gewissem Sinne zu der ersteren Bezeichnung entschlossen. Sowohl meine Bedenken dagegen wie meine Gründe dafür will ich hier angeben: Keinesfalls darf uns abhalten, von christlichem Sozialismus zu reden, daß der Durchschnittsdeutsche von heute bei dem Wort Sozialismus zuerst an den marxistischen Sozialismus der deutschen Sozialdemokratie denkt. Der Marxismus ist nur *eine* Spielform des Sozialismus, dazu nur die auf *deutschem* Boden bis zu Beginn des Krieges üblichste. In Frankreich, England, Amerika, Italien und Rußland hat er zwar ebenfalls eine wechselnd große Anhängerschaft; aber auch unter den Sozialisten dieser Länder erhebliche Gegnerschaften. Jaurès zum Beispiel war ein entschiedener Gegner der materialistischen Geschichtsauffassung. Die verschiedenen Formen des „revolutionären Syndikalismus" in England, Italien und Frankreich gehen von ganz anderen philosophischen und soziologischen Grundsätzen aus als Marx, ebenso die englischen Fabier. In Rußland gibt es seit langem sehr verschiedene Arten von Sozialismus – auch christliche. Es empfiehlt sich aber, unseren Sprachgebrauch da, wo es sich um Fragen eines allgemeinen christlichen *Aktionsprogrammes* handelt, unter Rücksicht auf *internationale* Tatsachen zu gestalten.

Aber auch für unser Land selbst haben sich die Gründe, unter Sozialismus nur das marxistische System zu verstehen, erheblich vermindert. Ich denke dabei nicht einmal an erster Stelle an den sogenannten Revisionismus, der unter Eduard Bernsteins theoretischer Führung schon lange vor dem Krieg sowohl mit den philosophischen Grundlagen als auch mit einer Reihe sozialökonomischer und geschichtsphilosophischer Grundsätze des Marxismus gebrochen hatte, indem er philosophisch auf Kant zurückging, die Lehre von der Verelendung und zunehmenden Proletarisierung im Marxschen Sinne aufgab, die Lehren von der Zusammenballung der Unternehmungen in immer mächtigere Unternehmungskörper zwar beibehielt, jedoch die sogenannte Akkumulationstheorie und die Zusammenbruchstheorie sowie jene der sich steigernden sogenannten Krisen, ferner die Übertragung der marxistischen Lehren auf die Landwirtschaft zurückwies. Ich betone diese Richtung weniger, weil dieser Liberalsozialismus mir wenig

---

[2] Vgl. hierzu auch die kleine Schrift von Johann Plenge über meine Anschauungen unter dem Titel „Christentum und Sozialismus (Über einen Vortrag von Max Scheler)", Münster 1919.

Zukunft zu haben scheint und er mir von der Gedankenwelt eines christlichen Sozialismus eher noch weiter abzuliegen scheint als der Marxismus, nicht zum wenigsten durch seine philosophischen Grundlagen.

Weit bedeutsamer ist die Tatsache, daß durch Krieg und Revolution der Marxismus selbst aufs tiefste erschüttert worden ist und daß sozialistisches Denken wie sozialistische Praxis in eine überaus tiefgehende Krise eingetreten sind – eine Krise, die bislang nur am Anfang steht, aber im selben Maße weiterschreiten wird, als die bisher marxistisch-sozialistisch denkenden Klassen und ihre Führer berufen sind, an der Führung und Regierung der öffentlichen Angelegenheiten teilzunehmen. Der Marxismus ist eine *typische Unterdrückten- und kritische Protestideologie;* er wird verschwinden, je mehr diese seine soziologische Bedingung weicht. Die großen Zeichen dieser Krise sind praktisch: die erheblichen Parteidifferenzierungen, die sich aus der alten Sozialdemokratie in allen Ländern bildeten (bei uns zum Beispiel Mehrheitssozialisten, Unabhängige, Spartakus); theoretisch: eine Reihe wichtiger Schriften, Bücher, kurz sozialistische Denkarbeit, die das ganze sozialistische Denken der Vergangenheit von Plato bis Marx und Lassalle (das sich vor dem Krieg auf Marx verfestigt hatte) wieder aufgewühlt und in einen vielgliedrigen lebendigen Strom versetzt hat – sozusagen in eine neue schmelzende Masse, aus der sich die für die Zukunft bedeutsamen sozialistischen Ideologien erst langsam herausbilden werden. Die Schriften von Karl Renner, Rudolf Hilferding, Paul Lensch, Walther Rathenau, Max Adler, Rudolf Goldscheid, die dreifachen Kämpfe um die Interpretation von Marx zwischen den Mehrheitssozialisten und Unabhängigen einerseits, zwischen Kautsky und Lenin-Trotzky andererseits – Kämpfe, die sich zwar bisher selbst als „Interpretationskämpfe" ausgeben, aber de facto weit mehr sind als Fragen der Interpretation – geben davon ein genügendes Zeugnis.

In einer solchen Zeit, da die Ideologien der verschiedenen Teile des sogenannten vierten Standes von morgen (nach meiner Meinung müssen wir schon jetzt von sechs bis sieben Ständen reden) im Werden begriffen sind; da die stahlharte Dogmatik des Marxismus fast schon zerbrochen ist, hat es auf alle Fälle gar keinen Sinn mehr, – bloß der historischen Trägheit folgend – unter „Sozialismus" nur den Marxismus des Erfurter Programms zu verstehen. Wohl aber hat es Sinn, daß wir uns die Frage stellen, ob wir in einer Welt, in der ein gewisses Maß von Sozialismus die Selbstverständlichkeit einer *allgemeinen Weltüberzeugung* anzunehmen beginnt und eigentlich nur noch über die *Art und Richtung* des Sozialismus gestritten wird, nicht auch von „christlichem Sozialismus" zu sprechen haben; und ob wir auch nur das Recht haben, uns die geistige und praktische Mitwirkung am Schmiedeprozeß der sozialistischen Gedankenwelt dadurch prinzipiell zu versagen, daß wir die Worte „Christentum" und „Sozialismus" wie herkömmlich in einen ausschließenden Gegensatz stellen. Dazu ist es eigentlich falsch, von „marxistischem Sozialismus" zu sprechen. Marx ist Kommunist. „Kommunistisches Manifest" lautet seine erste Programmschrift, die alle seine späteren Lehren schon in nuce enthält. Und doch entscheidet diese Sachlage positiv noch gar nicht, ob man von „christlichem Sozialismus" reden darf. Sie *gestattet* nur, es zu tun, insofern, als es sinnlos ist, Sozialismus gleich marxistischen Kommunismus zu setzen –sie *fordert* es aber, wenn in den positiven christlichen Grundsätzen über menschliches Gemeinschaftsleben in einer klar bestimmten Weise das positive Gebot läge, einen „christlichen Sozialismus" anzuerkennen, oder wenn dies doch im erlaubten Spielraum dieser Grundsätze läge. Beide Fragen sind zu stellen.

Der *Begriff des Sozialismus* wird durch seine Gegensätze am treffendsten erleuchtet. Es sind vor allem deren drei: „Individualismus", „Liberalismus", „Kapitalismus". In der Wissenschaft gilt mehr der Gegensatz: Sozialismus – Individualismus, in der außerwissenschaftlichen Praxis denkt man mehr an die anderen Gegensätze. Rein logisch gesehen steht „Sozialismus" zunächst im Gegensatz zu „Individualismus". Man kann nun allen solchen Worten einen zweifachen Sinn zuschreiben: einen *wesensbegrifflichen* und einen *zeitgeschichtlichen*. Sie bedeuten entweder ewige Prinzipien menschlicher Gemeinschaftsauffassung, wie sie zum Beispiel vorliegen in der aristotelischen Lehre: „Der Mensch ist ursprünglich ein politisches Wesen" und in der auf Epikur zurückgehenden individualistischen sogenannten Vertragstheorie, die das moderne revolutionäre Naturrecht bis zu Rousseau und Kant weiter entwickelte. Oder sie bedeuten beide *historisch relative* Forderungen, die man – sofern man von einer positiven Idee, wie menschliche Gemeinschaft sein soll, die je eine zukünftige sein kann, ausgeht – in das Verhältnis zu den gesellschaftlichen Tatsachen eines bestimmten Zeitalters stellt, um die Dinge in einer Richtung umzubilden, die jener Idee besser entspricht. Je nachdem wir nun das Wort in erster oder zweiter Hinsicht anwenden, haben wir nicht das gleiche Recht, von „christlichem Sozialismus" zu reden.

Ich frage zuerst: Haben wir das Recht und dazu ein *grundsätzliches* Recht, von einem christlichen Sozialismus in dem Sinne zu reden, daß man das Wort im ausschließenden Gegensatz zu Individualismus versteht? Ich antworte aufs Bestimmteste: Nein! Da die menschliche *Persönlichkeit* nicht eine bloße Bestimmung einer irgendwie gefaßten universellen Realität (Substanz, Denkprozeß, Wirtschaftsprozeß usw.) ist, sondern ein *individuell-substantielles* geistiges Sein, unsterblich und mit Ewigkeitszielen, die über alles irdische Dasein, alle irdischen Gemeinschaften und deren Geschichte hinaus reichen, ist jeder *grundsätzlich* antiindividualistische Sozialismus eine *widerchristliche* Lehre. Der grundsätzliche Sozialismus ist als Weltanschauung nur eine mögliche Folge irgendeiner Art von Monismus. Nun könnte man fragen, warum sich ein geistiger Individualismus nicht mit politischer Staatsallmacht oder mit *ökonomischem* Kommunismus vereinigen lassen sollte? Religiöses Subjekt, Staatsbürger, ökonomisches Subjekt sind doch verschiedene Dinge. Auch hier lautet die Antwort: Nein! Die Scheidung ist nur möglich bei Voraussetzung einer im falschen Sinne dualistischen Auffassung des Verhältnisses von Leib und Seele im Sinne Platons, Kants oder Descartes'. Diese Auffassung ist philosophisch falsch und auch kirchlich verworfen. Der Leib gehört *wesensnotwendig*, nicht nur zufällig, zur Seele des Menschen. Der faktische irdische Körperleib ist zwar realiter und zufällig trennbar von der Seele im Tode; aber die Wesensbeziehung des „Gehören" eines Leibes zur Seele wird dadurch nicht aufgehoben. Solange und soweit die Seele aber tatsächlich den irdischen Leib besitzt, gehört auch dieser Leib in möglichst unversehrtem Zustand zu dieser Seele, und zum Leib wiederum gehört eine Umwelt, über welcher und in deren Grenzen über alle darin befindlichen Dinge die Person frei und ungehindert verfügt.

Aus dieser Grundtatsache fliegen ganz bestimmte sogenannte *Naturrechte* des Menschen: „Recht auf Existenz; Notwehr; Recht zur Arbeit usw."; darunter auch ein Recht auf Eigentum und Privateigentum überhaupt – freilich ein Recht auf Privateigentum nur so weit, als es sich um unmittelbar gebrauch- und verbrauchbare Sachwerte, ferner um Produktionsmittel zur Herstellung solcher Güter handelt, an die die wechselnde historische Lage der Zeit das Erarbeiten eines Minimum an Gütern zur Erhaltung jedes Menschen, seiner Familie, ihrer Existenz und ihrer Gesundheit jeweilig knüpft. Eine staatliche und gesellschaftliche Ordnung, die Privateigentum in diesen Wesensgrenzen beseitigen will, ist widerchristlich – also auch eine Ordnung, die alle Produktionsmittel kommunisieren will. Andererseits ist aber nicht jede Eigentumsordnung, die Sacheigentum über diese Wesensgrenze hinaus setzt oder gestattet, sofern diese Ordnung nur kraft veränderlichen positiven Rechts besteht, darum schon kraft Naturrecht bestehend und gültig. Naturrecht ist eben bloßes Rahmenrecht, und niemals läßt sich ein positives Recht aus ihm konstruieren oder herleiten. Niemals lassen sich die uns heute bedrängenden Fragen der Zeit aus ihm allein beantworten. Doch ist die Grenze gegen den Satz von der Kommunisierung aller Produktionsmittel scharf, dieser Satz ist schlechthin widerchristlich.

Haben wir nun aber schon darum das Recht, uns als grundsätzliche Individualisten zu bezeichnen? Ich antworte: Genau so wenig wie als grundsätzliche Sozialisten. Die individualistische Vertragslehre weisen wir in jeder Form zurück. Auch lehnen wir die jüngst noch von Ernst Troeltsch in seinen „Soziallehren" formulierte protestantische Grundauffassung ab, nach der die Liebe zum Bruder, auch die Heilsliebe zum Bruder, als christliches Gebot weniger ursprünglich sei als das Gebot der Selbstheiligung – nämlich erst eine Folge aus diesem Gebot in dem Sinne, daß Nächstenliebe eben eines der Mittel sei, sich selbst vor Gott zu heiligen oder Gott wohlgefällig zu sein. Erst recht ist jede Lehre falsch, die Wesensbeziehungen des Einzelmenschen auf Gemeinschaft überhaupt leugnet, oder doch des geistigen Menschen leugnet (des religiösen oder kulturellen Subjekts im Menschen), die also nur tatsächliche Beziehungen behauptet, alle irdischen Gemeinschaften einer bloßen Naturkausalität anheimgibt und nur die Einzelseele religiös wertet. Der Mensch hat vielmehr auch ursprünglich rein soziale Pflichten und Rechte, hat sie auf allen Gebieten des Soziallebens auch kraft der Religion und kraft der sozialen Form der Religion, der Kirche – sowohl solche, die das ewige wie das irdische Heil seiner Brüder betreffen. In keinem Sinn also ist „Religion bloß Privatsache". Der Mensch ist ferner, wie er selbstverantwortlich ist für all sein freies individuelles Tun, auch ursprünglich und schon kraft der natürlichen Moral und der natürlichen Religion mitverantwortlich für jedes Ganze der Gemeinschaft, deren Glied er in irgendeiner Richtung ist Er weiß sich in der Tiefe seines Selbst mitverantwortlich für das Ganze des sittlichen Kosmos überhaupt, schon ehe er weiß, woran und für wen im einzelnen er mitverantwortlich ist, so daß er kraft dieses ursprünglichen Wissens – nicht weniger ursprünglich wie das Wissen um seine geistige Existenz und seine Selbstverantwortlichkeit – die Pflicht hat, immer neu die ganze Fülle dessen zu erkennen, woran auch er, für wen und vor wem er mitschuldig sein kann.[3]

Sollen wir nun etwa sagen, es lägen die christlichen Grundsätze, wie ich sie eben herausschälte, in der „Mitte" zwischen Sozialismus und Individualismus? Nichts weniger als dies. Zwischen einem grundfalschen Gegensatz gibt es auch keine rechte „Mittel", sondern er ist als Ganzes zu verwerfen und aufzugeben. Alles andere wäre Opportunismus. Die klassische christliche Korporationslehre, wie sie zuerst von den Kirchenvätern formuliert wurde und der Idee der Kirche, dem Verhältnis der Einzelseele zu sich, Gott und Kirche, den zentralsten Glaubenswahrheiten zugrunde liegt (alle fielen „in" Adam, alle wurden erlöst und errettet in Christo, Christus wurde freiwillig die leibhaftige Sünde aller – *totum peccatum erat,* wie Paulus sagt –, und alle wurden als Glieder der einen Menschengemeinschaft in diesem ihrem menschlich-göttlichen Haupt vergottet), von hier aus aber in gleichsam abgeschwächtem Maße dem Geist nach einströmen soll in jede Art von Gemeinschaft und in jede Art Auffassung von Gemeinschaft bis hinein in die ökonomische, zeigt etwas ganz Eigenes, Ursprüngliches, Originales. Diese Lehre ist ebenso grundfern dem Individualismus wie dem

---

[3] Vgl. hierzu auch meine Erkenntnistheorie „Vom fremden Ich" in meinem Buch „Wesen und Formen der Sympathie", 2. verm. Aufl. Bonn 1923, S. 244 ff.

Sozialismus, ebenso fern der Lehre des Aristoteles wie der des Epikur, ebenso fern der individualistischen Vertragslehre wie der Auffassung, der einzelne gehe darin auf, Glied, Teil, Modus einer Gemeinschaft, eines Weltlogos wie bei Hegel, eines Entfaltungsstromes der Wirtschaft wie bei Marx zu sein; ebenso fern der liberal-individualistischen wie der sogenannten organischen Gemeinschafts-und Staatslehre; wie sie auch der germanischen Korporationslehre im letzten Grunde völlig fremd ist. Das Verständnis für sie ist uns immer mehr verloren gegangen, so daß wir ihre Wahrheit nur mehr als die sogenannte „rechte Mitte" zwischen zwei Irrtümern zu sehen vermögen, anstatt als etwas, das beidem, Individualismus und Sozialismus, nicht gleich nahe, sondern gleich und unendlich fernsteht. Der Springpunkt dieser Korporationslehre ist der Gedanke der wechselseitigen realen Solidarität aller für alle, aller für jedes Ganze in Schuld und Verdienst und allen ihren Folgen, trotz, ja in der selbständigen individualistischen Substanzia-lität jeder Seele; der Gedanke der vollendeten Durchdringung von Selbst- und Mitverantwortlichkeit in jeder Seele und jeder kleineren Gemeinschaft gegenüber der sie umschließenden größeren[4] (Familie für Volk, Volk für Nation, Nation für Kulturkreis, Kulturkreis für die Menschheit, der Menschheit für das Reich aller endlichen Geister), einer Solidarität, die nichts, aber auch gar nichts gemein hat mit allem, was zum Beispiel in der sozialistischen Sprache oft so genannt wird, nämlich Interessengemeinschaft bzw. das Gefühl und das Wollen, das sich aus erkannter Interessengemeinschaft ergibt.[5]

In dieser *Prinzipienfrage* gibt es keinen christlichen Sozialismus. Nur im *zeit-geschichtlichen*, praktischen und relativen Sinn kann es sich also um die Frage handeln, ob wir von „christlichem Sozialismus" zu sprechen das Recht besitzen, sofern wir ihn dem „Individualismus" entgegensetzen. Ich möchte gleich hinzu-fügen, daß auch Marx in diesem von mir definierten Sinne kein „grundsätzlicher Sozialist" ist, nicht freilich darum, weil er eine ewige Wahrheit anderen Inhalts, so wie die Christen das Korporationsprinzip oder so wie die Liberalen ihre Vertragslehre, anerkannte, sondern weil er als historischer Relativist überhaupt

---

[4] Ich habe versucht, diese Lehre in meinem Buch „Der Formalismus in der Ethik und die materiale Wertethik", (2. Aufl. Halle 1922) rein philosophisch neu zu entwickeln und streng zu begründen, und muß hier auf diese Ausführungen verweisen. Theologisch finde ich sie am tiefsten bei Scheeben dargestellt, besonders dort, wo er zeigt, wie Christus im Zentrum des ganzen Universums steht. Vgl. Matthias Joseph Scheeben, Die Mysterien des Christentums. Nach Wesen, Bedeutung und Zusammenhang dargestellt, 3. Aufl. Freiburg i. Br. 1912.

[5] Es bedürfte eines besonderen Buches, um auch nur einigermaßen die Tiefen dieses Prinzips auszuschöpfen. Ich habe bisher in verschiedenen akademischen Vorlesungen und Übungen die drei sozialphilosophischen Grundprinzipien: Sozialismus – Individualismus – Solidaris-mus – eingehend entwickelt.

„ewige Wahrheiten" leugnet. Auch er ist nur zeitgeschichtlicher Sozialist, freilich in der besonderen Form des „astronomischen" Sozialisten, der wissenschaftlich das Kommen des Sozialismus vorhersagen zu können meint.

Auf die Frage nun, ob auch wir uns christliche *zeitgeschichtliche* Sozialisten nennen dürfen und sollen, lautet meine Antwort ebenso vernehmlich: Ja!, wie sie auf die obige erste Frage: Nein! lautete. Vergleichen wir nämlich die christliche Korporationsidee mit der historischen Wirklichkeit der letzten Jahrhunderte, so können wir fragen: In welcher Richtung weicht diese Wirklichkeit stärker ab von ihrem idealen höchsten Maßstab, in der sozialistischen oder in der individualistischen Richtung? Muß man, will man sie der nichtsozialistischen, nichtindividualistischen, sondern christlichen Gemeinschaftsidee ähnlicher machen, sie praktisch mehr im Sinne der Befreiung des Individuums oder im Sinne seiner stärkeren Bindung durch sittliche und rechtliche Mächte des Gemeinschaftslebens korrigieren? Auf diese Frage antworte ich: in der Richtung neuer und verstärkter *Bindung,* wobei die Art der Bindung, zum Beispiel die ethische von innen oder die zwangsmäßige von außen, und die Frage: was soll binden?, noch dahingestellt sei. Es ist kein Zweifel: die Geschichte des europäischen Abendlandes seit dem 15. Jahrhundert war im Verhältnis zum christlichen Korporationsgedanken mehr durch die allzu weitgehende Übersteigerung ihrer individualistischen Tendenzen (des Familiengliedes gegen die Familie, des Einzelgewissens gegen die Kirche, der Nation gegen die übernationalen Gemeinschaftsformen, des wirtschaftlichen Individuums gegen seinen Stand usw.) in die Irre gegangen als durch ihre sozialistischen Tendenzen. Können wir auch diese sozialistischen Tendenzen also ebensowenig wie den Individualismus in allen seinen Formen als aus dem christlichen Glauben geboren ansehen, können wir sie im letzten Grunde auch nur als Gegengifte gegen das Gift des Individualismus, nicht aber als die normale heilsame Nahrung des Menschen ansehen, so ziemt es doch dem praktischen christlichen Gesellschaftsarzt, sich als Therapeut der Gesellschaft mehr mit dem Namen der Bewegung zu bezeichnen, die Träger des Gegengiftes ist. Man kann in diesem Sinne auch von einem „christlich-pädagogischen Sozialismus", und zwar einem menschheitspädagogischen reden.

Wie muß nun unsere *Art der zeitgeschichtlich-praktischen* sozialistischen *Einstellung* sein? Ich nenne zunächst vier Arten von Grundeinstellungen: 1. Die Einstellung auf den utopischen Sozialismus, der sich mit moralischer Predigt und technischen Vorschlägen an die herrschende Klasse richtet, um sie oder einzelne, den sozialen Mäzen sozusagen, zu veranlassen, das irgendwie ausgestaltete sozialistische Prinzip aus freiem Willen zu verwirklichen – was dann meist zuerst in Form eines Experimentes, einer Mustergemeinschaft geschieht. Zu dieser Klasse gehören zum Beispiel Robert Owen, Charles Fourier, Simon Cabet, Wilhelm

Weitling, Franz Brandts, Ernst Abbe usw., gegenwärtig Walther Rathenau.[6] 2. Die Einstellung auf den *realhistorischen* sogenannten „wissenschaftlichen Sozialismus" von Karl Marx, der sagt, daß der Sozialismus naturnotwendig komme, da er ein notwendiges Ergebnis der Entwicklungsgeschichte der ganzen Menschheit, zumal der modernen bürgerlichen Gesellschaft sei. 3. Die Einstellung auf den *romantischen,* reaktionär-feudalen Sozialismus, der die Reste der mittelalterlichen Eigentumsverhältnisse erhalten bzw. wiederherstellen will. Er ist gleichsam eine Utopie nach rückwärts. Marx sagt über diese Form des christlichen Sozialismus: „Auf diese Art entstand der feudalistische Sozialismus, halb Klagelied, halb Pasquill, halb Rückhall der Vergangenheit, halb Dräuen der Zukunft, mitunter die Bourgeoisie ins Herz treffend durch bitteres, geistreich zerreißendes Urteil, stets komisch wirkend durch gänzliche Unfähigkeit, den Gang der modernen Geschichte zu begreifen."[7] 4. Die Einstellung auf den *praktisch-reformatorischen* Sozialismus (Kathedersozialismus, Sozialismus christlicher Sozialprediger beider Konfessionen, aber auch der sozialistischen Revisionisten). Dieser will Schäden, Übertreibungen der liberal-kapitalistischen Ordnung heilen, sogenannte Gegenwartsarbeit tun, aber diese kapitalistische Ordnung prinzipiell erhalten, sofern er diese Ordnung, obwohl er christlich ist, nicht in prinzipiellem Gegensatz fühlt zu den Geboten des christlichen Lebens. Über diese Art des christlichen Sozialismus sehe ich auch die katholische deutsche Wissenschaft und die Mönchengladbacher Bewegung bisher nicht wesentlich hinausgekommen. Besonders die Mönchengladbacher Richtung erscheint mir nur als eine Bewegung von Katholiken, die sich in ihren gesellschaftlichen Anschauungen und Prinzipien höchstens graduell von den sozialdemokratischen Revisionisten und Mehrheitssozialisten unterscheiden, nicht aber als eine christlich-katholische sozialistische Richtung, das heißt als eine Richtung, die aus christlich-katholischem Geist heraus eine neue Ideologie und ein neues Programm gefunden hat.

Ich lehne diese vier Grundeinstellungen ab zugunsten einer formalen Grundeinstellung, die ich in dem hier infrage kommenden Punkt als pro*phetischen christlichen Sozialismus* bezeichne. Was ist das Wesen dieses prophetischen Sozialismus, worin liegt sein Unterschied von jenen vier Arten?

Was ist prophetisch und was ist ein „Prophet"? Der Prophet sagt nicht wie der utopistische Moralist z. B. des utopischen Sozialismus, dieses oder jenes *solle* aus ewigen Ideen heraus sein; er kümmert sich vielmehr durchaus um die *konkrete* historische Wirklichkeit, um deren Gestaltung im Sinne ewiger Vernunftgesetze

---

[6] Vgl. Walther Rathenau „Von kommenden Dingen", 14.–24. Aufl. Berlin 1917.

[7] Karl Marx/Friedrich Engels, Manifest der Kommunistischen Partei, in: dies., Werke, Bd. 4, Berlin 1974, S. 483.

und des göttlichen Willens es ihm zu tun ist. Ebensowenig will der Prophet
in dem Sinne etwas „*voraussagen*", wie die Wissenschaft aufgrund bekannter
Naturgesetze oder sogenannter historischer Entwicklungsgesetze einen kommenden Zustand oder Vorgang „astronomisch" voraussagen will. Der Christ, der auf
dem Boden der *Freiheit* der menschlichen Persönlichkeit auch dann noch steht,
wenn er zugibt, daß der Spielraum dieser menschlichen Freiheit sich um so mehr
verringert, je mehr der Mensch als Masse und nicht als einzelner handelt und je
mehr „Geschichte" bereits abgelaufen ist, kann sogenannte historische Gesetze,
die eine astronomische Voraussage künftiger Gesellschaftszustände erlaubten,
überhaupt nicht zugeben. Er kann höchstens fragen: Was geschähe, wenn wir
künstlich absehen von dem moralisch verschiedenartigen Wollen und Handeln
der einzelnen menschlichen Personen? Schon darum verbietet sich ihm ein astro-
nomischer Sozialismus im Sinne von Marx. Aber auch wenn es Voraussagen
historischer Vorgänge gäbe, würde sich der Prophet streng unterscheiden von
einem Gelehrten, der solche Voraussagen machen will. Zunächst dadurch, daß
der Stoff, in dem er vorausschaut, das *einmalige, nie wiederkehrende, durchaus
konkrete* Geschehen in der Geschichte ist, nicht also eine Sphäre, in der es strenge
Regel und Wiederholung des Gleichen gibt. Sodann wird der Prophet, sofern er
wenigstens dem Kulturkreis des Alten und Neuen Testamentes angehört, nie eine
absolute Voraussicht des Kommenden wiedergeben. Denn das widerspräche dem
Glauben an einen Gott, der als urfreie Person die Welt nicht nur geschaffen hat,
sondern als solche auch erhält, leitet und regiert; der jedes zukünftige Geschehen
aufgrund des Verhaltens menschlicher Personen zu ihm und in bezug auf seine
Gebote abändern kann. So ist dem Propheten seiner *Natur* nach versagt, absolute
Voraussagen des Kommenden zu machen; nur *bedingte* können es sein, bedingt
nämlich durch das freie moralisch-praktische und religiöse Verhalten der Menschen, an die er sich wendet. Der Prophet sagt wohl: ich sehe, daß dies kommt
und kommen muß, aber er fügt hinzu: sofern ihr Menschen euch nicht freiwillig
wendet, sofern nicht Gott die Sache dadurch wendet, daß ihr euch wendet.

Wenn ich in diesem Sinne von einem „prophetischen Sozialismus" spreche,
so verstehe ich darunter, obzwar es sich hier nicht wie bei den eigentlichen
Propheten um religiöse Dinge handelt, sondern um Fragen des menschlichen
Gemeinschaftslebens, daß der christliche Sozialist eine dem Propheten analoge
innere Haltung zur gegenwärtigen und kommenden Gesellschaft einzunehmen
habe. Und auch darin erscheint mir diese seine Haltung ähnlich derjenigen der
Propheten des Alten Bundes, daß er das Kommen des Sozialismus (in dem
begrenzten Sinne des christlichen Sozialismus überhaupt) aus der *geschichtlichen Wirklichkeit* entwickelt, mit der dazu gesetzten Bedingung, daß etwas

weit Schlimmeres, der widerchristliche *Zwangskommunismus* über die Menschheit kommen werde, wenn sie sich *nicht* im Sinne des christlichen Sozialismus wenden sollte. Der prophetische Sozialismus erkennt im Gegensatz zu Marx die *Einmaligkeit geschichtlichen Werdens* und die *Freiheit des Menschen* an. Er weiß aber zugleich, daß nicht nur im menschlichen Geist und Willen Gott tätig ist, was auch der utopische Sozialist anerkennen kann, sondern daß Gott und seine ewige Vorsehung und Weltlenkung auch tätig und mitwirksam ist im notwendigen Gang der *Geschichte dieser Welt;* und er weiß, daß ferner der Freiheitsspielraum des Menschen und des durch den Menschen Bewirkbaren sich um so mehr verkleinert und verengt, je mehr es sich um Geschicke ganzer *Völker und Kulturkreise* handelt. Wohl predigt auch er Moral, so wie es der Utopist, so wie es der reformatorische Sozialist tut, – beide im Unterschied zu Marx –, aber mehr als von der *eigenen* subjektiven Predigt an die Menschen hält er von jener *objektiven Predigt der geschichtlichen Katastrophen, des Blutes und des Elends,* in denen sein Ohr gleichsam ein Wort des Herrn an die Menschen vernimmt. „Prophetisch" verhält sich der christliche Sozialismus darum, weil er dies warnende Wort Gottes herauszuhören weiß aus der je gegenwärtigen geschichtlichen Wirklichkeit, weil er in dieser Wirklichkeit mehr wahrzunehmen weiß als die Summe ihrer einzelnen begrenzten Zufallstatsachen: nämlich einen *geistigen Zusammenhang von Tendenzen,* die sie bewirkt und die sich in einer ganz bestimmten schaubaren Richtung noch weiter entwickeln werden.

Vergleiche ich diese Stellungnahme mit den vier vorhin genannten, so ist der scharfe Unterschied deutlich. Der *utopische* Sozialismus war herausgewachsen aus der unhistorischen, ja antihistorischen Denkweise des revolutionären Naturrechts der Aufklärungszeit. Er wie seine jetzigen Nachzügler, z. B. die revolutionären Syndikalisten oder in ganz anderem Sinne Walther Rathenau, glauben zwar an die Freiheit des Menschen, aber es ist die Freiheit des aus allen Gemeinschaftsbanden und dem vorsehungsmäßigen Weltgang herausgerissenen, sich autonom und allmächtig dünkenden Subjekts, an das sie glauben. Auch diejenigen Sozialisten, die ich vorhin „Utopisten nach rückwärts" nannte, jene von Marx im Kommunistischen Manifest geschilderten christlichen Feudalen, lassen trotz, ja wegen ihres nur reaktionären Geistes die Achtung vor den Spuren Gottes in der Geschichte vermissen. Darum muß ihre Theorie wie ihre Praxis leere Velleität bleiben, ja indem sie die christliche Gesellschaftslehre nicht zu scheiden wissen in ihre ewigen und in ihre zeitgeschichtlichen Teile, belasten sie auch die christliche Weltanschauung selbst mit flüchtigen überlebten Konstellationen einer vergangenen Zeitgeschichte. Sie vor allem gaben indirekt Anlaß zu jener Lehre der französischen Positivisten (Saint-Simon und Comte) – die auch

Marx von ihnen akzeptiert hat –, daß der gesamte Bau der katholischen Gedankenwelt (einschließlich Philosophie und Dogmatik) nur die ideelle Komponente oder der ideelle Oberbau zu den wirtschaftlichen und politischen Grundtatsachen des mittelalterlichen Feudalzeitalters gewesen sei. Aus der deutschen *Romantik,* die gleichfalls diese Spuren gegangen ist, können wir daher zum Neubau eines christlichen Sozialismus *nichts* Wesentliches entnehmen. Politisch legitimistisch orientiert im Sinne der sogenannten Heiligen Allianz, philosophisch, theologisch und in bezug auf die gegebenen Rechtsverhältnisse traditionalistisch und nicht nur gegen das revolutionäre, sondern auch gegen das christlich klassische Naturrecht feindlich gerichtet, haben uns Männer wie Adam Müller, Friedrich Schlegel in diesen Dingen nichts mehr zu sagen.

Aufs schärfste entgegengesetzt ist der christliche prophetische Sozialismus auch der Grundeinstellung des *Marxismus.* Wohl hat er gegen den utopischen Sozialismus mit ihm gemeinsam, daß er aus einer tiefen, vollen Anschauung der geschichtlichen Wirklichkeit heraus und durch einen Versuch, sie in einer besonderen Ideologie geschichtsphilosophisch zu begreifen, seine Ziele zu gewinnen sucht. Auch der christliche Sozialismus darf sich insofern „historisch-realistisch" nennen. Auch er sieht mit Marx in der klassischen Soziologie und Nationalökonomie des englischen Liberalismus eines Adam Smith und Ricardo und in dem, was uns zum Beispiel Malthus als Naturgesetz vorsetzt, nur künstliche *Abstraktionen* (deren Künstlichkeit die Väter dieser Wirtschaftsphilosophie nicht ahnten), nicht empirische auf Induktion beruhende Gesetze; ferner auch in dieser methodischen Einschränkung nur historisch relative Gesetze der *westeuropäischen* Menschheit im historischen Stadium der *bürgerlichen* Erwerbsgesellschaft, wie sie sich seit dem 15. und 16. Jahrhundert langsam emporbildete.

Auch das hat der christliche Sozialismus mit Marx gemeinsam, daß er den utopischen und umgekehrt-utopischen, d. h. den feudalen reaktionären Sozialismus verwirft. Aber im scharfen Gegensatz zu Marx gewinnt er sein Programm nicht durch eine – astronomische – Voraussage, sondern durch eine Zusammenschau dessen, was an Forderungen hervorgeht aus den *Prinzipien* der vernünftigen und christlichen Sociallehre, der christlichen Ethik bzw. des Naturrechts *und den lebendigen Forderungen,* die er in der methodischen Art der Prophetie aus dem Gewirr der historischen Lebenswirklichkeit aufgrund einer philosophisch gegründeten Lehre von der „Ordnung der geschichtlichen Kausalfaktoren" herausschaut. Anschauungsgesättigt von sozialer Wirklichkeit, die er nicht nur kalt errechnet und zerrechnet, sondern auch mit einer großen Herzensbewegung allseitiger Sympathie zu umfassen und zu durchdringen strebt, richtet der christliche Sozialismus sein Programm zugleich nach einem Maßstab, den er nicht der Geschichte, sondern den ewigen Ideen von Gut–Böse, Recht–Unrecht entnimmt, – Marx leugnet solche Ideen überhaupt. Und wo die Wogen der historischen Wirklichkeit, in deren Werden und Sein er den Finger Gottes spürt – bald einladend, Gegebenes weiter zu entfalten, bald warnend vor dem, was kommen mag, wenn ihm nicht widerstanden wird –, jene ewigen Sternbilder der christlichen Grundsätze gleichsam zu berühren scheinen oder ihr Wogengang doch in ihre Richtung zu zielen scheint, da wird der christliche Sozialismus die Angriffspunkte und Momente erkennen, an denen praktisch Hand anzulegen notwendig ist.

Vor allem aber wird den christlich prophetischen Sozialismus eines tief unterscheiden vom Marxismus. Auch er findet zwar mit Marx, daß in der westeuropäischen geschichtlichen Wirklichkeit des letzten Jahrhunderts gewaltige lebendige Tendenzen auf den Zwangskommunismus, vorbereitet durch einen schuldhaften, ja zur Erbschuld von Jahrhunderten gewordenen exzessiven Liberalismus und Kapitalismus, vorhanden sind. Sowohl in dieser Konstatierung wie in der Anschauung, daß die spezifisch moderne Geschichte in steigendem Maße nicht von Ideen, sondern von ökonomischen Massenantrieben beherrscht sei, stimmt er Marx in der Tatsachenbeurteilung weitgehend zu und hilft, seine Gegner abzuweisen und zu widerlegen, besonders jene, die der modernen Geschichte den Sinn einer immer zunehmenden Theophanie unterlegt haben (Hegel) und die diese lebendigen Tendenzen zum Kommunismus bestreiten. Aber weit entfernt, in diesen tatsächlichen Tendenzen zum Kommunismus und in der vorzüglich ökonomisch bewegten Geschichte des bürgerlichen Zeitalters, das heißt des Zeitalters des bürgerlichen Typus, *notwendige* Ergebnisse der *universalen* Geschichtsentfaltung der Menschheit zu sehen, sieht der christliche Sozialismus darin einen in ursprünglicher *freier* Schuld, in relativer Erb- und Gesamtschuld gegründeten *Abfall* des europäischen Menschen von seiner und des Menschen wahrer Bestimmung; und in den tatsächlichen Tendenzen zum Zwangskommunismus sieht er nicht das kommende Paradies auf Erden, sondern gleichsam eine Züchtigung Gottes, die in der Zukunft einer von ihrer Bestimmung abgefallenen Menschheit dräut, wenn sie sich nicht frei zu einem christlichen Sozialismus wendet. Nicht eine Bewegung des Fortschrittes und der höheren Entwicklung der sogenannten Menschheit – mit einer solchen hat die rein westeuropäisch-amerikanische Erscheinung des Liberalismus und Kapitalismus überhaupt dem Ursprung nach nichts zu tun –, sondern die *Dekadenz* Europas und den dräuenden Kulturtod des Abendlandes sieht er in den Bewegungen der neueren Zeiten, soweit sie wirklich den marxistischen Gesetzen entsprechen. Auch Marx hat ja logisch nicht das mindeste Recht, einer Geschichte den Sinn eines „Fortschrittes" unterzulegen, die nur von blinder ökonomischer Kausalität bewegt ist. Diese Stimmung übernahm er unbesehen von Hegel, nur daß diese Stimmung bei Hegel wenigstens innerhalb seines Systems berechtigt ist, da ja die göttliche Idee nach ihm sich selbst in der Geschichte entfalten soll; bei Marx aber entbehrt sie jeder Berechtigung.

So ist der christlich-prophetische Sozialist sozusagen ein Unglücksprophet, kein Glücksprophet wie Marx. Und er gleicht noch in einer anderen Richtung den Unglückspropheten des Alten Bundes und solcher Zeiten überhaupt, in denen der höhere Mensch elementare Tendenzen zum Absterben, zum Niedergang einer Kultur wahrnimmt. Die Propheten sprachen viel von einem „Rest" Frommer, der sich auch im Untergang Judas erhalten und aus dem der Messias geboren werden sollte. Diese Idee des „Restes", sie ist mehr als eine nur alttestamentliche Vorstellung. Sie kehrt als soziologische Denkform bei den Besten mit einer typischen Notwendigkeit überall da wieder, wo eine Kultur zu Grabe zu steigen sich anschickt. „Lebe in der Verborgenheit" sagten die Stoiker im Untergangsgefühl der alten Welt. Benediktus zog von Rom nach Subiaco, da er sich in der Weltstadt systematisch gestört fand, ein christliches Leben zu leben, und im Mönchstum bewahrten sich mit dem christlichen Vollkommenheitsideal auch die edlen Reste der antiken Kultur, die die Zeit draußen zertrat.

Der Christ hat nicht die relative, sondern die *absolute* Pflicht, ein christliches Leben zu führen. Wird der Kulturzusammenhang so geartet, daß er ein solches Leben in keiner Weise mehr zu führen vermag, so muß er die Folgerung ziehen, ihn zu verlassen, Gott mehr zu lieben, das heißt: „sich von der Welt zurückziehen". In den großen Weltaltern der Kulturdekadenzen steht der Mensch, der Gott treu bleiben will, vor einer Alternative von besonderer Schärfe: mit der Welt zu gehen, um sie vernünftig zu gestalten, oder, sich zurückziehend von ihr, wenigstens die höchsten Werte, die die Alte Welt noch enthält, zu bewahren, sie zu retten über den Abgrund hinweg, in den die Geschichte des öffentlichen Lebens zu steuern scheint. Der christliche Sozialismus wird, da seine Ideologie eine Dekadenzhypothese der modernen Welt und des kapitalistischen Zeitalters enthält, diesen Tendenzen nicht so fremd sein, als es zum Beispiel der deutsche, durchaus kulturoptimistische fortschrittsgläubige Katholizismus vor dem Krieg gewesen ist. Man verstehe mich recht. Das allgemeine Gesetz des Menschheitsfortschrittes – ich rechne es zu den dauernden Wahrheiten der christlichen Philosophie – ist der christliche Sozialist weit entfernt zu leugnen. Leugnete er es, welchen Sinn hätte es, das durch die Barbarei eines Zwangskommunismus bedrohte Beste für eine „bessere" Nachwelt zu retten? Nur von der Hypothese, daß der Untergang der europäischen Kultur „dräue", nicht naturnotwendig gewiß sei – dräue, so sich der europäische Mensch nicht wendet –, geht er aus. Das genügt aber, um den christlichen Sozialismus sich *wesentlich* anders auf Zeit und Zukunft einstellen zu lassen, als die deutschen Katholiken es bis jetzt gewesen sind.

Arbeit und Weltanschauung

Die Worte, die ich heute zu Ihnen sprechen möchte, sollen versuchen, eine Brücke zu bauen von der religiös-moralischen Auffassung der Arbeit zu den schweren und harten Forderungen des Tages, wie sie herauswuchsen aus unserer Niederlage. Sie sollen ihren Abschluß finden in der Antwort auf die Frage – die schwerste und zentralste Frage der Gegenwart vielleicht für unser leidendes Volk –: Wie können und sollen neue, lebendige religiöse und moralische *Motoren* in unseres Volkes Seele entwickelt werden, die ihm den Willen, die Kraft, und die Lust und Freude zur Arbeit wieder zurückgeben, Kräfte, die allein unser Volkstum, unseren Staat, indirekt auch unsere deutsche geistige Kultur hinüberretten können über den Abgrund, der uns angesichts der Ententeforderungen und der durch sie vergrößerten Gefahr des Fortschrittes des Bolschewismus nach Westen immer noch bedräut. Nicht von den vielen Fragen der Gesetze, der Einrichtungen, der ökonomischen und technischen Maßregeln, durch die wir schon vorhandenen Arbeitswillen und in den Seelen bereitliegende Arbeitskraft unter Wahrung des ökonomischen Prinzips in die rechten fruchtentfaltenden Kanäle leiten können, soll hier die Rede sein. Auf den je in der Seele des Menschen wurzelnden *Willen* und die *Kraft* und *Lust* zur Arbeit, auf das Problem ihrer *Erweckung* kommt es mir an.

Diese ethisch-psychologische Frage – wurzelnd schließlich in einer religiösen – scheint mir heute recht mangelhaft gestellt. Noch weniger ist sie gut beantwortet. Die *Einsicht* freilich, daß nur ein neuer Arbeitsgeist, eine neue Arbeitsfreude, ein neuer Arbeitswille uns retten könne vom Untergang, ist nicht nur in erfreulichem Maße da, sie wird sogar mit fast ermüdender Weitschweifigkeit von unserem gesamten öffentlichen Schrifttum, allen öffentlichen Rednern, und von der Presse aller Parteien – mit Ausnahme zum Teil der Unabhängigen und des Spartakusbundes – täglich wie mit *einer* Stimme wiederholt. Aber weit

© Der/die Autor(en), exklusiv lizenziert an Springer Fachmedien Wiesbaden GmbH, ein Teil von Springer Nature 2023
M. Scheler, *Ethik und Kapitalismus – Zum Problem des kapitalistischen Geistes*, Klassiker der Sozialwissenschaften, https://doi.org/10.1007/978-3-658-40762-9_6

ist der Weg von der Einsicht, daß gearbeitet werden müsse, zu dem lebendigen Willen eines jeden zur Arbeit. Und noch weiter ist der Weg von der Not
zur Tat, welche die Not kühn beseitigt! Die in unserem Volk vielverbreitete
Anschauung von der erfinderischen und schöpferischen Kraft des Bedürfnisses
und der Not, von der „heiligen Not", wie man so gerne sagt, und die dann folgerichtige Erwartung, die Kraft zur Arbeit werde sich schon von selbst einstellen,
wenn man nur die Not zur Arbeit recht kräftig vor Augen rücke – ich habe sie
nie geteilt. Nicht die noch so tief gefühlte Not entscheidet, sondern die *Kraft,*
die geistige Auffassung der Arbeit und das lockende *Ziel.* Not kann vorhandene
freie, spontane Kräfte *auslösen.* Not kann sie lenken in die Bahnen der gegebenen Bedürfnisse: Kräfte *schaffen* kann sie nicht. Es ist hier wie beim Gebet: „Not
lehrt beten" – aber nicht anbeten. Ist die Not zu groß oder ist sie zu schwer, oder
ist der notleidenden Kreatur in ihrer Not die helle, lockende, ladende *Aussicht*
genommen, die lächelnde Zukunftsaussicht auf *Sinn* und *Ziel* ihrer Arbeit, oder
ersetzen diese Zugmotoren des Wollens nicht machtvolle, aus einer höheren Welt
inspirierte Stoßmotoren moralisch-religiöser Art, dann ist der Not Folge – die
Verzweiflung. Nur eine absolute, vom Schicksal des Arbeitsproduktes unabhängige, gottgebotene Pflicht zum Arbeiten, deren Erfüllung – auch wenn die ganze
Welt vor Vollendung der Arbeit zugrunde ginge – dennoch auf eine heimliche
Weise dem Heil der Gott gehorsamen unsterblichen Seele des Arbeitenden und
dem Gesamtheil der Welt dient, kann dann über jene Verzweiflung hinausführen,
über jenes Gefühl des von Jägern und Hunden umstellten Wildes, das um sich
blickend sieht: wohin ich renne, ich renne ins Verderben. Wenn dieses Gefühl
die Seele ergriff, ist es fast nur mehr eine Frage der äußeren Besitzverhältnisse
des Subjektes, nicht mehr eine Frage des Menschen, ob sich diese notgeborene
Verzweiflung mehr äußert in Revolution, Aufstand, Zertrümmerung des Bestehenden – also spartakistisch-bolschewistisch – oder in unsinnigen Luxusausgaben, in
Verschwendung, Vergnügungssucht, wie wir sie heute in gleichem Maße wie die
ersteren Erscheinungen wahrnehmen. Es gibt eine *Verzweiflung der Armen* und es
gibt eine *Verzweiflung der Reichen;* sie äußert sich verschieden, und ist doch von
derselben Natur.

Lassen Sie uns – ehe ich zu dieser großen Frage unseres Volkes einige Bemerkungen mache – daher zuerst die umfassendere Frage stellen: Ist die rechte
seelische Auffassung der Menschenarbeit und die rechte Wertung der Arbeit,
unter uns selbst und im deutschen Volk genügend verbreitet? Welches ist die
rechte Arbeitsauffassung? Die „rechte", das heißt also eine, die weder eine Überwertung noch Unterwertung der Arbeit darstellt. War sie verbreitet im deutschen
Volk nicht nur von heute, sondern auch in dem deutschen Volk von gestern, also
auch in der Zeit vor dem Krieg? Ich persönlich kann mich nicht beruhigen mit

der hier so geläufigen Antwort: daß früher alles herrlich gewesen, da Deutschland das „arbeitstüchtigste Volk der Welt" gewesen sei, jetzt alles schlechter sei;
früher Deutschland das arbeitswilligste, ja – gierigste Volk der Welt gewesen
und jetzt das arbeitsscheueste der Welt geworden sei. So etwas ist erstens eine
Unmöglichkeit. Ein Volk wechselt nicht in kurzer Zeit seinen Charakter und seine
moralische Konstitution wie ein Hemd – auch nicht durch die eingreifendsten
äußeren Ereignisse! Ermüdung, Nervosität, schlechte Ernährung usw. genügen
nicht zur Erklärung; die Arbeitsscheu findet sich auch in Kreisen, wo diese Ursachen fehlen. Ferner: Die Frage nach der rechten Arbeitsauffassung und -wertung
ist keine Frage der bloßen Quantität des Arbeitswillens und der Arbeitswertung;
das Zuviel wie das Zuwenig des Arbeitswillens kann beide Male von der *rechten*
Auffassung abweichen. Es ist vielmehr eine Frage der *Qualität* der Auffassung
und Wertung; es ist eine Frage der rechten Einstellung der Arbeit und ihres Wertes
in das geistig-seelisch-leibliche *Gesamtleben* des Menschen und seines objektiven
Wertreiches, in seinen irdischen Schicksalsgang. Das Verhältnis der Arbeit zum
übersinnlichen Daseinsziel des Menschen bildet die Kernfrage.

Ich habe in meiner Schrift „Die Ursachen des Deutschenhasses"[1] in einem
besonderen Abschnitt gezeigt, daß die im Verhältnis zu anderen Völkern maßlose und die ganze Welt mit steigendem Haß erfüllende, besonders materielle
Überarbeit des deutschen Volkes seit 1870 keineswegs nur durch Bevölkerungswachstum, Abnahme der Auswanderung, Notwendigkeit der Warenausfuhr
zwecks Volksernährung und analoge Ursachen bedingt war, sondern sich an erster
Stelle als ein *moralisch-geistiges* Phänomen mit (dort nachgewiesenen) eigentümlichen, historischen Ursachen darstellt; daß diesem neudeutschen preußischen
Arbeitsgeist – besser dieser Arbeitsüberhastung – gegenüber gar vieles zu kurz
kam, was nicht minder zu gleich hohen, wenn nicht höheren und höchsten Werten
eines Volkstums gehört als die Arbeit. Ich nannte dabei den freien Gottesdienst,
Gebet, Sammlung, Sonntagsheiligung – *ora et labora,* nicht „labora et ora" heißt
die tiefe Weisung des hl. Benedikt. Ich nannte die *Form* des Arbeitsproduktes, die
national bestimmte, edle, anziehende, gewinnende, und noch mehr die *Form* des
deutschen Menschen und seiner Seele selbst – denn um des Menschen und seiner
Seele willen ist die Arbeit da, nicht der Mensch für die Arbeit. Ich nannte die
höhere, edlere, geistige Kultur in allen Formen, die über die Fachwissenschaften
hinaus, verglichen mit älteren Zeiten des deutschen Volkes und mit anderen Völkern, bei uns minder und anarchischer als in jedem anderen Volk war. Ich nannte
den Sinn politischer Mitverantwortung und öffentlicher Betätigung in Kirche,

---

[1] Max Scheler, Die Ursachen des Deutschenhasses. Eine nationalpädagogische Erörterung,
Leipzig 1917, 2. durchges. u. verm. Aufl. Leipzig 1919.

Staat, Gemeinde seitens des Bürgers, der wie nirgends sonst in der Welt ertrank in der Arbeit, in seinen Geschäften und seinem Fach. Ich nannte endlich den berechtigten Sinn für edlere *Lebensfreude* und durchseelte *Genußformen* in Familie, Haus, Geselligkeit und für sinnvolle Erholung und Ruhe und anderes mehr. Wenn ich nun heute nach so tief geänderter Lage des deutschen Volkes über die Ursachen der *mangelnden* Arbeitsfreudigkeit und über mögliche Abhilfe von diesem für uns tödlichen Übel nachdenke, so führe ich dies neue, dem Stande des deutschen Volkes vor dem Krieg entgegengesetzte Extrem durchaus nicht auf eine entgegengesetzte innere *Arbeitsgesinnung*, -auffassung und -wertung zurück, sondern durchaus auf *dieselbe* unzureichende und unrichtige Arbeitsgesinnung und -wertung großer Teile des deutschen Volkes, – nur bei grundlegend veränderten *äußeren* Umständen. Das „Zuviel" von damals und das „Zuwenig" von heute hat also vielleicht dieselbe innere moralisch-psychologische Ursache – und dann müßte der wahre Gesinnungswechsel erst kommen, der uns über diese falsche Einstellung hinausführt. – Blicken wir heute darum hin auf die *christliche* Auffassung der Arbeit, ob sie uns nichts Besseres lehren könne. Umreißen wir sie kurz in ein paar Hauptzügen, sie zugleich hineinstellend in den Kreis einiger typischer, mehr oder weniger abweichender Auffassungen der Arbeit von seiten anderer herrschender Weltanschauungskreise:

Nicht um im Schweiße seines Angesichtes in der Erde Staub zu wühlen für seines Leibes Notdurft, erhobenen Hauptes Gott und den Himmel im Angesicht, in freier Betätigung seiner Kräfte, schritt der paradiesische Mensch dahin. Der „Urstand" kennt wohl jene freudige, leichte und doch fruchtbare Betätigung der Kräfte der Seele und des Leibes, die auch noch in der Arbeit des von Gott abgefallenen Menschen stecken *kann,* sich hier aber nur in zweckfreiem Spiel und Sport rein bestätigt. Mehr noch als Sport und Spiel mag uns einen Begriff vom Urstand die heitere, freie, souveräne Art des künstlerischen Schaffens edler Formgebilde geben – aber diese ist auch dem Genius nur in ausgewählter Stunde zu eigen. Nicht aber kennt der „Urstand" die *Mühe,* das *Leiden* und die *Not* der *Arbeit,* die schmerzhafte *Beugung* des Eigenwillens und der widerspenstigen Konkupiszenz unter ein fremdes *Sachgesetz,* den peinvollen Selbstzwang und teilweisen Fremdzwang[2], die nach christlicher Anschauung von der Arbeit des erblichen Sündenstandes gleich der Konkupiszenz als seiner Ursache auch durch Christi Erlösungstat nicht als dauernder Zustand aufgehoben wurden. Im Urstand gilt: Staat ja, Zwangsstaat mit repressiven Gesetzen nein; Eigentum ja, staatlich durch Strafandrohung geschütztes Privateigentum nein; freies, im Kleinen gottgleichnishaftes Schaffen ja, Arbeit = Mühe *nein. So* trägt für die christliche

---

[2] Siehe hierzu den in diesem Band abgedruckten Aufsatz „Arbeit und Ethik".

Auffassung die Arbeit an erster Stelle den Charakter der *Strafe* für den „Fall" des Menschen.[3]

Diese viel befehdete Bestimmung der christlichen Arbeitslehre ist von tiefeinschneidender Wichtigkeit. Viele der sogenannten modernen Positivisten und Pragmatisten bestreiten den alten Satz, daß der Mensch „homo sapiens" sei und es sein ursprünglich auf Gott hingerichtetes reines ungeschwächtes Vernunftvermögen sei, das ihn ursprünglich wesenhaft vom Tiere geschieden habe. Sie erklären, der Mensch sei „homo faber" und seine Vernunft habe sich erst in und *durch* die Arbeit an den Dingen gebildet. Schon der griechische Philosoph Anaxagoras frug, ob „der Mensch Hände habe, weil er vernünftig sei, oder ob er vernünftig sei, weil er Hände habe"[4]. Die Positivisten ergreifen den zweiten Teil dieser Alternative und machen den Menschen zu einer Art Emporkömmling aus der untermenschlichen Natur. Dieser „Mensch" ist nicht „erschaffen"; er hat kein Kreaturgefühl und keinen Dank gegen seinen Schöpfer; er hat sich sozusagen *selbst erarbeitet*. Alle Theorie und Wissenschaft gäbe hiernach nicht objektive Wahrheit, sondern nur „Arbeitsregeln". Die Philosophie, die Kunst, die Musik[5] werden als bloße *Begleiterscheinungen und Folgen* der Arbeit abgeleitet.[6] Religion wird den marxistischen Sozialisten ein symbolisches Bild von den Herrschaftsverhältnissen der verschiedenen Klassen und ihrer Stelle im Prozeß der Produktion. Auf die mit gallischer Schärfe gestellte Frage des trefflichen französischen Mathematikers Henri Poincarée, ob wir darum am Himmel die mechanischen Gesetze des Weltalls suchen, um bessere Maschinen zu bauen, oder ob wir Maschinen bauen, damit immer mehr Menschen *Muße* finden, frei den Himmel oder anderes zu erforschen, sagen die Positivisten das erstere. „Bildung ist Macht", „Wissen ist Macht", behaupten sie mit Francis Bacon. Kein Wunder, daß in ihrer Weltanschauung der Arbeit ein Platz angewiesen ist, den die christliche Auffassung – hier mehr übereinstimmend mit der antiken – ihr versagen muß.

Die katholische Auffassung vor allem stellt das beschauliche Leben *prinzipiell* höher als das praktische Leben. Nur darin liegt die Rechtfertigung des Mönchsstandes. Jenen aber ist die Arbeit die „einzige Schöpferin alles Fortschrittes und

---

[3] Dieser Fall ist hier nicht das historisches Faktum, sondern als eine dauernde Tendenz der menschlichen Natur gemeint.

[4] Vgl. meinen Aufsatz „Zur Idee des Menschen", in: Vom Umsturz der Werte. Der Abhandlungen und Aufsätze 2. durchgesehene Aufl., 3. Aufl. Leipzig 1923, Bd. 1, S. 269-308.

[5] Zum Beispiel bei Karl Bücher in seinem Buch „Arbeit und Rhythmus", Leipzig 1896; 6. Aufl. Leipzig 1924.

[6] Vgl. zu Obigem auch den Aufsatz „Erkenntnis und Arbeit", in: Max Scheler, Die Wissensformen und die Gesellschaft, Leipzig 1926, S. 233 ff.

aller Kultur" (Kommunistisches Manifest); ja sie reden sogar von einer „Religion der Arbeit". Oder wie Josef Dietzgen sagt: „Die soziale Demokratie ist insofern die wahre Religion, die alleinseligmachende Kirche, als sie den gemeinschaftlichen Zweck (der Religion) nicht mehr auf phantastischem Wege, nicht mit Bitten, Wünschen und Seufzen, sondern auf realem, tatkräftigem Wege, wirklich und wahr, durch gesellschaftliche Organisation der Hand- und Kopfarbeit erstrebt. Arbeit heißt der Heiland der neueren Zeit. Wie Christus schon eine große Anzahl Proselyten gemacht hatte, bevor sich seine Kirche organisierte, so hat auch der neue Prophet, die Arbeit, schon seit Jahrhunderten gewirkt, bevor sie in der Gegenwart daran denken kann, sich auf den Thron zu setzen und das Zepter in die Hand zu nehmen. Mit den Attributen der Gottheit, mit Macht und Wissenschaft, ist sie nunmehr ausgerüstet ... Wenn es irgend etwas Heiliges gibt – wir stehen hier vor dem Allerheiligsten. Es ist kein Fetisch, keine Bundeslade, kein Tabernakel und keine Monstranz, sondern das reale, sinnliche Heil des gesamten zivilisierten Menschengeschlechtes ... Wie aus dem Unrat der Werkstätte, dem verzehrten Material und dem Schweiß des Arbeiters das neue Produkt herrlich und schimmernd hervorgeht, so erwuchs aus der Nacht der Barbarei, aus der Knechtschaft des Volkes, aus Unwissenheit, Aberglauben und Elend, aus verzehrtem Menschenfleisch und Blut, schimmernd und prächtig, beleuchtet vom Lichte der Erkenntnis oder Wissenschaft, der Reichtum der Gegenwart. Dieser Reichtum bildet das solide Fundament für die sozialdemokratische Hoffnung. Unsere Hoffnung auf Erlösung ist nicht auf ein religiöses Ideal, sondern auf einen massiven materiellen Grundstein gebaut."[7] Diese „Religion der Arbeit" kennen Christen *nicht*. Ja, sie finden sie in ihrem gesunden Lebensrealismus sogar ein wenig grotesk. Ein Mann, der hundert Meter unter der Erde im Schacht arbeitet, der immer dieselbe Muskelgruppe monoton betätigt – befindet er sich durch diese seine Arbeit schon in einer *religiösen* Geistesverfassung? Schon die Frage klingt wie bittere Ironie.

Eitles Gerede sind auch Behauptungen wie jene des französischen Sozialisten Charles Fourier, daß in einem kommunistischen „Harmoniestaat" die Arbeit reinstes *Vergnügen* werden könne, so daß sich in ihr alle Leidenschaften der verschiedenen Menschentypen, wenn sie nur durch die Kunst der Organisation der Gesellschaft in fruchtbare Bahnen gelenkt seien, frei ausleben können, – durch diese Organisationskunst gleichsam wie der Dampf durch die Maschinenstruktur gezwungen, der Steigerung der Kultur zu dienen. Wir sehen darin nur die alte, allem Sozialismus wesentliche Überschätzung der Organisationsfragen gegenüber

---

[7] Josef Dietzgen, Die Religion der Sozialdemokratie. Kanzelreden. Mit einem Vorwort von Eugen Dietzgen, 8. Aufl. München 1911 (= Agitationsausgabe), S. 10 f.

den Gesinnungsfragen. Schlichter Wirklichkeitssinn fordert sogar das Geständnis, daß die Arbeit in der Entfaltung der Zivilisation mit fortschreitender Arbeitsteilung und -zerlegung – im Maschinenzeitalter zumal – immer *weniger* eine Lust geworden ist.[8] Gewiß gibt es mannigfache Freudequellen, die schon in der Tätigkeit des Arbeitens selbst liegen – ganz abgesehen vom Arbeitsprodukt, seinem Gebrauchs- und Tauschwert: die Auswirkung, Steigerung und Übung der in der Arbeit aktiv werdenden geistigen Potenzen und Anlagen; die zielsichere und in gewissen Grenzen wohltätige Spannung der Körperteile und ihrer Funktionen; das glückvolle Macht- und Könnenserlebnis, wenn die Materie sich unter des Menschen beugt – des Herrn der Schöpfung – kühner Hand und zu sinnvoller Form sich zusammenschließt. Es gibt einen Abhärtungs-, Ertüchtigungs- und vitalen und seelischen Entfaltungswert der Arbeit für den Organismus. Aber nur die höheren geistigen Arbeitstätigkeiten, ferner diejenigen, die, wie zum Beispiel die landwirtschaftliche Arbeit, den *ganzen* Menschen in Anspruch nehmen – also ein sehr *kleiner* Teil heutiger Menschenarbeit – enthalten diese Freudekomponenten in höherem Maße. Im allgemeinen gilt: Arbeit fordert *herbe* Überwindung der Triebimpulse, Selbstbeherrschung, sklavische oder freie demütige Beugung des Menschen unter fremde Sachgesetze; fordert Leiden und herbe Mühsal. Die Kulturgeschichte lehrt, wie fremd der natürliche Mensch zunächst der Arbeit gegenüberstand, wie er in den älteren Zeiten der Völkergeschichte nur unter härtestem Zwang (Sklaverei, Leibeigenschaft) sich ihr unterwarf. Werner Sombart hat in der zweiten Auflage seines Buches „Der moderne Kapitalismus" in eingehenden Nachweisen gezeigt, in welch *unerhörtem* Maße noch gegen Ende des achtzehnten Jahrhunderts große Massen das vagabundierende Leben auch hochentlohnter Arbeit vorzogen. Werner von Siemens gibt in seinen Lebenserinnerungen ein Bild der Schwierigkeiten, die Bevölkerung des Kaukasus zur Arbeit anzuhalten.

Verzichtet darum die christliche Auffassung der Arbeit auf den Begriff der echten, tiefen *„Arbeitsfreude"?* Keineswegs. Aber diese Freude ist für sie eine mehr indirekte, eine Freude, die nicht so sehr aus der psychophysischen Tätigkeit selbst erwächst, als aus der *geistigen Auffassung* der Arbeit – an ihrem Bild und Sinn vor dem Geist. Es sind hohe Tugend- und Sinnwerte, die dem Christen ein wunderbares Licht aus der Sonne der Religion in die Dumpfheit und Härte schon des Arbeitsprozesses selber hineinwerfen. Nicht *nur* Strafe ist nach dieser christlichen Auffassung die Arbeit; sie ist auch ein *„Heilmittel"* und eine „Läuterungsmittel" für den gefallenen Menschen. Hinter der treuen und demütigen Arbeit seiner Hände wächst im Innern des Menschen wie von selbst, und um

---

[8] Vgl. hierzu den in diesem Band abgedruckten Aufsatz „Arbeit und Ethik".

so mehr, je weniger es im Arbeitsakt unmittelbar bezweckt wird, etwas Königliches, Reines, Großes, Freies leise empor: eine immer selbstlosere und gerechtere Seele – eine Seele, die freier und freier wird von der Empfindung und der Triebe Banden, von der Verstrickung in den „Bauch" und der Vergaffung in den glitzernden Schein der Kreatur, die ursprünglich jene *aversio a deo* und *conversio ad creaturam* bewirkte, um derentwillen die Pflicht zur Arbeit von Gott dem Menschen auferlegt wurde. In der wahren Arbeit verliert nach dieser christlichen Auffassung der Mensch nicht seine Seele an den Staub, dem er Formen gibt; er *gewinnt* diese Seele und gibt ihr zunehmend Freiheit und selbständiges Wirken.

So meint es Hermann Schell in den Worten: „Das Evangelium Jesu ist ein Evangelium der Arbeit und des Kampfes; aber die Arbeit soll den Menschen unsterblich machen. Man soll einen Kampf und eine Arbeit wählen, welche die Kraft, die sich ihr widmet, nicht hinsiechen macht und nicht verzehrt, sondern verjüngt und verewigt."[9] Aber freilich: Dieser hohe *asketische* Wert, der seit den ältesten Zeiten der Arbeit von christlichen Geistesführern zugesprochen ist – vielleicht am tiefsten und schönsten von Benediktus in seiner Regula –, dieser Wert der Arbeit nicht zunächst für Welt, Volkswirtschaft, Bedürfnisdeckung, sondern für den Menschen selbst und für seine Seele, fordert auch, daß der arbeitende Mensch, der Arbeiter niemals ganz im Reich der Arbeit aufgehe; fordert, daß er immer auch noch in einem Reich über und neben seiner Arbeit wohne, daß er als Seele wohne im unsichtbar-sichtbaren Gottesreich als dessen Glied und Bürger; fordert ferner, daß er genug *Muße, Freiheit* und *Ruhe zu* jenem Akt der *Sammlung* habe, in der er sich immer neu auf diesen höchsten Wert seiner Arbeit besinnen kann.

Die Arbeit wird nach christlicher Auffassung ferner durch einen Zentralbegriff des christlichen Glaubens durchleuchtet und geadelt: das Opfer. Auch hier stehen wir noch nicht bei jenem Wert der Arbeit, bei dem die naturalistischen Weltanschauungen zumeist beginnen; jenem Wert, den sie allein nur in ihrer Bedeutung für Existenzerhaltung, Bedürfnisbefriedigung, Wohlfahrt usw. sehen können. Gott hätte nach christlicher Anschauung vermöge seiner Allmacht auch ein Universum schaffen können, in dem die tote und untermenschliche Kreatur in all dem Vernunftsinne, in all der Form und der Zweck-Mittelbeziehung eines Trittbrettes für die Füße der höchsten Kreatur des Weltalls, für den Menschen, bereits vollendet wäre, welche sie vielleicht einst *nach* Ablauf aller Geschichte von Kultur und Zivilisation einmal annähernd annehmen wird. Aber es gefiel Gott, den Menschen höher zu adeln, als er so getan hätte: es gefiel ihm, den Menschen mit einem

---

[9] Hermann Schell, Christus. Das Evangelium und seine weltgeschichtliche Bedeutung, Mainz 1903, S. 83.

Abglanz seiner eigenen *freien schöpferischen Kraft* im Kleinen auszustatten, ihn in gewissem Sinne zu seinem Mitarbeiter zu erheben. Sollte der Mensch diesen Adel einer vernünftigen Freiheit und Spontaneität besitzen, sollte der Mensch für das Werden nicht nur seiner Seelenmacht selbst, sondern auch für das Werden des möglichen vollkommenen objektiven Vernunftsinnes dieser Welt als Ganzes etwas bedeuten – als Mitvollstrecker, als Erlöser und Herauslösen des in den geschaffenen Substanzen und Kräften potenziell schlummernden Vernunftsinnes –, so mußte Gott, wenn auch im Rahmen hoher unverbrüchlicher Naturgesetze, diesem Universum soviel Plastizität, Unbestimmtheit, Aufnehmbarkeit für die freie Tat und Formungskraft des Menschen geben, daß der Mensch jener seiner Bestimmung göttlicher Mitarbeiterschaft nachkommen kann. Dies freilich unter einer sittlichen Bedingung: daß der Mensch sich im Kleinen, analog wie sich Gott in Christo für den Menschen opferte, auch seinerseits aufopfere für jenen *universalen Bestimmungssinn* der ganzen untermenschlichen Welt, dadurch, daß er das Siegel des vernünftigen Geistes, die vernünftige Form, der für sie aufnehmbaren untermenschlichen Kreatur aufdrückt.

Die hieraus folgende Pflicht des mit seinen Brüdern vereinten Menschen, die außermenschliche Welt zu ihrer *eigenen Vernunftbestimmung* gleichsam hinaufzutragen, indem er sie richtig erkennt, liebt und bearbeitet, ist früher und ist unabhängig von dem, was die Arbeit durch die Rückbeziehung ihres Produktes auf des Menschen animalische Bedürfnisse leistet. Und in diesem Sinne, aber auch nur in diesem Sinne, gilt das alte Wort „laborare est orare". So empfindet der im christlichen Geiste Arbeitende, wenn die Welt, die Wirklichkeit in diesem Tisch, in jenem Gerät, in dieser Maschine unter seinen Händen zusammenschießt und aufblitzt zu vernünftiger Form, zum sinnvollen, beredt und bedeutungsvoll gewordenen Gebilde. Die Liebe zur Qualität der Arbeit selbst, im Unterschied zum Streben nach ihrem quantitativen Ertrags- und Tauschwert, ist somit eine weitere Pflicht des christlichen Arbeiters. Immer ist solch ein Gebilde auch an sich achtenswert, verehrungswert, auch wo es noch unvollkommen ist, und immer fühlt in ihm die christliche Besinnlichkeit einen Teilhauch des gewaltigen einen großen Opferatems, den in jedem noch so unscheinbaren Arbeitsgebilde eigentlich die ganze solidarische Menschheit auf die untermenschliche Welt ausgehaucht hat. In diesem religiösen Auffassungsbild der *Arbeit* als *„Opfer des Menschen für den Bestimmungssinn der untermenschlichen Welt"* – einer Arbeit also, die selbst im Schlaraffenlande, wo die Früchte dem Menschen in den Mund reichten, ihren Wert und Sinn nicht verlöre – steckt auch etwas von der „Imitatio Christi".

Ein dritter Sinnwert der Arbeit ist nach christlicher Anschauung die *Schule der Demut*. Nicht Lust ist die Arbeit an sich. Als Beugung unter Gesetze fremder

Dinge, die auf die Konstellation unseres Trieblebens keinerlei Rücksicht nehmen, ist sie eher Schmerz. Aber die geistige Auffassung dieses Beugungsaktes
unter die Sache und die freie Aufnahme dieses Aktes in den Willen als Ver-
demütigungsakt – das ist es, was einer durch immer mächtigeres Anwachsen
der Menschenzahl (unter normalen Umständen) immer größer werdenden Arbeit
und einer durch Spezialisierung, Teilung, Zerlegung der Arbeit immer freudloser
werdenden Arbeit den Charakter steigend unwürdiger *Sklaverei* nehmen kann.
Gleich großes Glück läßt sich bei fortschreitender Entwicklung der Menschheit
nur finden, wenn der Mensch einen immer größeren Teil seiner Freudenquellen
in der Arbeit selbst findet. Und doppelt gilt heute die Wahl: zu arbeiten in wider-
spenstigem Sklavengeist *oder* als ein demütiger freier Mensch und Christ, der
nicht wie der sklavische Mensch auch da noch herrschen will, und nur scheinbar
dient, wo er dienen muß, sondern auch da noch zu dienen gewillt ist, wo ihm
äußere Amtsstellung die Aufgabe auferlegt, zu befehlen und zu herrschen. Ich
sehe ab von den von Thomas von Aquin und besonders dem Meister Eckehart
gewürdigten *indirekten* Folgen der strengen Arbeit für das Tugendleben („Müßiggang ist aller Laster Anfang"), der Abziehung von den Reizen der Wollust,
des ungeordneten Begehrens überhaupt. Ich hebe in diesem Zusammenhang nur
die *Ehrfurcht* und das *Dankgefühl* hervor, das den Christen gegenüber der vergangenen Menschheit in jedem Arbeitsgebilde erfüllt. Ich erwähne ferner seine
nur religiös wurzelnde heitere *Sorgenfreiheit* über das zukünftige Schicksal seines Arbeitsproduktes, seinen Nutzen für sich selbst und die Familie, die so scharf
absticht von jener Haltung, da man erst genau sehen will, was für einen selber
durch die Arbeit herausspringt, ehe man zu arbeiten anfängt und man schließlich
nur durch zentralistische Zwangsregelung der Produktion und der Verteilung des
Arbeitsproduktes dieses Schicksal genügend *übersehen zu* können meint.

Beides, jene Ehrfurcht und diese heitere Sorgenfreiheit, fehlt den Menschen
heute am allermeisten. Der marxistisch gesinnte Arbeiter zum Beispiel meint
wirklich, er habe mit seiner Arbeit ganz allein diesen Tisch, diesen Stuhl und
seinen Wert produziert. Hat er das getan? Er hat ein wenig Holz in eine *geistige
Form* gelegt, an der indirekt die *ganze* Menschheit mitgewirkt hat und für die er
der *ganzen* Menschheit Dank und Pietät schuldet! Denn wie in Sünde, Schuld,
Verdienst, Verantwortung ist auch in der Arbeit die *ganze* Menschheit ein solida-
risches Ganzes; sie ist – wie Pascal sagt – „wie ein Mensch, der beständig lernt".
Wer etwa heute angesichts der unsicheren Zeitverhältnisse sagt: erst dann will ich
arbeiten, wenn ich meines Erarbeiteten und Erworbenen wieder sicher bin, *wenn*
die Zustände wieder so geordnet sein werden, daß ich weiß, das Gewonnene wird
mir nicht wieder weggenommen; wem also die genannten moralisch-religiösen,

absoluten inneren Motoren zur Arbeit fehlen, wer nur die relativen, hypothetischen Motive seines Vorteils und des egoistischen Nutzerfolges seiner Arbeit kennt, der merkt nicht, daß eben durch diese seine Haltung die Zustände immer ungeordneter *werden* und er eben durch sein Verhalten das Chaos *bewirkt,* dessen Aufhören er erwartet. Gerade in solcher Zeit wie der unsrigen zeigt sich der Wert der *absoluten,* der religiös und moralisch sanktionierten Arbeitspflicht. Die Menschheit wäre nie aus der Barbarei durch Arbeit in die geordneten Zustände der Zivilisation gekommen, wenn sie die Arbeit so irdisch angesehen hätte.

Aber sehen wir uns nun noch einige *Lehrauswirkungen* dieses christlichen Arbeitsgeistes in Ethik, Rechtsphilosophie, Sozialökonomie und die *Differenzen* der Arbeitsauffassung in verschiedenen christlichen Bekenntnissen und außerchristlichen Weltanschauungen etwas näher an.

Sie alle wissen, daß das Christentum – ohne in die groteske Theorie einer „Religion der Arbeit" zu verfallen – der Arbeit überhaupt, aber auch der Handarbeit im besonderen gegenüber der Antike einen ganz neuen *Adel* gegeben hat. Der *antike Mensch* konnte die Arbeit nicht so schätzen, konnte insbesondere jenen oben ausgeführten Gedanken, daß der Mensch erst in einem unbegrenzten Geschichtsprozeß das Universum zur Realisierung seiner Bestimmung durch sinnvolle und sinngebende Arbeit zu führen habe, nicht aufnehmen. Ein wesentlicher Grund war, daß ihm das Göttliche als plastische Form der Sinnenwelt schon ewig immanent schien. Wie dem antiken Menschen (zum Beispiel Aristoteles) die Welt ewig erschien, so kannte er auch keinen geistigen verborgenen *Schöpfergott* und eben darum auch keine wahre *formenschöpferische* Kraft im Menschen. Nur ein ewiger „Beweger" und Wissender ist der „Gott" des Aristoteles. Ein solches Universum ist gleichsam fertig, vollendet. Es ist im Grunde geschichtslos. Es ist ein *ewiger Stufenbau* von Formkräften, die zu Gott emporstreben, indem sie ewig von ihm angezogen werden „wie das Liebende durch das Geliebte". Dies Universum als Weiser, als Künstler, staunend und selig zu kontemplieren, verloren im Glanz seiner sichtbaren Formenwelt, – das bedingt andererseits notwendig eine Masse von Sklaven, die es erst möglich machen, daß einige, die „ἄριστοι", kontemplieren können. Die Gottheit selbst geht hier in Selbstkontemplation auf. Nur die griechischen Kyniker schätzten die Arbeit höher ein. Den Hauch einer ganz anderen Welt atmen die für die Antike und ihr Ethos erstaunlichen *christlichen* Sätze: „Jeder, der nicht arbeitet, soll auch nicht essen" (2. Thess. 3, 10) und „Jeder Arbeiter ist seines Lohnes wert" (Matth. 10, 10). Mit diesen christlichen Sätzen ist ein geistiger Kern gelegt für die sukzessive *Befreiung* des Menschen aus persönlicher Unfreiheit, Sklaverei, Hörigkeit in ihren tausendfältigen Formen – ein Keim, der freilich erst in Jahrhunderten langsam und unter den größten Hemmungen aufging.

Über die Bedeutung des Christentums für die allmähliche Aufhebung der Sklaverei und Leibeigenschaft ist viel gestritten worden, aber nur über das Maß dieser
Bedeutung, nicht über die Tatsache selbst. „Die freie Arbeit der modernen Zeit
ist durch das christliche Personideal mitbedingt" (Ernst Troeltsch). Aber beachten Sie wohl: Nicht als zwangsgesetzliche Arbeitspflicht eines Staates oder als
politische Forderung der Aufhebung der Sklaveninstitution (der sich die Kirche
noch Jahrhunderte lang selbst bediente) sind die obigen Worte gemeint. Sie wollen nur einen *gesinnungsmäßigen* geistigen, moralischen Imperativ in die Seelen
setzen, der sich verschieden auswirken soll je nach der *relativen* Lage der historischen Welt, jener „Welt", die des Kaisers ist, nicht Gottes. Auch wollen sie nicht
sagen: „Du Mensch verdienst dir deine *Existenz* erst durch deine Arbeit." Der
Mensch hat, da Gott seine Seele dem keimenden Leib einschuf, ein *ursprüngliches,* weder durch seine besondere Abstammung noch durch seine Arbeitsleistung
bedingtes „Recht auf Existenz", ein Recht, ganz unabhängig von seiner Arbeit.
Seine Pflicht zur Arbeit wie sein „Recht zur Arbeit" und sein „Recht auf Arbeit"
folgen erst diesem höheren Recht; sie bedingen es nicht. Darum muß auch für
den unverschuldet arbeitslosen Menschen in den Formen der Carität oder staat-
licher Gesetzgebung gesorgt werden; und schon darum kann es ein sogenanntes
„Recht auf den vollen Ertrag der Arbeit" nicht geben. Nur ein Recht auf Propor-
tionalität zwischen Arbeit und Entlohnung besteht. Die Pflicht der Gläubigen, die
Kirche und ihre Diener, die mannigfachen Berufe, deren Arbeit gar nicht meßbar
ist und nicht unmittelbar „nützt", zu unterhalten, ferner die Aufwendungen für
das gemeine Wohl schließen ein solches Recht schon aus. Auch insofern muß
echter *Opfergeist* die Arbeit durchwalten, als wir in unserer Arbeit niemals bloß
für uns selbst, sondern mitverantwortlich für die sozialen Ganzheiten arbeiten, in
denen wir stehen (Familie, Gemeinde, Staat, Kirche usw.). Auch das Eigentum
ist göttliches Unterpfand und Leben, auf daß wir es recht gebrauchen. Der Geist,
der den Besitz der leben- und gnadenerweckenden Hand der Kirche den „Besitz
der toten Hand" nennt, der morgen auch allen Besitz im Dienst höherer, vom
Nützlichkeitsstandpunkt aus gesehen „unproduktiver" oder doch unabmeßbarer
Geisteskultur (Kunst, Philosophie, Geisteswissenschaften) den Besitz der „toten
Hand" nennen kann, steht im *tiefsten* Widerspruch zur christlichen Arbeitslehre.
    Die Kirchenväter entwickelten die alten evangelisch-frühchristlichen Anschau-
ungen über Arbeit und Eigentum weiter. Einige führen das Eigentumsrecht auf
die Arbeit an den Dingen zurück; es erhält sich aber auch die römische Okku-
pationslehre. Die Mehrzahl der Väter begründet eine ökonomische, sogenannte
„objektive" Wertlehre, nach welcher der in den Produkten aufgestapelte ökonomische Wert der ihnen einwohnenden Arbeit gleich sei. Auch Thomas von Aquin

nimmt sie auf. Es ist behauptet worden, daß diese These der christlichen Sozi-
allehre mit jener von Karl Marx zusammenfalle. Aber das ist nicht richtig. Die
christliche Lehre verfällt zunächst nicht der Überschätzung der Handarbeit, die
im System des Marx so auffällig ist. Sie erkennt ferner auch die natürlichen und
politischen Monopole als wertbestimmende Faktoren für die Produkte an. Sie versucht nicht, alle *Wertqualitätsarten* der Arbeit auf den gemeinsamen Nenner der
„sozial notwendigen durchschnittlichen Arbeitszeit" der wertniedrigsten Arbeit
zu bringen. Sie faßt weiterhin obigen Satz als *Norm,* nicht wie Marx als Naturgesetz. Sie weiß, daß der Mensch nicht nur durch Eigenkraft erfolgreich arbeitet;
sie kennt auch den Begriff des „Segens der Arbeit". „Segen der Arbeit", das ist
das, was Gott zum Segen unserer Hände und unseres Geistes mit seiner Gnade
hinzutut. So könnte man etwa sagen: Der *volle Segen* hat trotz der ungeheuren
Leistung deutscher Arbeit der letzten 40 Jahre nicht auf ihr geruht.

Bei aller *hohen* Schätzung der Arbeit hält aber die *katholische* Lehre ganz
bestimmte *Grenzen* dieser Schätzung fest. Erstens: Die Arbeit soll in ihrem Ergeb-
nisziel nicht hinausgehen über den standesgemäßen Lebensbedarf der Familien
und den mit ihm verbundenen oder in ihm eingeschlossenen Erwerb von Werten, die der freien Carität und (nach Thomas) der *liberalitas,* dem Mittleren
zwischen Geiz und Verschwendung, dienen. Eine Arbeit, die grenzenlos Waren
produziert, so daß erst durch die Produktion immer neue Bedürfnisse *entwickelt*
werden, oder so, daß die produzierten Waren nur zur Ausdehnung der ökonomischen Macht eines Volkes um ihrer selbst willen in den umliegenden Ländern
sich Absatzgebiete erst schaffen müssen (mit oder ohne Gewalt), entspricht *nicht*
der christlichen Auffassung. Die christliche Auffassung steht im Widerspruch zu
allem ökonomischen Imperialismus, auch zu allem „Kapitalismus", dem das Prinzip der *Bedarfsentwicklung* durch innerlich grenzenlose Produktion für den freien
Markt und die Wirtschaftsgesinnung eines ebenso *grenzenlosen Mehrerwerbss-
trebens* wesentlich ist. Zweitens: Die Arbeit darf den Menschen nicht so in die
Materie verstricken, daß er schließlich der mitgerissene Sklave eines gleichsam
ohne sein Zutun durch das „Selbstverwertungsstreben des Kapitals" getriebenen
Produktionsprozesses wird. Der Mensch muß *Herr* seiner Arbeit bleiben. Er hat
vermöge seiner durch die Erbsünde nur geschwächten Vernunft die Fähigkeit
und Pflicht, seines ewigen Zieles, das nicht Arbeit, sondern die selige ruhevolle
Anschauung Gottes ist, eingedenk zu sein. Durch die Lehr-, Heils- und Gna-
denvermittlung der alle besonderen Berufe und Stände im sichtbar unsichtbaren
Corpus Christi ausgleichenden und in solidarischer Liebe zum gemeinsamen Heil
zusammenschließenden Kirche ist dem gläubigen Katholiken hier ein fester Weg
gewiesen. Die kirchlichen Sonntage, Feiertage und -zeiten sollen zur Ausübung
dieser höchsten Pflichten gewährt sein. Drittens: Die Arbeit kann in keinem Sinne

weder theoretisch noch normativ als „*Ware*" angesehen werden, die nur nach den
Reproduktionskosten (bzw. nach deren Arbeitswert) durch den Lebensunterhalt
des Arbeiters zu schätzen wäre. Diese mechanistische Auflösung der stets geistig bedingten psychophysischen Menschenarbeit, die ein notwendiger *Teil des
Menschen selber* ist, in den im Grunde physikalischen Begriff der „Arbeit" =
Energiesumme verkennt, daß *jedes* Stück der Arbeit von Hause aus einen höheren
ökonomischen Wert besitzt, als ihn der ökonomische Wert der Nahrung darstellt,
die die Reproduktion der entsprechenden Arbeitskraft möglich macht, nämlich
durch die hinzutretende *Vernunftform,* die in das Produkt eingeht. Viertens: Auch
ein vernünftiger *Lebensgenuß des* Erarbeiteten ist nach katholischer Anschauung
Grenze der Arbeit. Es bestehen die Grenzen, welche die Erhaltung der *Gesundheit,* die Erhaltung der Familie, der Schutz der Kinder und Frauen, die Ausübung
öffentlicher bürgerlicher *Funktionen* der Arbeit quantitativ und qualitativ setzen.
Im Arbeitsprodukt steckt außerdem die Ehre des Arbeiters; darum sah der mittelalterliche Handwerker in dem Produkt seiner Hände gleichsam ein Stück von
sich selbst.

Gegenüber diesen Grundzügen der (älteren) christlichen Arbeitsauffassung
finden wir wesentlich anders geartete innerhalb der anderen christlichen Bekennt-
nisse. Die Arbeitsauffassung der *russischen Orthodoxie* und das griechische
Mönchsideal – auf die ich hier nicht näher eingehen kann – erscheinen gegenüber
dem katholischen Ideal als „*quietistisch*". Im entgegengesetzten Sinn weichen
die *protestantischen* Auffassungen sowohl des Luthertums, des liberalen und auf-
geklärten Protestantismus, als auch des Calvinismus und des Puritanismus ab.
Luther entnimmt im ganzen und im einzelnen weit mehr der überlieferten Lehre
von der Arbeit als die übrigen Führer des Protestantismus. Das kanonische Zinsverbot will er sogar schärfer angewandt wissen als die späteren Scholastiker, die,
wie Bernhard von Siena und Antonius von Florenz, dem modernen Begriff des
Kapitals durch ihre Lehre von der Berechtigung des Produktivzinses bereits näher
gekommen waren. Aber der *Geist* der Arbeitsauffassung ist doch ein grundlegend
anderer. Er ändert sich vor allem dadurch, daß Luther einen besonderen *aktiven
Gottesdienst* unabhängig von dem dem Weltleben eingeordneten *Berufsdienst* und
der Berufsarbeit nicht anerkennt und den Vorzug des beschaulichen Lebens vor
dem praktischen prinzipiell leugnet. Die pflichtgemäße Berufsarbeit soll – und
zwar ganz unabhängig von der Qualität des Berufes und seinem höheren oder
niederen Rang – der beste, ja einzige „Gottesdienst" sein, der alle besonderen
gottgeweihten „Werke" – innerseelische wie äußere – überflüssig mache. Das
augustinische *Wertstufen- und Berufsstufenideal* der Gesellschaft wird dadurch
aufgegeben. Auch die in der Berufsarbeit betätigte Nächstenliebe soll besser sein
als die reine Carität, die nur den Bettel großziehe, die das Almosen zum Verdienst

vor Gott mache, dem einen zuviel, dem anderen zu wenig gebe, die Nächstenliebe und ihren Wert von Erfolg und Leistung unabhängig mache. Selbst eine besondere gegenständliche Gottesliebe und das Nachfolgeideal (Bernhard von Clairvaux) im Sinne der katholischen Mystik erkennt Luther mit der katholischen Höherbewertung des beschaulichen Lebens überhaupt nicht an. „Gottesliebe" dürfe nur heißen, daß man sich „zum Nächsten praktisch so verhalte, wie sich Christus zu einem selbst verhält", auch dies wieder in der Form der *Berufsarbeit*.

Diese Anschauungen sind leicht verständliche Folgen aus Luthers Dogmatik, seiner Leugnung der menschlichen Spontaneität und Freiheit im Verhältnis zu Gott, seiner exzessiven Gnadenlehre, die ebensosehr den Menschen in der Richtung auf Gott schlechthin *passiv,* als *hyperaktiv* in Hinsicht auf die Erdenarbeit macht. Praktische Folgen dieser Lehre sind dann Aufhebung des Mönchswesens („faule Mönche"), Säkularisierung der Klöster und des kirchlichen Besitzes, Aufhebung der Pfründen, vor allem aber die ungeheuer folgenschwere prinzipielle Aufhebung der spirituell-religiösen Macht und Kontrolle der Kirche über das Wirtschaftsleben, über Preisbildung, Wucher usw., die nun der weltlichen Gewalt allein überantwortet oder gar dem Gesetz der bloßen Naturtriebe überlassen werden. Neben dieser Oberaktivität im Beruf und im Fach lehrt Luther eine ganz quietistische Beugung und fast sklavische Ergebung unter die weltliche Gewalt. Es half erheblich mit, dem Feudaladel und dem öffentlichen Ehrendienst das Genick zu brechen und den Fachbeamten des modernen absoluten Staates und seiner Fürsten zu schaffen. Ganz und gar übersah Luther dabei eines: daß diese einseitige Projizierung aller moralischen und religiösen Pflichten auf den weltlichen *Beruf* den tieferen seelischen *Liebesausgleich der Berufe untereinander* in einer Sphäre, die nur über dem Beruf und seiner Arbeit liegen kann, in der *der Mensch als solcher dem Menschen,* die Seele der Seele vor Gott in einem gemeinsamen Dienst eigentümlicher Art und von Beruf wie weltlicher Gewalt ganz unabhängiger Ordnung erscheint, völlig unmöglich macht. Auch sah Luther nicht, daß der Staat, dem er ebenso unmäßig vertraute, wie er der kirchlichen Gewalt mißtraute, selbst in Abhängigkeit kommen könne, ja müsse von denselben ökonomischen Triebmächten, die er ihm nach den inhaltlich alten kirchlichen Gesetzen zu regeln übergab, *wenn* einmal die spirituell religiöse Kontrolle über das Wirtschaftsleben preisgegeben ist.

Weit gewaltiger aber als Luther übersteigerte Calvin den Arbeits- und Berufsgedanken. Er erst sieht in der „Bewährung" in einer durch keinen „Bedarf" geforderten *grenzenlosen Erwerbsarbeit* – nicht für den Menschen, nicht zum Genuß, den er auch in seinen edelsten Formen weit schärfer verpönt als je die katholische und auch lutherische Anschauung, sondern zur „Ehre Gottes" – das praktische Kennzeichen der Auserwähltheit, so daß der ökonomische Erfolg als

solcher gleichsam in der Himmelsglorie erscheint. Schon Karl Marx bemerkt in
der „Kritik der politischen Ökonomie" bezüglich England: „Der Schatzbildner
ist übrigens, soweit sein Asketismus mit tatkräftiger Arbeitsamkeit verbunden
ist, von Religion wesentlich Protestant und noch mehr Puritaner."[10] Und im
„Kapital": „Der Schatzbildner opfert daher dem Goldfetisch seine Fleischeslust.
Er erst macht Ernst mit dem Evangelium der Entsagung."[11] Neuerdings haben
Max Weber und Ernst Troeltsch diese tieferen Beziehungen der protestantischen,
besonders der calvinistischen und puritanischen Arbeits- und Berufsethik mit dem
Werden des kapitalistischen Geistes tiefgehend aufgedeckt.[12]

Der Liberalismus und Rationalismus der Neuzeit behielt diese einseitige protestantische Schätzung der auf die Welt gerichteten Berufsarbeit, ferner die
Ablehnung aller religiösen, moralischen und kirchlichen Kontrolle der Arbeit
bei. Aber an Stelle der protestantischen Gnadenlehre tritt hier der souveräne,
autonome, individuelle Mensch ohne die absoluten Arbeitsmotoren und ohne
die Verspürung der Notwendigkeit, daß Gott seinen Segen zu der Arbeit hin-
geben muß, wenn sie die rechte sein soll. An ihre Stelle tritt im Liberalismus
an erster Stelle die *Selbstsucht,* die das einzig wahre Feuer sein soll, das unseren
Arbeitswillen antreibe. „Wo kein Profit, da raucht kein Schornstein." In beiden
Punkten steht dieser Auffassung die *gesamte* christliche Auffassung schroff und
ohne Vermittlung gegenüber. Sie findet, daß eine solche Anschauung die Macht-
vollkommenheit und das Konstruktionsvermögen des Menschen – des Menschen,
herausgerissen aus der Tradition der Geschichte, aus den autoritativen Gefügen
von Religion, Kirche und Staat und aus den von Gott zugelassenen organischen Abhängigkeiten von Rasse, Volk, Familie, Stand und Beruf – ganz *maßlos
überschätzt.* Philosophien wie jene *Kants* und *Fichtes,* der in seiner ersten Peri-
ode sogar Trägheit und Untätigkeit zum *einzigen* Laster, Arbeit und Tätigkeit
zur einzigen Tugend macht, sind *Zeugnisse solcher Arbeitsüberschätzung.* Es ist
widersinnig, mit Fichte in der „Natur" nur den jedes Eigenseins und Eigenwertes
ermangelnden „Gegenwurf", das bloße X der Ichtätigkeit zu sehen. *Hier wird die
ruhelose Tätigkeit, die sich des Menschen mehr bedient als ihm zugehört, wirklich „Gott".* Wir haben auch hier eine „wirkliche Religion der Arbeit", freilich in
einem weniger materiellen Sinne, als es die modernen marxistischen Sozialisten
meinen. Gerade wenn Tätigkeit und Arbeit *alles* sein soll und sie Sein, Substanz,

---

[10] Karl Marx, Zur Kritik der politischen Ökonomie, Berlin 1947, S. 134.

[11] Karl Marx, Das Kapital. Kritik der politischen Ökonomie, Bd. 1: Der Produktionsprozeß
des Kapitals, in: Marx/Engels, Werke, Bd. 23, Berlin 1970, S. 147.

[12] Siehe Max Weber, Gesammelte Aufsätze zur Religionssoziologie, Bd. 1, Tübingen 1920;
ferner Ernst Troeltsch, Die Soziallehren der christlichen Kirchen und Gruppen, Tübingen
1919 (= Anastatischer Neudruck der Ausgabe von 1912).

Seele, Ruhe, Friede, Glückseligkeit, Beschauung ganz in sich aufsaugt, wird sie selbst ohne jeden Sinn und Wert. Eine *grenzenlose* Arbeitspflicht ist Unsinn und Widersinn.

Blicken wir von hier aus zurück auf unsere Eingangsfrage, wie der deutsche Arbeitsgeist gehoben werden könne, so finde ich, daß sowohl unserer maßlosen Überarbeit vor dem Krieg als auch unserer jetzigen Arbeitsunlust eine weitverbreitete *falsche* Auffassung der Arbeit zugrunde liegt. Beide Male wiegen die nur *hypothetischen* und nur *irdisch-relativen* Arbeitsmotive übertrieben vor. Es *fehlen* zu sehr die *religiös-moralischen* und *absoluten inneren* Antriebe zur Arbeit. Kein Wunder, daß die gewaltigen Konjunkturveränderungen bezüglich dessen, was man durch seine Arbeit rein materiell gewinnen kann, was man sicher behalten und keiner einem nehmen kann, auch eine tiefgehende *Veränderung* in dem Arbeitswillen erzeugen mußten. Der Wille, der sich nur auf solche relativen irdischen wechselnden Motive aufbaut, unterliegt eben auch den *Schwankungen* dieser relativen historischen Lagen, die solche Motive allein auslösen können. So eng hängt die religiöse Erneuerung des deutschen Volkes heute mit seinem irdischen politisch-ökonomischen Schicksal zusammen, daß nur ein Wiederinkrafttreten der *absoluten religiösen Arbeitsmotive* und der Freuden, die mehr aus der *geistig-religiösen Auffassung der Arbeit* als aus ihrem Erfolg für das Eigeninteresse und dessen Sicherung quellen, unser Volk zu retten vermag.

Drucknachweise

1. *Arbeit und Ethik.* In: Christentum und Gesellschaft. Schriften zur Soziologie und Welt-anschauungslehre, Band III, Leipzig: Der Neue Geist-Verlag/Dr. Peter Reinhold 1924, 2. Halbband: Arbeits- und Bevölkerungsprobleme, S. 26–84 (Erstveröffentlichung in: Zeitschrift für Philosophie und philosophische Kritik, Neue Folge 114, Leipzig 1899, S. 161–200).

2. *Der Bourgeois.* In: Vom Umsturz der Werte. Der Abhandlungen und Aufsätze zweite durchgesehene Auflage Leipzig: Der Neue Geist-Verlag/Dr. Peter Reinhold 1923, Band II, S. 235–267 (Erstveröffentlichung in: Die Weißen Blätter, 1. Jahrgang, Leipzig 1913–14, S. 581–602).

3. *Der Bourgeois und die religiösen Mächte.* In: Vom Umsturz der Werte. Der Abhand-lungen und Aufsätze zweite durchgesehene Auflage, Leipzig: Der neue Geist-Verlag/Dr. Peter Reinhold 1923, Band II, S. 269–304 (Erstveröffentlichung in: Die Weißen Blätter, 1. Jahrgang, Leipzig 1913–14, S. 1171–1191).

4. *Die Zukunft des Kapitalismus.* In: Vom Umsturz der Werte. Der Abhandlungen und Auf-sätze zweite durchgesehene Auflage, Leipzig: Der Neue Geist-Verlag/Dr. Peter Reinhold 1923, Band II, S. 305–329 (Erstveröffentlichung in: Die Weißen Blätter, 1. Jahrgang, Leipzig 1913–14, S. 933–948).

5. *Prophetischer oder marxistischer Sozialismus?* In: Christentum und Gesellschaft. Schrif-ten zur Soziologie und Weltanschauungslehre, Band III, Leipzig: Der Neue Geist-Verlag/Dr. Peter Reinhold 1924, 2. Halbband: Arbeits- und Bevölkerungsprobleme, S. 1–25 (Erstveröffentlichung in: Hochland, 17. Jahrgang, München 1919–20, Band I, S. 71–84).

6. *Arbeit und Weltanschauung.* In: Christentum und Gesellschaft. Schriften zur Soziologie und Weltanschauungslehre, Bd. III, Leipzig: Der Neue Geist-Verlag/Dr. Peter Reinhold 1924, 2. Halbband: Arbeits- und Bevölkerungsprobleme, S. 85–113 (Erstveröffentlichung unter dem Titel *Wert und Würde der christlichen Arbeit* in: Jahrbuch der deutschen Katholiken, Augsburg: Haas & Grabherr 1920–21, S. 75–89).

The manufacturer's authorised representative in the EU is Springer
Nature Customer Service Centre GmbH, Europaplatz 3, 69115 Heidelberg,
Germany. If you have any concerns regarding our products, please
contact ProductSafety@springernature.com

Printed and bound by CPI Group (UK) Ltd, Croydon, CR0 4YY

24/04/2026

02096344-0001